KUSCHELWEICHE HÄKELTIERE

25 BÄREN, HASEN, MÄUSE UND MEHR

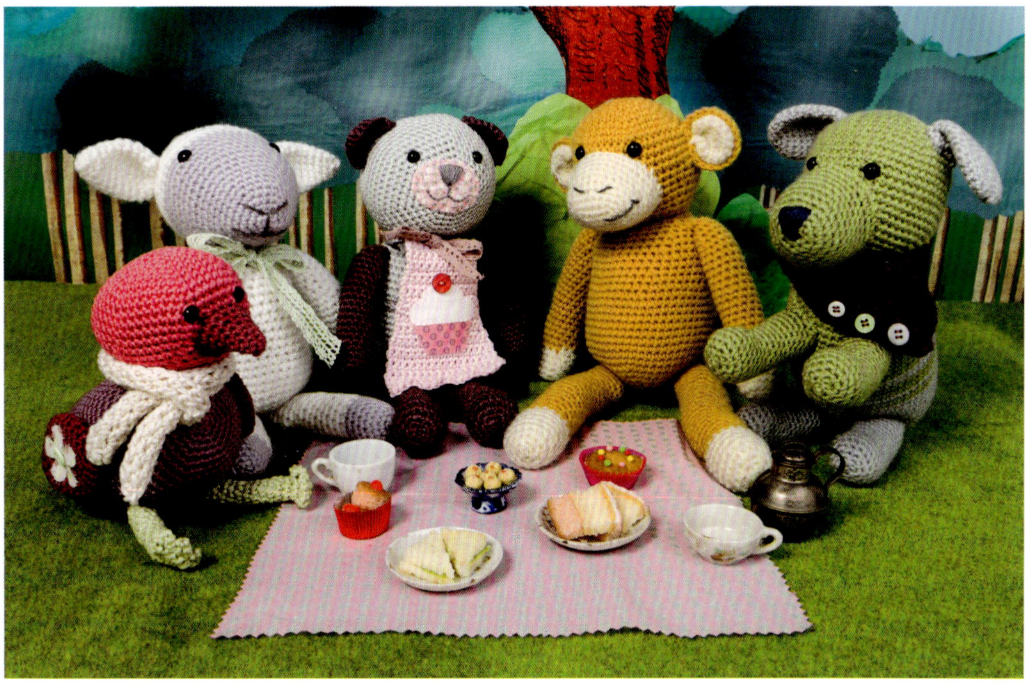

stv

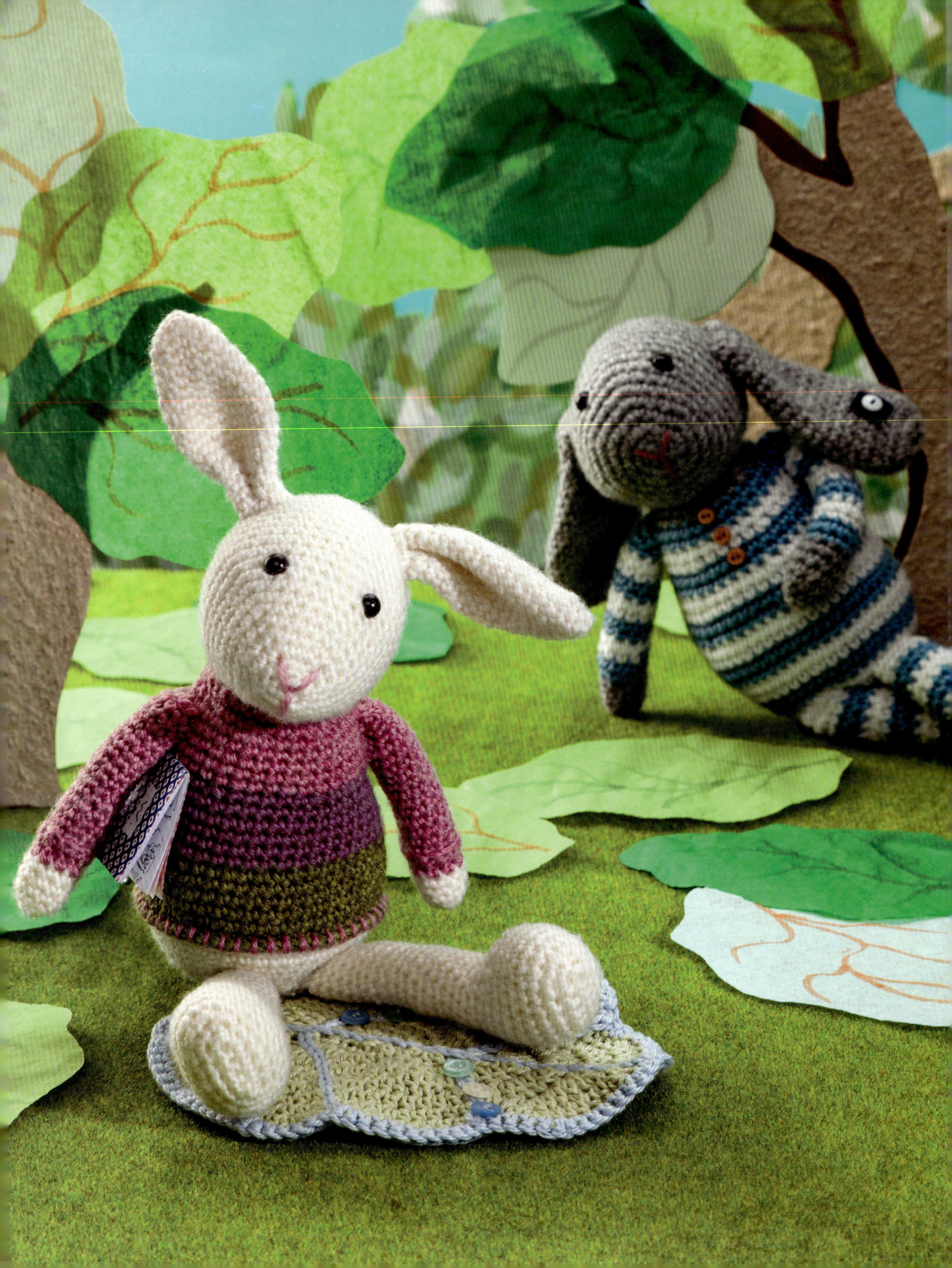

Emma Brown

KUSCHELWEICHE HÄKELTIERE

25 BÄREN, HASEN, MÄUSE UND MEHR

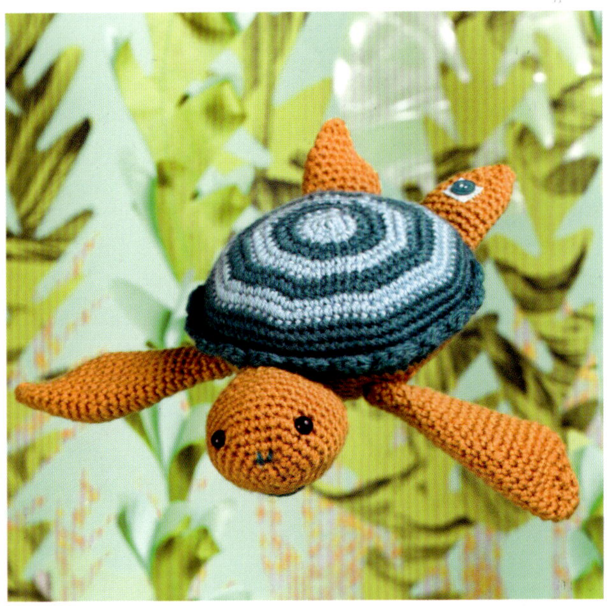

Leopold Stocker Verlag
Graz – Stuttgart

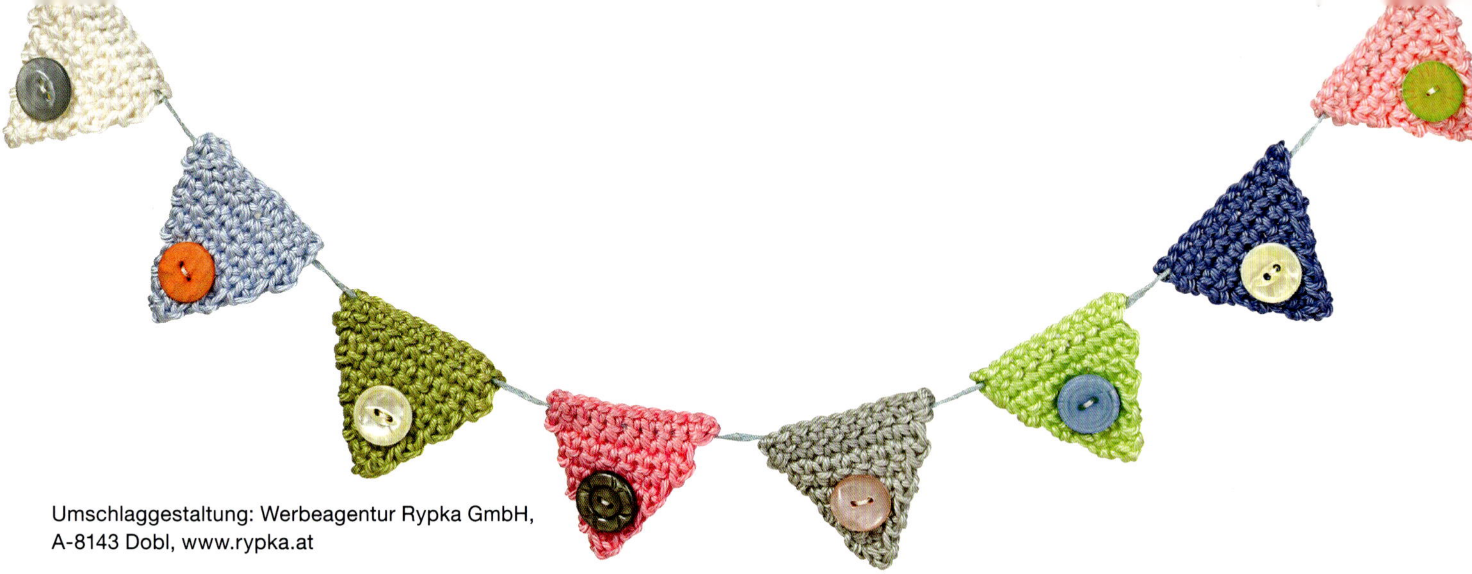

Umschlaggestaltung: Werbeagentur Rypka GmbH,
A-8143 Dobl, www.rypka.at

Titelbild: Geoff Dann
Bildnachweis: Geoff Dann

Titel der englischen Originalausgabe: Emma Brown: Crocheted Bears and other Animals. 25 Toys to Crochet. Text Copyright © 2017 Emma Brown. Design, photographs and artworks Copyright © CICO BOOKS 2017, an imprint of Ryland Peters & Small Ltd.

Aus dem Englischen ins Deutsche übertragen von Nina Schön.

Bibliografische Information der Deutschen Nationalbibliothek
Die Deutsche Nationalbibliothek verzeichnet diese Publikation in der Deutschen Nationalbibliografie; detaillierte bibliografische Daten sind im Internet unter http://dnb.d-nb.de abrufbar.

Hinweis:
Dieses Buch wurde auf chlorfrei gebleichtem Papier gedruckt.
Die zum Schutz vor Verschmutzung verwendete Einschweißfolie ist aus Polyethylen chlor- und schwefelfrei hergestellt. Diese umweltfreundliche Folie verhält sich grundwasserneutral, ist voll recyclingfähig und verbrennt in Müllverbrennungsanlagen völlig ungiftig.

Auf Wunsch senden wir Ihnen gerne kostenlos unser Verlagsverzeichnis zu:
Leopold Stocker Verlag GmbH
Hofgasse 5/Postfach 438
A-8011 Graz
Tel.: +43 (0)316/82 16 36
Fax: +43 (0)316/83 56 12
E-Mail: stocker-verlag@stocker-verlag.com
www.stocker-verlag.com

ISBN 978-3-7020-1683-8

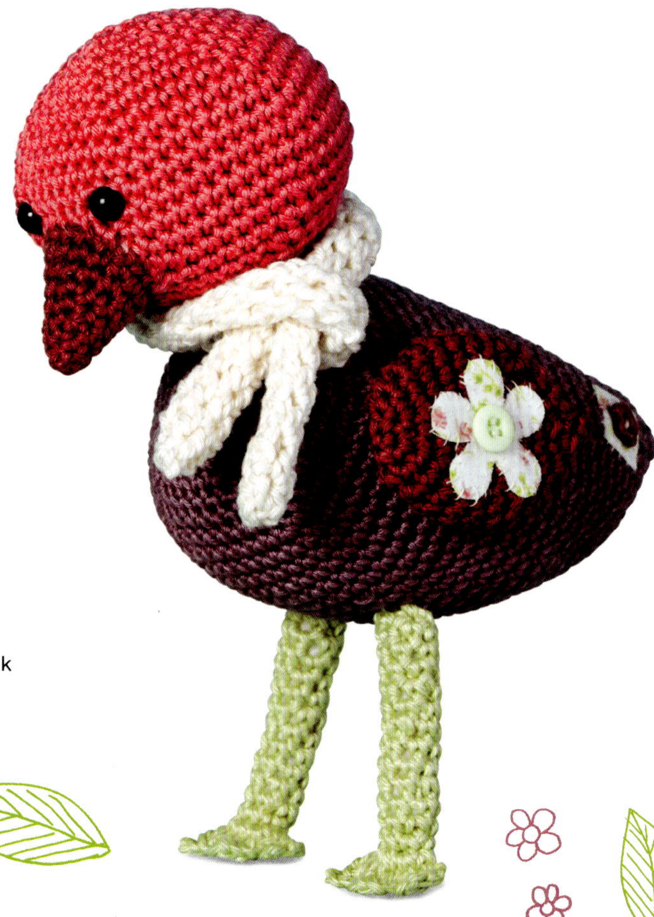

Satz: Werbeagentur Rypka GmbH,
A-8143 Dobl, www.rypka.at

Printed in China

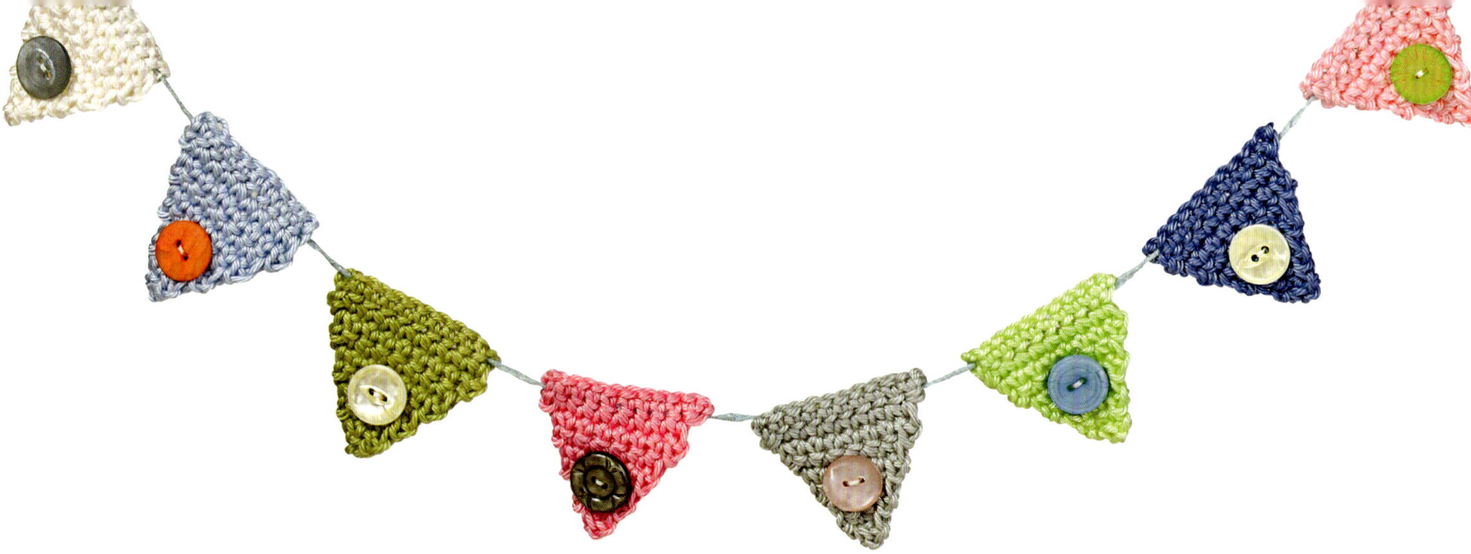

INHALTSVERZEICHNIS

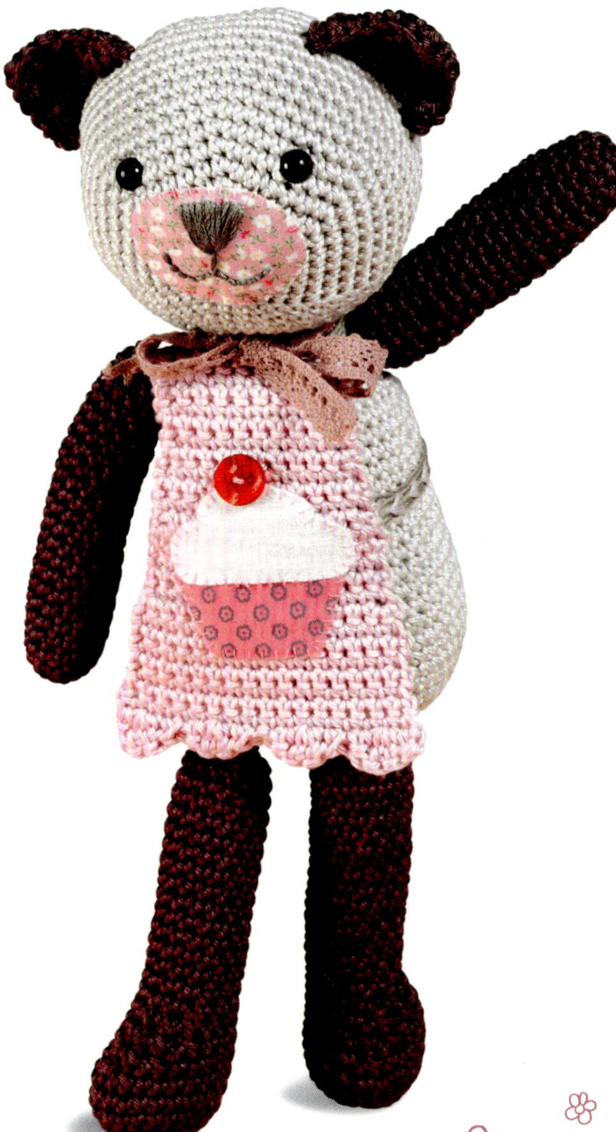

EINLEITUNG

Die Idee für diese Mustersammlung entstand, als meine Töchter noch jünger waren – wir haben viele glückliche Stunden damit verbracht, die Geschichten gehäkelter Tiere zu erzählen, die alle zusammen auf der weit entfernten Insel namens Sonnenscheinbucht lebten. Sie waren bekannt als die Freunde von der Sonnenscheinbucht – eine geniale Clique aus Freunden, deren Tage voller Abenteuer bei der Erkundung ihrer bezaubernden Insel waren!

Von der ersten Häkelmasche an bis zu den letzten, abschließenden Handgriffen liegt etwas Besonderes in der Herstellung des eigenen, selbstgemachten Spielzeugs. Ob Sie nun eine Häkeleinsteigerin oder eine erfahrene Häklerin sind, Sie werden in diesem Buch gleichermaßen eine breite Palette von Bären, Tieren und Accessoires zum Häkeln finden. Die Muster werden vorwiegend rundgehäkelt und der Technikabschnitt auf den Seiten 105–110 gibt Ihnen nützliche Tipps und Tricks, die Ihnen helfen werden. Es gibt auch eine spezielle Anleitung für asymmetrische Runden, um Ihnen den Beginn des Rundhäkelns zu erleichtern.

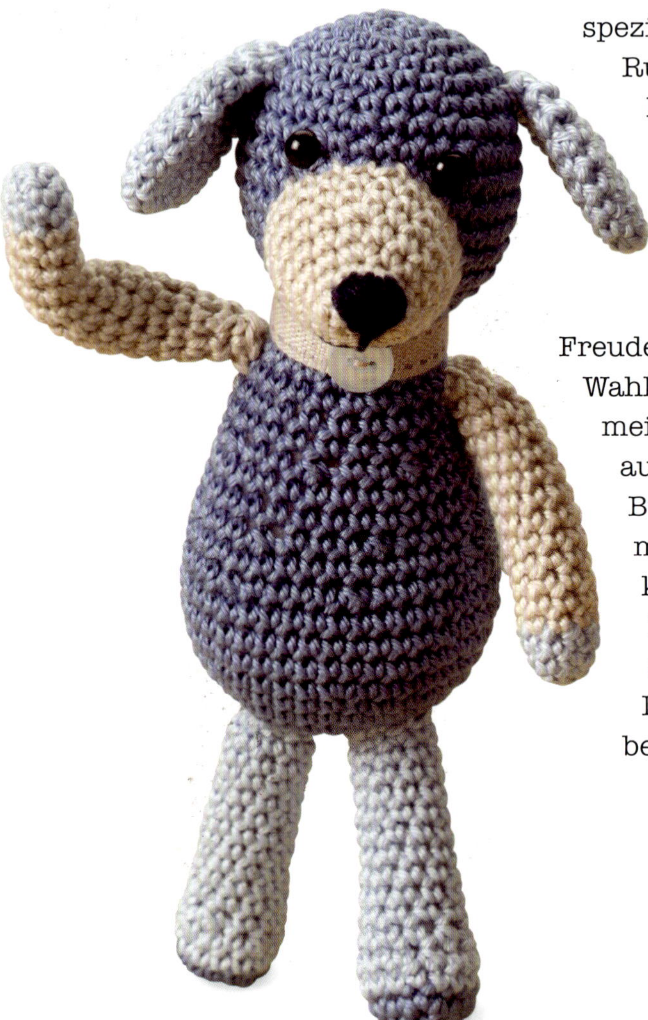

Ich habe Bären schon immer geliebt, weshalb mir das Entwerfen meiner eigenen Häkelbärenkollektion eine wahre Freude war. Auch wenn es schwer ist, eine Wahl zu treffen, ist Ronnie (Seite 10) einer meiner Lieblingscharaktere – er war auch das erste Muster, das ich für dieses Buch entworfen habe. Ich freue mich, meine Entwürfe mit Ihnen teilen zu können, und ganz egal, ob Sie die Bären und Tiere für sich selbst oder als Geschenk für einen besonderen Menschen häkeln, ich hoffe, Sie haben beim Häkeln genauso viel Spaß wie ich!

EMMA BROWN

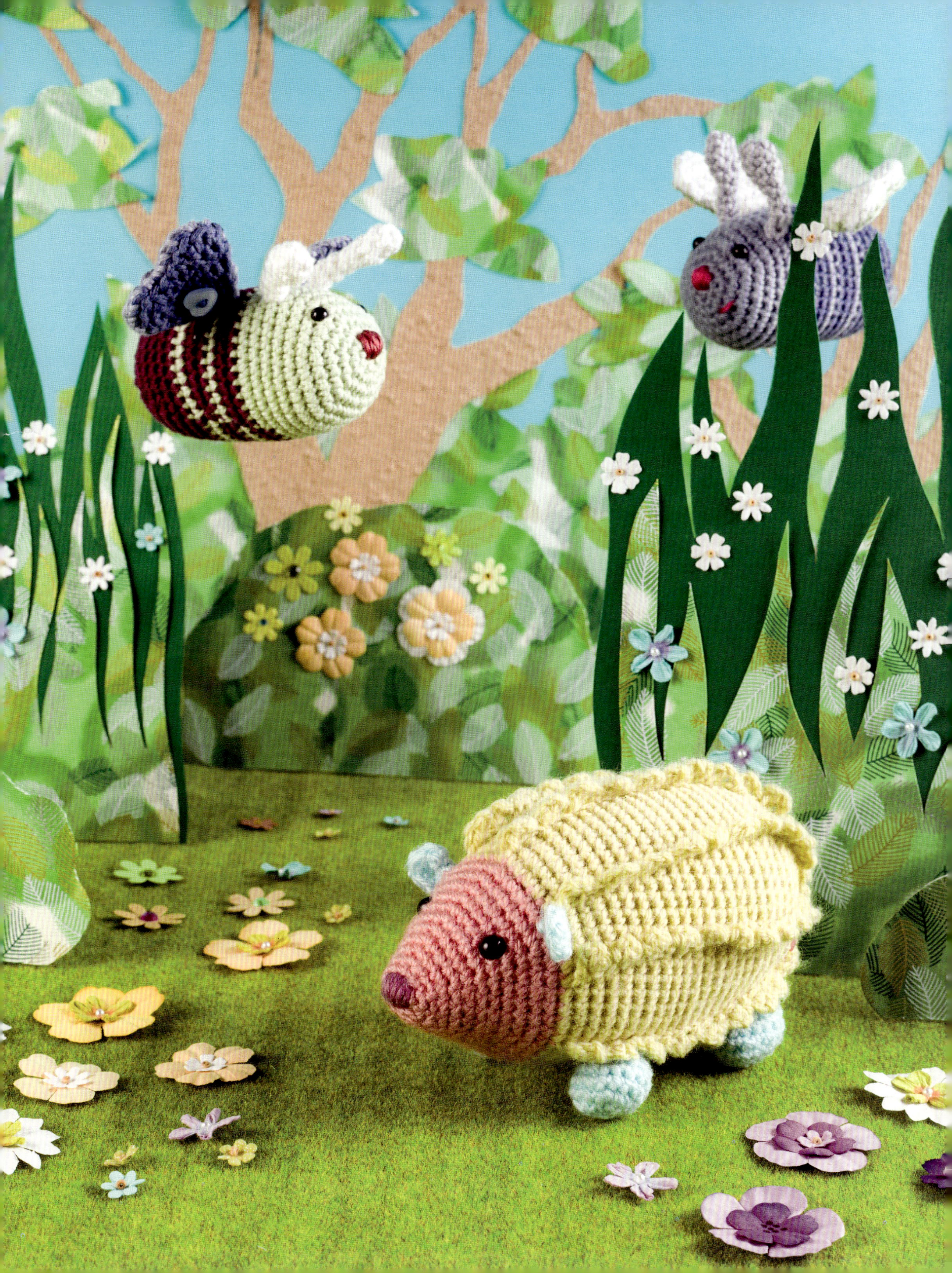

BEVOR SIE BEGINNEN

Für die Projekte in diesem Buch benötigen Sie nicht viel Equipment, aber wenn Sie noch ein Neuling im Häkeln sind, hilft Ihnen dieser Abschnitt dabei, vor Beginn der Arbeit gut ausgerüstet zu sein.

DIE WAHL DES GARNS

Die Garnart und die Farben, die hier verwendet wurden, sind für jedes Muster aufgelistet. Da Sie für die Tiere nur so geringe Garnmengen benötigen, können Sie stattdessen auch etwas aus Ihrem Garnvorrat verwenden, weshalb das ungefähre Garngewicht, das Sie benötigen, angegeben ist.

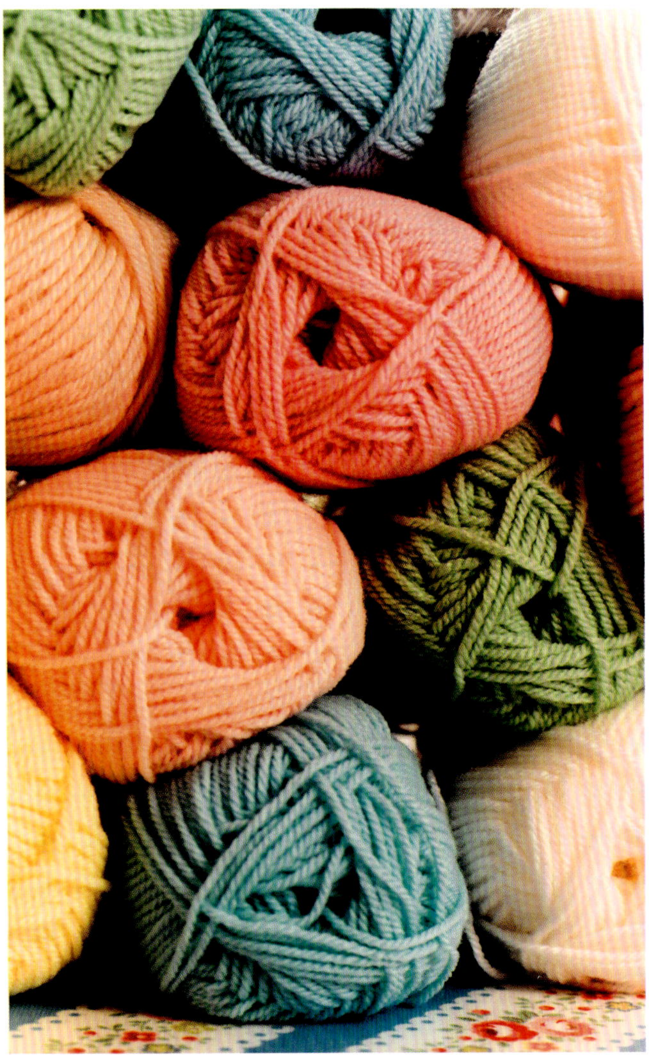

DIE GRÖSSE DER HÄKELNADELN

Für die meisten Häkelmuster der Tiere wird eine Häkelnadel in der Stärke von 3 mm verwendet, was dünner ist, als gewöhnlich für DK-Garn (leichtes Kammgarn) empfohlen. Ich finde, dass eine 3-mm-Häkelnadel hübsche, feste Maschen ergibt, die die gehäkelte Form gut behalten. Wenn Sie Ihre Maschen zu locker oder zu fest finden, experimentieren Sie mit einer etwas kleineren oder einer etwas stärkeren Nadel.

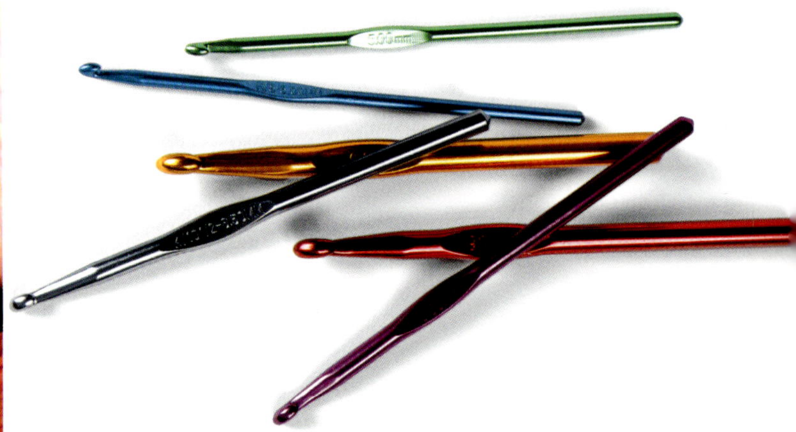

WEITERES EQUIPMENT

Maschenmarkierer

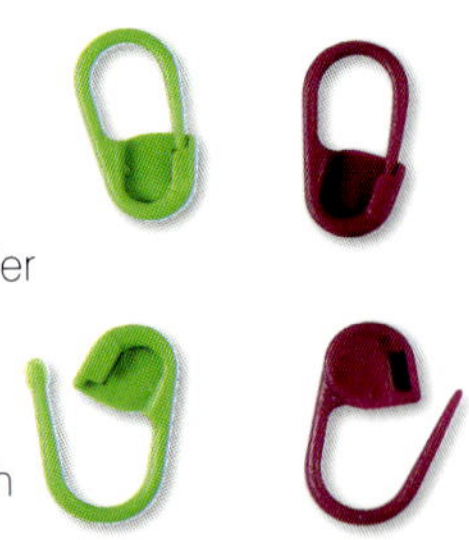

Sie werden verwendet, um die erste Masche in jeder Runde zu markieren. Es gibt verschiedenste Arten zu kaufen, aber ich finde, dass ein Stück Häkel-Baumwolle oder dünnes Garn in Kontrastfarbe ebenso gut funktionieren – es ist leicht in jeder Runde einzuarbeiten und herauszunehmen und ist Ihnen nicht im Weg. Am Ende der fertigen Runde schlingen Sie den Maschenmarkierer durch die Schlinge auf der Nadel, um die erste Masche der nächsten Runde zu markieren. Das Abzählen Ihrer Maschen nach jeder Runde hilft, sicherzustellen, dass Sie mit der richtigen Maschenanzahl häkeln.

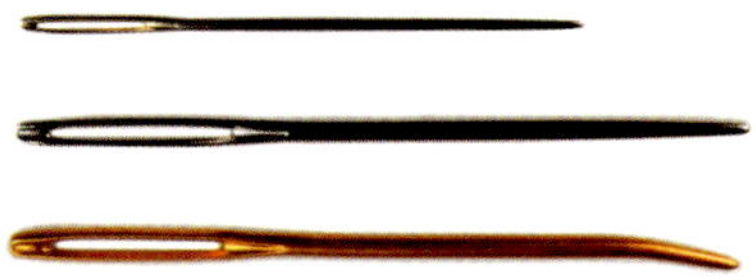

Sticknadeln mit stumpfer Spitze

Es gibt sie in verschiedenen Größen, aber alle haben große Nadelöhre, um das Garn leicht einfädeln zu können, und eine stumpfe Spitze, die die Maschen nicht zersticht, wenn Sie die Arbeit zusammennähen.

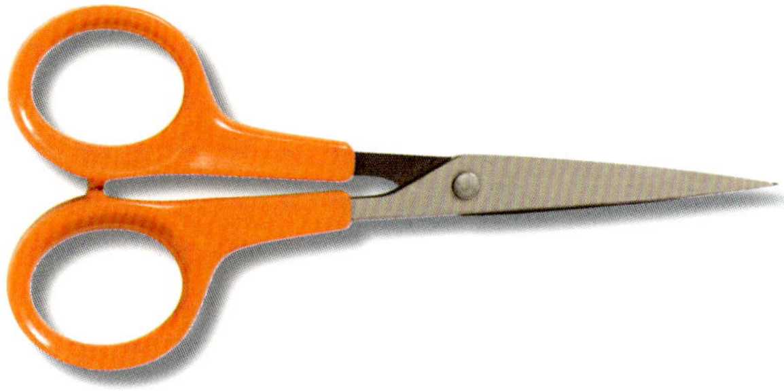

Scharfe Schere

Sie benötigen sie, um nach Fertigstellung eines Werkstücks und nach dem Zusammennähen das Garn abzuschneiden. Es ist verlockend, das Garn mit Ihren Händen abzureißen, aber das kann die Maschen aus der Form bringen.

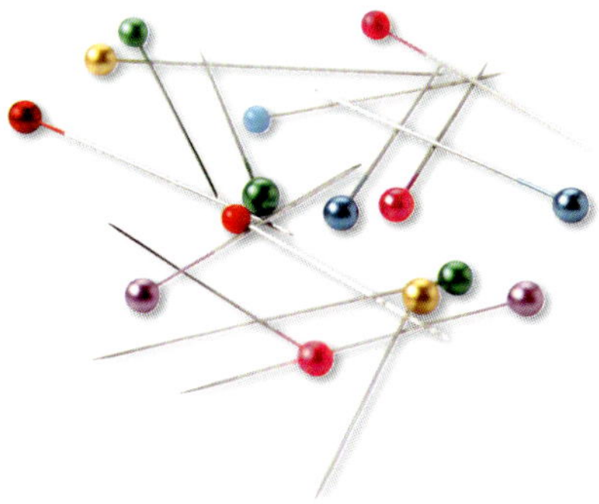

Stecknadeln

Rostfreie Quilt-Stecknadeln mit Glaskopf oder T-Kopf können verwendet werden, um gehäkelte Teilstücke zusammenzuheften. Bunte Köpfe erleichtern das Wiederfinden in dem Häkelgewebe, lassen Sie nur keine zurück!

ABKÜRZUNGEN

[ ] Anweisungen in Klammern so oft, wie angegeben, häkeln

2 fM zus häkeln 2 feste Maschen zusammenhäkeln

fM feste Masche

hMg hinteres Maschenglied

hStb halbes Stäbchen

Km Kettmasche

Lm Luftmasche

M Masche(n)

MM Maschenmarkierer

restl restlich(e)

RS Rückseite

Stb Stäbchen

U Umschlag

vMg vorderes Maschenglied

VS Vorderseite

weiterarb weiterarbeiten

Hinweis

Wenn Sie für kleinere Kinder häkeln, denken Sie daran, verschluckbare Kleinteile so sicher wie möglich anzubringen. Anstelle der Sicherheitsaugen können Sie die Augen natürlich auch mit schwarzem Garn aufsticken.

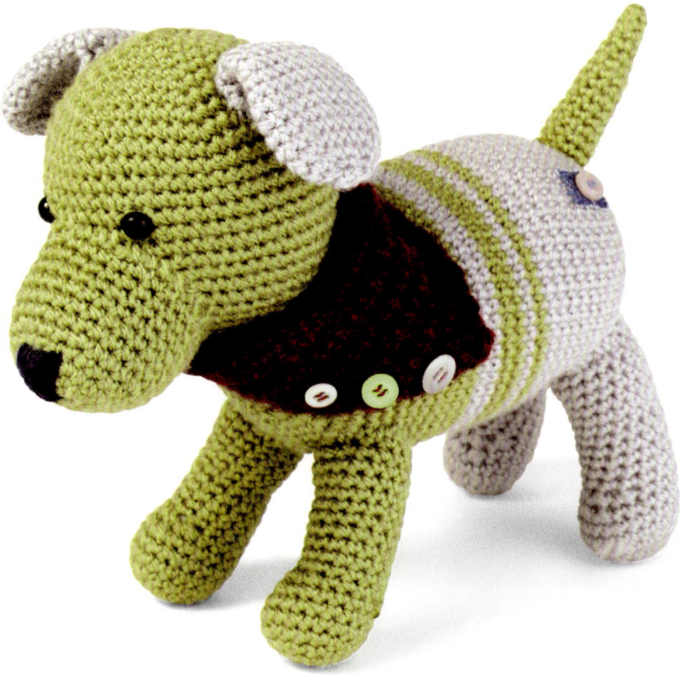

RONNIE und MARGOT

RONNIE

Solange, wie er sich erinnern kann, sind Ronnie und Margot dicke Freunde. Als Ranger der Sonnenscheinbucht liebt Ronnie es, die meiste Zeit draußen zu verbringen. Wo immer er hingeht, nimmt dieser freundliche Bär seinen Rucksack mit – gemeinsam mit seinem kuscheligen Schal, der ihn bei seinen Abenteuern im Freien warmhält.

GARN

Ronnie, Schal und Rucksack

- Patons Fab DK (100 % Acryl), DK-Garn (leichtes Kammgarn); ca. 274 m LL pro Knäuel (100 g): ½ Knäuel Dark Brown 02309 (Dunkelbraun, A) kleine Menge Cherry 02322 (Rot, B), Cream 02307 (Creme, C) und Black 02311 (Schwarz, D)
- King Cole Pricewise DK (100 % Acryl), DK-Garn (leichtes Kammgarn); ca. 282 m LL pro Knäuel (100 g): ⅛ Knäuel Grass 272 (Grün, F) ⅕ Knäuel Flame 087 (Orange, E)
- Häkelnadel, 3 mm

ZUM RESTEVERHÄKELN

Wenn Sie auf Ihre Reste zurückgreifen, benötigen Sie:

- **Ronnie:** Acryl- oder DK-Wolle (leichtes Kammgarn): ca. 50 g Dunkelbraun und 10 g Grün sowie kleine Mengen DK-Garn (leichtes Kammgarn) in Orange, Creme und Rot für Schal und Tasche Eine kleine Menge schwarzes DK-Garn (leichtes Kammgarn) für Nase und Mund
- **Rucksack:** Acryl- oder DK-Wolle (leichtes Kammgarn): ca. 15 g Orange und je 10 g Creme und Rot

MATERIALIEN

Ronnie

- 1 Paar schwarze Sicherheitsaugen (8 mm)
- Stofftierfüllung (Polyester)
- 1 grüner Knopf, ca. 1 cm Durchmesser
- 1 oranger Knopf, ca. 1 cm Durchmesser
- beiges Stoffquadrat für den Knopf (ca. 1,5 cm)

Rucksack

- 1 grüner Knopf, ca. 1,5 cm Durchmesser

Für beides

- ein Stück dünnes Garn in Kontrastfarbe als Maschenmarkierer
- Schere
- Sticknadel mit stumpfer Spitze
- Stecknadeln, Nadel und Baumwollgarn

MASSE BEI FERTIGSTELLUNG

Ronnie misst ca. 30 cm von Kopf bis Fuß.

SPANNUNG

Die Spannung ist bei diesem Projekt nicht wesentlich, aber Sie brauchen ein engmaschiges Gewebe – passen Sie, wenn nötig, die Nadelstärke an, um dieses zu erhalten.

ABKÜRZUNGEN

[ ] Anweisungen in Klammern so oft, wie angegeben, häkeln
2 fM zus häkeln 2 feste Maschen zusammenhäkeln
fM feste Masche
hMg hinteres Maschenglied
hStb halbes Stäbchen
Km Kettmasche
Lm Luftmasche
M Masche(n)
MM Maschenmarkierer
restl restlich(e)
RS Rückseite
weiterarb weiterarbeiten
VS Vorderseite

SPEZIELLE ABKÜRZUNG

AB asymmetrischer Beginn: Bei einem asymmetrischen Beginn wird Runde 2 begonnen, indem in die erste ungehäkelte Masche von Runde 1 gehäkelt wird – siehe Details auf Seite 107.

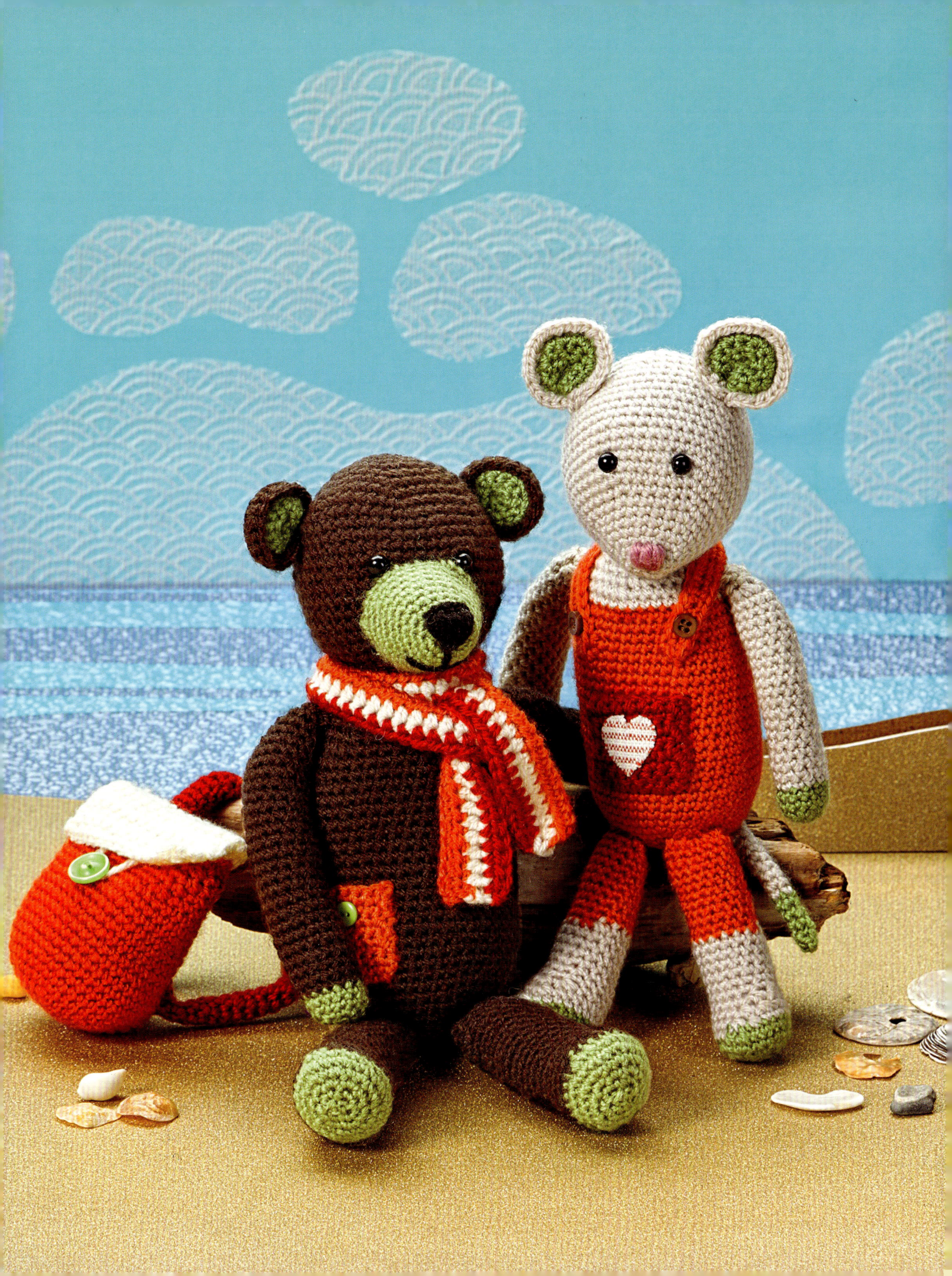

Schnauze

Beginnen Sie an der Nase und arbeiten Sie in Runden. Verwenden Sie dabei einen MM, um die 1. M jeder Runde zu markieren.

Runde 1: Mit Garn F 4 Lm häkeln, den Ring mit 1 Km schließen, 2 fM in jd der nächsten 2 Lm (ungehäkelte Lm zählen als 2 M). *(6 M)*

Runde 2 (AB): 2 fM in jd M. *(12 M)*

Runde 3: [1 fM in jd der nächsten 3 M, 2 fM in die nächste M] 3-mal. *(15 M)*

Runde 4: [1 fM in jd der nächsten 4 M, 2 fM in die nächste M] 3-mal. *(18 M)*

Runde 5: 1 fM in jd M. *(18 M)*

Runde 6: [1 fM in jd der nächsten 5 M, 2 fM in die nächste M] 3-mal. *(21 M)*

Runde 7: [1 fM in jd der nächsten 6 M, 2 fM in die nächste M] 3-mal. *(24 M)*

Runde 8: 1 fM in jd M. *(24 M)*

Runde 9: [1 fM in jd der nächsten 7 M, 2 fM in die nächste M] 3-mal. *(27 M)*

Runde 10: [1 fM in jd der nächsten 8 M, 2 fM in die nächste M] 3-mal. *(30 M)*

Die Schnauze füllen.

1 Km in die nächste M, den MM entfernen. Das Garn befestigen und einen lange Faden zum Zusammennähen stehenlassen.

Kopf

Beginnen Sie oben an Ronnies Kopf und arbeiten Sie in Runden. Verwenden Sie dabei einen MM, um die 1. M jeder Runde zu markieren.

Runde 1: Mit Garn A 4 Lm häkeln und den Ring mit 1 Km schließen, 2 fM in jd der nächsten 2 Lm (ungehäkelte Lm zählen als 2 M). *(6 M)*

Runde 2 (AB): 2 fM in jd M. *(12 M)*

Runde 3: [1 fM in die nächste M, 2 fM in die nächste M] 6-mal. *(18 M)*

Runde 4: [1 fM in jd der nächsten 2 M, 2 fM in die nächste M] 6-mal. *(24 M)*

Runde 5: [1 fM in jd der nächsten 3 M, 2 fM in die nächste M] 6-mal. *(30 M)*

Runde 6: [1 fM in jd der nächsten 4 M, 2 fM in die nächste M] 6-mal. *(36 M)*

Runde 7: [1 fM in jd der nächsten 5 M, 2 fM in die nächste M] 6-mal. *(42 M)*

Runde 8: [1 fM in jd der nächsten 6 M, 2 fM in die nächste M] 6-mal. *(48 M)*

Runden 9–18: 1 fM in jd M. *(48 M)*

Runde 19: [1 fM in jd der nächsten 6 M, 2 fM zus häkeln] 6-mal. *(42 M)*

Runde 20: [1 fM in jd der nächsten 5 M, 2 fM zus häkeln] 6-mal. *(36 M)*

Runde 21: [1 fM in jd der nächsten 4 M, 2 fM zus häkeln] 6-mal. *(30 M)*

Runde 22: [1 fM in jd der nächsten 3 M, 2 fM zus häkeln] 6-mal. *(24 M)*

Platzieren Sie die Schnauze vorne im Gesicht, um die Position der Augen leichter zu finden. Bringen Sie die Sicherheitsaugen zwischen Runde 13 und 14 an und befestigen Sie sie.

Den Kopf fest füllen.

Runde 23: [1 fM in jd der nächsten 2 M, 2 fM zus häkeln] 6-mal. *(18 M)*

Runde 24: [1 fM in die nächste M, 2 fM zus häkeln] 6-mal. *(12 M)*

Weiteres Füllmaterial hinzufügen.

Runde 25: [2 fM zus häkeln] 6-mal. *(6 M)*

Runde 26: [Die nächste M auslassen, 1 Km in die nächste M] 2-mal, 1 Km in die nächste M, den MM entfernen.

Das Garn befestigen und das Garnende im Kopf vernähen.

Inneres der Ohren (2-mal häkeln)

Die ersten zwei Runden rund häkeln, dabei einen MM verwenden, um die 1. M der beiden Runden zu markieren.

Die Arbeit nach der 2. Rd wenden.

Runde 1: Mit Garn F 4 Lm häkeln, den Ring mit 1 Km schließen, 2 fM in jd der nächsten 2 Lm (ungehäkelte Lm zählen als 2 M). *(6 M)*

Runde 2 (AB): 2 fM in jd M, wenden. *(12 M)*

Runde 3: 1 Lm (zählt nicht als M), [1 fM in die nächste M, 2 fM in die nächste M] 5-mal, die restl 2 M ungehäkelt lassen. *(15 M)*

Den MM entfernen und das Garn befestigen.

Äußeres der Ohren (2-mal häkeln)

Mit Garn A wie für das Innere der Ohren arbeiten, aber das Garn nicht nach Runde 3 befestigen. Legen Sie die RS des inneren Ohrs auf die VS des äußeren Ohrs. Mit dem inneren Ohr nach oben durch beide Schichten wie folgt ums Ohr häkeln: 1 Lm (zählt nicht als M), 1 fM in jd M. *(15 M)*

Den MM entfernen. Einen Faden in Garn A stehenlassen, um das Ohr an den Kopf anzunähen. Lose Garnenden innen im Ohr vernähen.

Körper

Beginnen Sie an Ronnies Hinterteil und häkeln Sie in Runden. Verwenden Sie dabei einen MM, um die 1. M jeder Runde zu markieren.

Runde 1: Mit Garn A 4 Lm häkeln, den Ring mit 1 Km schließen, 2 fM in jd der nächsten 2 Lm (ungehäkelte Lm zählen als 2 M). *(6 M)*

Runde 2 (AB): 2 fM in jd M. *(12 M)*

Runde 3: [1 fM in die nächste M, 2 fM in die nächste M] 6-mal. *(18 M)*

Runde 4: [1 fM in jd der nächsten 2 M, 2 fM in die nächste M] 6-mal. *(24 M)*

Runde 5: [1 fM in jd der nächsten 3 M, 2 fM in die nächste M] 6-mal. *(30 M)*

Runde 6: [1 fM in jd der nächsten 4 M, 2 fM in die nächste M] 6-mal. *(36 M)*

Runde 7: [1 fM in jd der nächsten 5 M, 2 fM in die nächste M] 6-mal. *(42 M)*

Runde 8: [1 fM in jd der nächsten 13 M, 2 fM in die nächste M] 3-mal. *(45 M)*

Runden 9–27: 1 fM in jd M. *(45 M)*

Runde 28: [1 fM in jd der nächsten 13 M, 2 fM zus häkeln] 3-mal. *(42 M)*

Runde 29: [1 fM in jd der nächsten 12 M, 2 fM zus häkeln] 3-mal. *(39 M)*

Runde 30: [1 fM in jd der nächsten 11 M, 2 fM zus häkeln] 3-mal. *(36 M)*

Runde 31: [1 fM in jd der nächsten 10 M, 2 fM zus häkeln] 3-mal. *(33 M)*

Runde 32: [1 fM in jd der nächsten 9 M, 2 fM zus häkeln] 3-mal. *(30 M)*

Den Körper füllen.

Runde 33: [1 fM in jd der nächsten 8 M, 2 fM zus häkeln] 3-mal. *(27 M)*

Runde 34: [1 fM in jd der nächsten 7 M, 2 fM zus häkeln] 3-mal. *(24 M)*

Runde 35: [1 fM in jd der nächsten 6 M, 2 fM zus häkeln] 3-mal. *(21 M)*

Den Körper füllen.

Runde 36: [1 fM in jd der nächsten 3 M, 2 fM zus häkeln] 4-mal, 1 fM in die letzte M. *(17 M)*

Runde 37: [1 fM in die nächste M, 2 fM zus häkeln] 5-mal, 1 fM in jd der letzten 2 M. *(12 M)*

Mehr Füllmaterial hinzufügen.
Runde 38: [2 fM zus häkeln] 6-mal. *(6 M)*
Runde 39: [Die nächste M auslassen, 1 Km in die nächste M] 2-mal, 1 Km in die nächste M, den MM entfernen.
Das Garn befestigen, einen Faden zum Zusammennähen stehenlassen.

Arme (2-mal häkeln)

Beginnen Sie an der Pfote und häkeln Sie in Runden. Verwenden Sie dabei einen MM, um die 1. M jeder Runde zu markieren.
Runde 1: Mit Garn F 4 Lm häkeln, den Ring mit 1 Km schließen, 2 fM in jd der nächsten 2 Lm (ungehäkelte Lm zählen als 2 M). *(6 M)*
Runde 2 (AB): 2 fM in jd M. *(12 M)*
Runde 3: [1 fM in jd der nächsten 3 M, 2 fM in die nächste M] 3-mal. *(15 M)*
Runde 4: 1 fM in jd M, in der letzten M zu Garn A wechseln. *(15 M)*
Runden 5–25: 1 fM in jd M. *(15 M)*
Den Arm nach Runde 15 und 25 füllen.
Runde 26: 2 fM zus häkeln, 1 fM in jd der restl 13 M. *(14 M)*
Runde 27: 2 fM zus häkeln, 1 fM in jd der restl 12 M. *(13 M)*
Runde 28: 2 fM zus häkeln, 1 fM in jd der restl 11 M. *(12 M)*
Runde 29: 2 fM zus häkeln, 1 fM in jd der restl 10 M. *(11 M)*
Runde 30: 2 fM zus häkeln, 1 fM in jd der restl 9 M. *(10 M)*
Runde 31: [2 fM zus häkeln, 1 fM in jd der nächste 3 M] 2-mal. *(8 M)*
Mehr Füllmaterial hinzufügen. 1 Km in die nächste M, den MM entfernen.
Das Garn befestigen, einen Faden zum Zusammennähen stehenlassen.

Beine (2-mal häkeln)

Beginnen Sie am Fuß und häkeln Sie in Runden; verwenden Sie dabei einen MM, um die 1. M jeder Runde zu markieren.
Runde 1: Mit Garn F 4 Lm häkeln, den Ring mit 1 Km schließen.
Runde 2: 2 fM in jd Lm. *(8 M)*
Runde 3: 2 fM in jd M. *(16 M)*
Runde 4: [2 fM in die nächste M, 1 fM in die nächste M] 8-mal. *(24 M)*
Runde 5: [2 fM in die nächste M, 1 fM in jd der nächsten 5 M] 4-mal. *(28 M)*

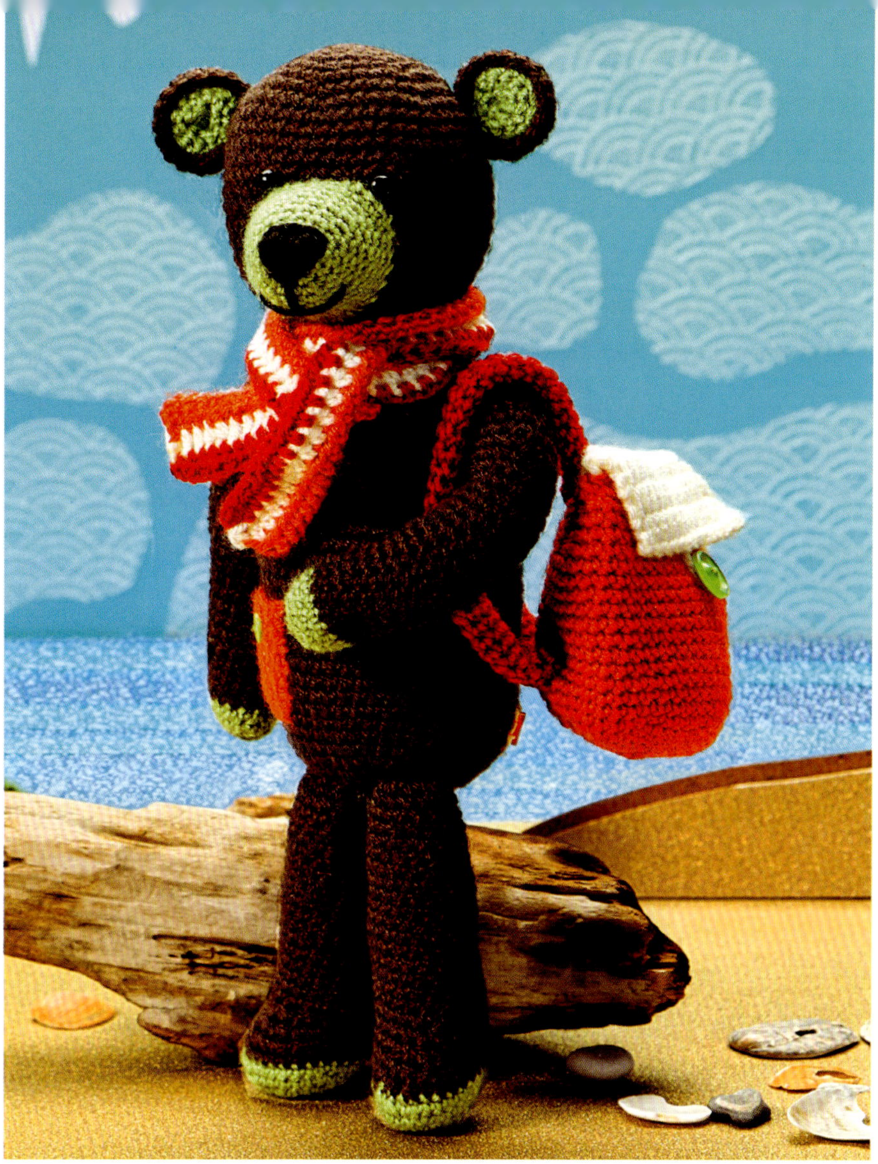

Runde 6: 1 fM in jd der nächsten 24 M, [2 fM zus häkeln] 2-mal, bei der letzten Abnahmemasche zu Garn A wechseln. *(26 M)*
Runde 7: 1 fM in jd der nächsten 22 M, [2 fM zus häkeln] 2-mal. *(24 M)*
Runde 8: 1 fM in jd der nächsten 20 M, [2 fM zus häkeln] 2-mal. *(22 M)*
Runde 9: 1 fM in jd der nächsten 18 M, [2 fM zus häkeln] 2-mal. *(20 M)*
Runde 10: 1 fM in jd der nächsten 16 M, [2 fM zus häkeln] 2-mal. *(18 M)*
Runden 11–21: 1 fM in jd M. *(18 M)*
Das Bein füllen.
Runde 22: [2 fM zus häkeln, 1 fM in jd der nächsten 7 M] 2-mal. *(16 M)*
Runde 23: 1 fM in jd M. *(16 M)*
Runde 24: [2 fM zus häkeln, 1 fM in jd der nächsten 6 M] 2-mal. *(14 M)*
Runde 25: 1 fM in jd M. *(14 M)*
Runde 26: [2 fM zus häkeln, 1 fM in jd der nächsten 5 M] 2-mal. *(12 M)*
Runden 27–28: 1 fM in jd M. *(12 M)*
Mehr Füllmaterial hinzufügen, dabei die Menge zur Beinöffnung hin verringern.
1 Km in die nächste M, den MM entfernen.
Das Garn befestigen, einen Faden zum Zusammennähen stehenlassen.

Schal

Häkeln Sie in Reihen.
Mit Garn E 102 Lm häkeln.
Reihe 1: 1 hStb in die 3. Lm von der Nadel, 1 hStb in jd M, in der letzten M zu Garn C wechseln, wenden. *(100 M)*
Reihe 2: 2 Lm (zählen nicht als M), 1 hStb in jd M, in der letzten M zu Garn E wechseln, wenden. *(100 M)*
Reihe 3: 2 Lm (zählen nicht als M), 1 hStb in jd M bis zum Ende der Reihe. *(100 M)*
Das Garn befestigen, ein Stück Garn durch den Rand des Schals vernähen.

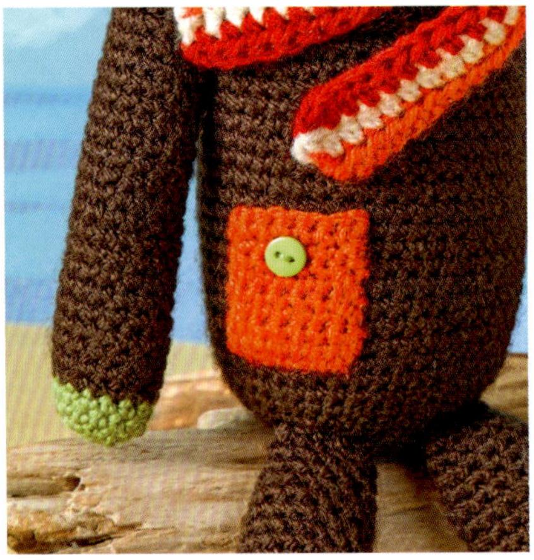

Seitentasche

Beginnen Sie unten an der Tasche und häkeln Sie in Reihen.

Mit Garn E 8 Lm häkeln.

Reihe 1: 1 fM in die 2. Lm von der Nadel, 1 fM in jd M bis zum Ende der Reihe, wenden. *(7 M)*

Reihen 2–8: 1 Lm (zählt nicht als M), 1 fM in jd M, wenden. *(7 M)*

Reihe 9: Die Arbeit nicht wenden, 1 Lm, die Nadel von hinten in die M stechen und fM in die hMg entlang von Reihe 8 häkeln. Das Garn befestigen, einen Faden zum Zusammennähen stehenlassen.

Zusammennähen

Verwenden Sie die Garnenden zum Zusammennähen.

1 Die Schnauze am Kopf direkt unter den Augen in Position bringen, feststecken und annähen.

2 Den Kopf auf dem Körper positionieren, feststecken und annähen.

3 Die Ohren an den Kopf stecken und vorne und hinten annähen.

4 Die Arme an den Körper stecken und annähen.

5 Die Öffnung der Beine glätten und darübernähen. Die Beine vorne an der Unterseite des Körpers positionieren (sodass Ronnie sich hinsetzen kann). Feststecken und an Ober- und Unterseite annähen.

6 Mit Garn D in einer Sticknadel mit stumpfer Spitze ein abgerundetes Dreieck für die Nasenform aufsticken, dann mit dem Plattstich füllen (siehe Seite 110). Den Mund hinuntersticken und dann das Garn befestigen.

7 Den kleinen grünen Knopf auf die Tasche nähen. Die Tasche unten rechts an Ronnies Körper feststecken und entlang der Kante mit einem Faden in Farbe der Tasche im Überwendlingsstich annähen, die Oberseite offen lassen. Lose Enden vernähen.

8 Alle restlichen losen Enden in das Innere von Ronnie nähen und abschneiden.

Rucksack

Beginnen Sie an der Unterseite des Rucksacks und häkeln Sie in Runden. Verwenden Sie dabei einen MM, um die 1. M jeder Runde zu markieren.

Runde 1: Mit Garn E 4 Lm häkeln, die Runde mit 1 Km schließen.

Runde 2: 2 fM in jd Lm. *(8 M)*

Runde 3: 2 fM in jd M. *(16 M)*

Runde 4: [1 fM in die nächste M, 2 fM in die nächste M] 8-mal. *(24 M)*

Runde 5: [1 fM in jd der nächsten 2 M, 2 fM in die nächste M] 8-mal. *(32 M)*

Runde 6: [1 fM in jd der nächsten 3 M, 2 fM in die nächste M] 8-mal. *(40 M)*

Runden 7–18: 1 fM in jd M. *(40 M)*

Runde 19: [1 fM in jd der nächsten 18 M, 2 fM zus häkeln] 2-mal. *(38 M)*

Runde 20: [1 fM in jd der nächsten 17 M, 2 fM zus häkeln] 2-mal. *(36 M)*

Runde 21: [1 fM in jd der nächsten 16 M, 2 fM zus häkeln] 2-mal. *(34 M)*

Runde 22: [1 fM in jd der nächsten 15 M, 2 fM zus häkeln] 2-mal. *(32 M)*

Runde 23: [1 fM in jd der nächsten 14 M, 2 fM zus häkeln] 2-mal. *(30 M)*

Runde 24: [1 fM in jd der nächsten 13 M, 2 fM zus häkeln] 2-mal, bei der letzten Abnahme zu Garn C wechseln. *(28 M)*

Lasche des Rucksacks

Vom Rundhäkeln zum Reihenhäkeln wechseln und mit Garn C weiterarbeiten.

Reihe 1: 1 fM in jd der nächsten 14 M, wenden. *(14 M)*

Reihe 2: 1 Lm (zählt nicht als M), 1 fM in jd der nächsten 14 M, wenden. *(14 M)*

Reihen 3–9: 1 Lm (zählt nicht als M), 1 fM in jd M bis zum Ende der Reihe, wenden. *(14 M)*

Den MM entfernen.

Das Garn befestigen und ein längeres Stück Faden für das Knopfloch stehenlassen.

Gurte des Rucksacks (2-mal häkeln)

Häkeln Sie in Runden und verwenden Sie dabei einen MM, um die 1. M jeder Runde zu markieren.

Lassen Sie am Beginn von Runde 1 einen langen Faden stehen, um das Gurtende an den Rucksack nähen zu können.

Runde 1: Mit Garn B 6 Lm häkeln, mit 1 Km zu einem Ring schließen.

Runde 2: 1 fM in jd Lm. *(6 M)*

Runden 3–37: 1 fM in jd M. *(6 M)*

Den MM entfernen.

Das Garn befestigen, einen Faden zum Zusammennähen stehenlassen.

Zusammennähen

Verwenden Sie die Garnenden zum Zusammennähen.

1 Für das Knopfloch am Rand der Rucksacklasche mit der Sticknadel das Ende von Garn C von der Lasche aus durch 5 Maschen weben und genug Garn für eine Schlinge um den Knopf stehenlassen, dann das Garn durch die letzten 5 Maschen weben. Das lose Ende zum Befestigen vernähen.

2 Mit Baumwollgarn den größeren grünen Knopf vorne auf den Rucksack annähen (direkt unter die geschlossene Lasche).

3 Mit dem Garnende das eine Ende des Gurts oben an der Rückseite des Rucksacks festnähen (direkt unter der Oberseite der Lasche). Nähen Sie das andere Ende in Übereinstimmung mit dem oberen Ende des Gurts unten an den Rucksack an. Alle losen Enden vernähen.

4 Alle restlichen losen Enden in Ronnies Innerem vernähen und abschneiden.

Stoffflicken für den Knopf

Nähen Sie den orangen Knopf in die Mitte des quadratischen Flicken aus beigefarbenem Stoff, dann mit demselben Garn weiterarbeiten und den Stoffflicken im Überwendlingsstich links an Ronnies Hinterteil annähen.

MARGOT

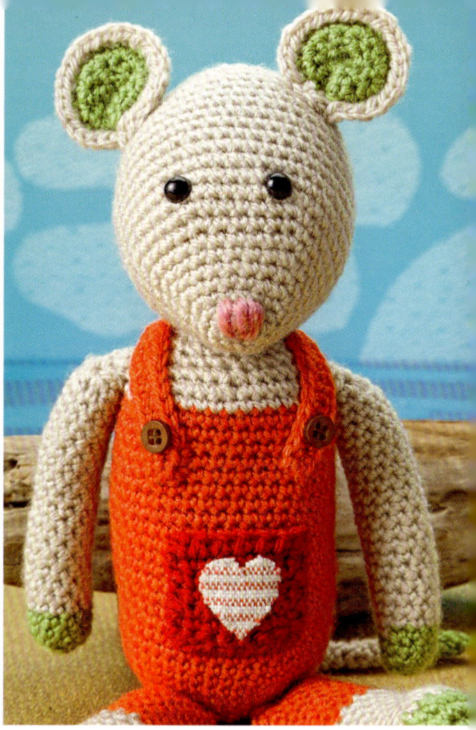

Jeden Morgen wacht Margot zu dem sanften Rauschen des Meers vor ihrem Schlafzimmerfenster auf. Der Strand ist der Ort, an dem diese fröhliche Maus ihre meiste Zeit verbringt; Sie finden sie, wie sie das Ufer entlangstreift, immer auf der Suche nach kleinen herzförmigen Steinchen und Muscheln, die in ihrer Tasche verschwinden. Margot macht aus den Schätzen, die sie findet, besondere Geschenke für all ihre Freunde.

GARN

- Stylecraft Special DK (100 % Acryl), DK-Garn (leichtes Kammgarn); ca. 295 m LL pro Knäuel (100 g): ⅓ Knäuel Parchment 1218 (Pergamentweiß, A)
- King Cole Pricewise DK (100 % Acryl), DK-Garn (leichtes Kammgarn); ca. 282 m LL pro Knäuel (100 g): ⅛ Knäuel Grass 272 (Grün, B) ⅕ Knäuel Flame 087 (Orange, C)
- Patons Fab DK (100 % Acryl), DK-Garn (leichtes Kammgarn); ca. 274 m LL pro Knäuel (100 g): kleine Menge Cherry 02322 (Kirschrot, D)
- Wendy Merino DK (100 % Merinowolle), DK-Garn (leichtes Kammgarn); ca. 116 m LL pro Knäuel (50 g): kleine Menge Fuchsia 2370 (Rosa, E)
- Häkelnadel, 3 mm

ZUM RESTEVERHÄKELN

Wenn Sie auf Ihre Reste zurückgreifen, benötigen Sie:

- Acryl- oder DK-Wolle (leichtes Kammgarn): ca. 30 g Steingrau, 20 g Orange und 10 g Grün sowie eine kleine Menge rotes DK-Garn (leichtes Kammgarn) für die Tasche und eine kleine Menge rosafarbenes DK-Garn (leichtes Kammgarn) für die Nase

MATERIALIEN

- 1 Paar schwarze Sicherheitsaugen (8 mm)
- Stofftierfüllung (Polyester)
- oranges und cremefarbenes Stoffquadrat (2,5 cm)
- oranges Stickgarn
- beiger Stoff, ca. 3 x 1 cm, für den Flicken auf der Rückseite der Latzhose
- 2 braune Knöpfe, ca. 1 cm Durchmesser
- 1 oranger Knopf, ca. 1 cm Durchmesser
- Garn in Kontrastfarbe als Maschenmarkierer
- Schere
- Sticknadel mit stumpfer Spitze
- Stecknadeln, Nähnadel und Baumwollgarn

MASSE BEI FERTIGSTELLUNG

Margot misst ca. 28 cm von Kopf bis Fuß.

SPANNUNG

Die Spannung ist bei diesem Projekt nicht wesentlich, aber Sie brauchen ein engmaschiges Gewebe – passen Sie, wenn nötig, die Nadelstärke an, um dieses zu erhalten.

ABKÜRZUNGEN

[ ] Anweisungen in Klammern so oft, wie angegeben, häkeln
2 fM zus häkeln 2 feste Maschen zusammenhäkeln
fM feste Masche
Km Kettmasche
Lm Luftmasche
M Masche(n)
MM Maschenmarkierer
RS Rückseite
VS Vorderseite

SPEZIELLE ABKÜRZUNG

AB asymmetrischer Beginn: Bei einem asymmetrischen Beginn wird Runde 2 begonnen, indem in die erste ungehäkelte Masche von Runde 1 gehäkelt wird – siehe Details auf Seite 107.

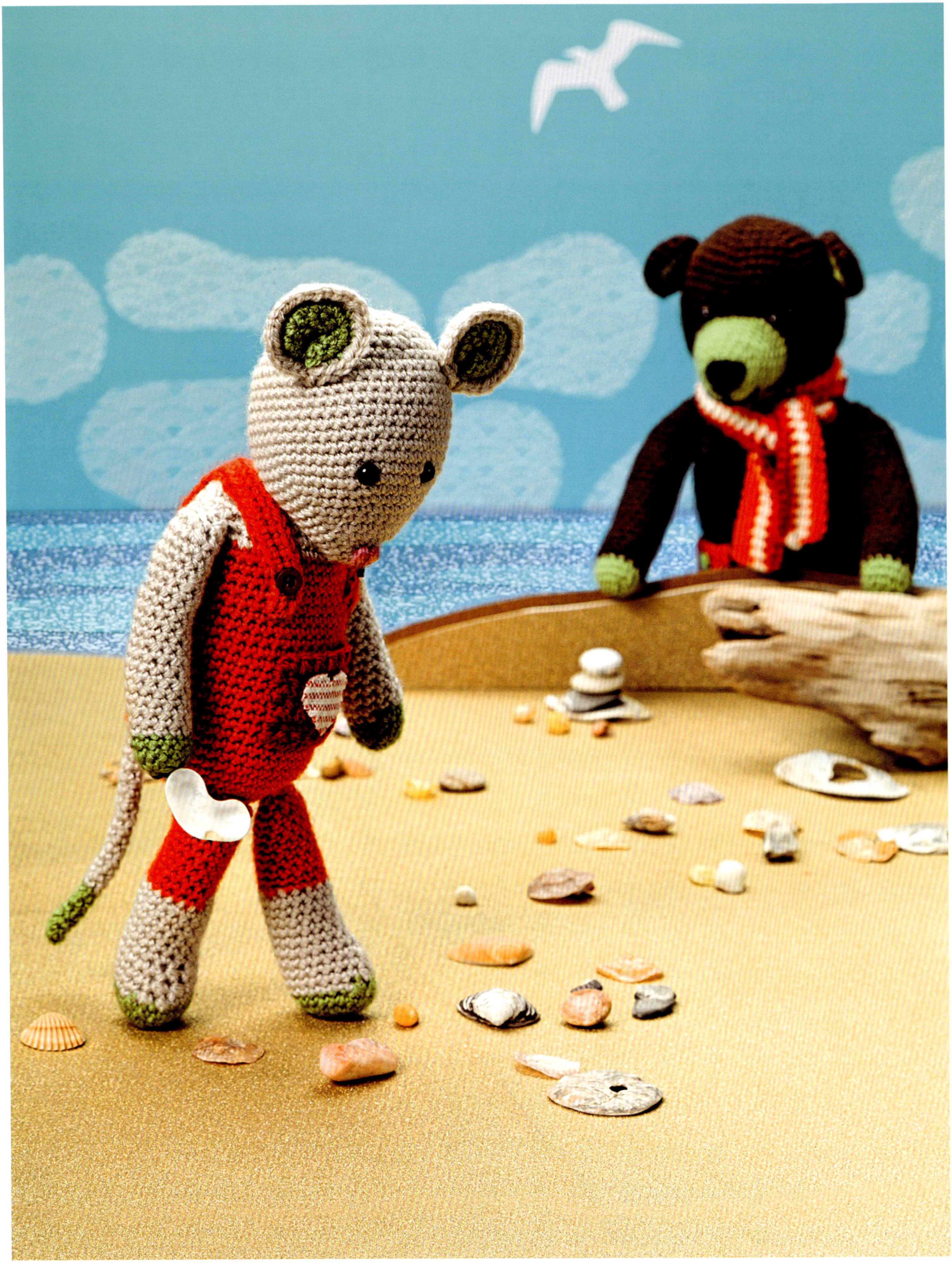

Kopf

Beginnen Sie bei der Nase mit dem Rundhäkeln, verwenden Sie einen MM, um die 1. M jeder Runde zu markieren.

Runde 1: Mit Garn A 4 Lm häkeln, den Ring mit 1 Km schließen, 2 fM in jd der nächsten 2 Lm (ungehäkelte Lm zählen als 2 M). *(6 M)*

Runde 2 (AB): 2 fM in jd M. *(12 M)*

Runde 3: [1 fM in jd der nächsten 3 M, 2 fM in die nächste M] 3-mal. *(15 M)*

Runde 4: [1 fM in jd der nächsten 4 M, 2 fM in die nächste M] 3-mal. *(18 M)*

Runde 5: [1 fM in jd der nächsten 5 M, 2 fM in die nächste M] 3-mal. *(21 M)*

Runde 6: [1 fM in jd der nächsten 6 M, 2 fM in die nächste M] 3-mal. *(24 M)*

Runde 7: [1 fM in jd der nächsten 7 M, 2 fM in die nächste M] 3-mal. *(27 M)*

Runde 8: [1 fM in jd der nächsten 8 M, 2 fM in die nächste M] 3-mal. *(30 M)*

Runde 9: [1 fM in jd der nächsten 4 M, 2 fM in die nächste M] 6-mal. *(36 M)*

Runde 10: [1 fM in jd der nächsten 5 M, 2 fM in die nächste M] 6-mal. *(42 M)*

Runde 11: [1 fM in jd der nächsten 6 M, 2 fM in die nächste M] 6-mal. *(48 M)*

Runden 12–21: 1 fM in jd M. *(48 M)*

Runde 22: [1 fM in jd der nächsten 6 M, 2 fM zus häkeln] 6-mal. *(42 M)*

Runde 23: [1 fM in jd der nächsten 5 M, 2 fM zus häkeln] 6-mal. *(36 M)*

Runde 24: [1 fM in jd der nächsten 4 M, 2 fM zus häkeln] 6-mal. *(30 M)*

Die Sicherheitsaugen zwischen Runde 11 und Runde 12 anbringen und befestigen. Den Kopf fest füllen.

Runde 25: [1 fM in jd der nächsten 3 M, 2 fM zus häkeln] 6-mal. *(24 M)*

Runde 26: [1 fM in jd der nächsten 2 M, 2 fM zus häkeln] 6-mal. *(18 M)*

Mehr Füllmaterial hinzufügen.

Runde 27: [1 fM in die nächste M, 2 fM zus häkeln] 6-mal. *(12 M)*

Runde 28: [2 fM zus häkeln] 6-mal. *(6 M)*

Runde 29: [Die nächste M auslassen, 1 Km in die nächste M] 2-mal.

1 Km in die nächste M, den MM entfernen. Das Garn befestigen, lose Garnenden im Inneren des Kopfes vernähen.

Inneres der Ohren (2-mal häkeln)

Arbeiten Sie in Runden und verwenden Sie dabei einen MM, um die 1. M jeder Runde zu markieren.

Die Arbeit nach Runde 2 wenden.

Runde 1: Mit Garn B 4 Lm häkeln, den Ring mit 1 Km schließen, 2 fM in jd der nächsten 2 Lm (ungehäkelte Lm zählen als 2 M). *(6 M)*

Runde 2 (AB): 2 fM in jd M. *(12 M)*

Die Arbeit wenden.

Runde 3: 1 Lm (zählt nicht als M), 2 fM in jd der nächsten 11 M (1 M ungehäkelt lassen). *(22 M)*

Den MM entfernen und das Garn befestigen.

Äußeres der Ohren (2-mal häkeln)

Mit Garn A wie für das Innere der Ohren häkeln, aber das Garn nicht nach Runde 3 befestigen. Die RS des Äußeren des Ohrs auf die VS des Inneren des Ohrs legen. Mit dem Inneren Ohr nach oben durch beide Schichten rund ums Ohr häkeln wie folgt: 1 Lm (zählt nicht als M), [1 fM in die nächste M, 2 fM in die nächste M] 10-mal. *(30 M)*

Den MM entfernen. Ein langes Stück Faden in Farbe A stehenlassen, um das Ohr an den Kopf zu nähen. Alle restlichen losen Enden im Ohr vernähen.

Körper/Latzhose

Beginnen Sie an Margots Hinterteil und arbeiten Sie in Runden, verwenden Sie dabei einen MM, um die 1. M jeder Runde zu markieren.

Runde 1: Mit Garn C 4 Lm häkeln, den Ring mit 1 Km schließen, 2 fM in jd der nächsten 2 Lm (ungehäkelte Lm zählen als 2 M). *(6 M)*

Runde 2 (AB): 2 fM in jd M. *(12 M)*

Runde 3: [1 fM in die nächste M, 2 fM in die nächste M] 6-mal. *(18 M)*

Runde 4: [1 fM in jd der nächsten 2 M, 2 fM in die nächste M] 6-mal. *(24 M)*

Runde 5: [1 fM in jd der nächsten 3 M, 2 fM in die nächste M] 6-mal. *(30 M)*

Runde 6: [1 fM in jd der nächsten 4 M, 2 fM in die nächste M] 6-mal. *(36 M)*

Runde 7: [1 fM in jd der nächsten 5 M, 2 fM in die nächste M] 6-mal. *(42 M)*

Runde 8: [1 fM in jd der nächsten 13 M, 2 fM in die nächste M] 3-mal. *(45 M)*

Runden 9–28: 1 fM in jd M. *(45 M)*

Runde 29: 1 fM in jd M, in der letzten M zu Garn A wechseln. *(45 M)*

Runde 30: [1 fM in jd der nächsten 13 M, 2 fM zus häkeln] 3-mal. *(42 M)*

Runde 31: [1 fM in jd der nächsten 5 M, 2 fM zus häkeln] 6-mal. *(36 M)*

Runde 32: [1 fM in jd der nächsten 4 M, 2 fM zus häkeln] 6-mal. *(30 M)*

Den Körper füllen.

Runde 33: [1 fM in jd der nächsten 3 M, 2 fM zus häkeln] 6-mal. *(24 M)*

Runde 34: [1 fM in jd der nächsten 2 M, 2 fM zus häkeln] 6-mal. *(18 M)*

Mehr Füllmaterial hinzufügen.

Runde 35: [1 fM in die nächste M, 2 fM zus häkeln] 6-mal. *(12 M)*

Runde 36: [1 fM in die nächste M, 2 fM zus häkeln] 4-mal. *(8 M)*

Runde 37: [Die nächste M auslassen, 1 Km in die nächste M] 3-mal.

1 Km in die nächste M, den MM entfernen. Das Garn befestigen, einen Faden zum Zusammennähen stehenlassen.

Latzhosenträger (2-mal häkeln)

Ein Stück Garn vor der Anfangsschlinge stehenlassen, um das Trägerende annähen zu können. Eine Reihe arbeiten, dann entlang der anderen Seite der Lm-Kette zurückhäkeln.

Mit Garn C 28 Lm häkeln.

Reihe 1: 1 fM in die 2. Lm von der Nadel, 1 fM in jd M entlang der Lm und wieder zurück entlang der Lm-Kette, dabei mit 1 Km in die 1. M enden. *(55 M)*

Das Garn befestigen, einen Faden zum Annähen des anderen Trägerendes stehenlassen.

Arme (2-mal häkeln)

Beginnen Sie an der Pfote und häkeln Sie in Runden. Verwenden Sie dabei einen MM, um die 1. M jeder Runde zu markieren.

Runde 1: Mit Garn B 4 Lm häkeln, den Ring mit 1 Km schließen, 2 fM in jd der nächsten 2 Lm (ungehäkelte Lm zählen als 2 M). *(6 M)*

Runde 2 (AB): 2 fM in jd M. *(12 M)*
Runde 3: 1 fM in jd M. *(12 M)*
Runde 4: 1 fM in jd M, in der letzten M zu Garn A wechseln. *(12 M)*
Runden 5–22: 1 fM in jd M. *(12 M)*
Den Arm nach den Runden 12 und 22 füllen.
Runde 23: 2 fM zus häkeln, 1 fM in jd der nächsten 10 M. *(11 M)*
Runde 24: 2 fM zus häkeln, 1 fM in jd der nächsten 9 M. *(10 M)*
Runde 25: 2 fM zus häkeln, 1 fM in jd der nächsten 8 M. *(9 M)*
Runde 26: 2 fM zus häkeln, 1 fM in jd der nächsten 7 M. *(8 M)*
Mehr Füllmaterial hinzufügen. 1 Km in die nächste M und den MM entfernen. Das Garn befestigen und einen langen Faden zum Zusammennähen stehenlassen.

Beine (2-mal häkeln)

Beginnen Sie am Fuß und häkeln Sie in Runden. Verwenden Sie dabei einen MM, um die 1. M jeder Runde zu markieren.
Runde 1: Mit Garn B 4 Lm häkeln, die Runde mit 1 Km schließen.
Runde 2: 2 fM in jd Lm. *(8 M)*
Runde 3: 2 fM in jd M. *(16 M)*
Runde 4: [2 fM in die nächste M, 1 fM in die nächste M] 8-mal. *(24 M)*
Runde 5: 1 fM in jd der nächsten 20 M, [2 fM zus häkeln] 2-mal, dabei in der letzten Abnahme zu Garn A wechseln. *(22 M)*
Runde 6: 1 fM in jd der nächsten 18 M, [2 fM zus häkeln] 2-mal. *(20 M)*
Runde 7: 1 fM in jd der nächsten 16 M, [2 fM zus häkeln] 2-mal. *(18 M)*
Runde 8: 1 fM in jd der nächsten 14 M, [2 fM zus häkeln] 2-mal. *(16 M)*
Runde 9: 1 fM in jd M. *(16 M)*
Das Bein füllen.
Runden 10–14: 1 fM in jd M. *(16 M)*
Runde 15: 1 fM in jd M, in der letzten M zu Garn C wechseln. *(16 M)*
Runde 16: [2 fM zus häkeln, 1 fM in jd der nächsten 6 M] 2-mal. *(14 M)*
Runde 17: 1 fM in jd M. *(14 M)*
Runden 18–24: 1 fM in jd M. *(14 M)*
Mehr Füllmaterial hinzufügen.
Runde 25: [2 fM zus häkeln, 1 fM in jd der nächsten 5 M] 2-mal. *(12 M)*
Runde 26: 1 fM in jd M. *(12 M)*
Mehr Füllmaterial hinzufügen, dabei die Menge zur Beinöffnung hin reduzieren.
1 Km in die nächste M, den MM entfernen. Das Garn befestigen, einen Faden zum Zusammennähen stehenlassen.

Schwanz

Beginnen Sie an der Schwanzspitze und häkeln Sie in Runden. Verwenden Sie dabei einen MM, um die 1. M jeder Runde zu markieren. Lassen Sie die Garnenden im Inneren des Schwanzes, wenn die Arbeit länger wird.
Runde 1: Mit Garn B 4 Lm häkeln, die Runde mit 1 Km schließen.
Runde 2: 1 fM in jd Lm. *(4 M)*
Runden 3–5: 1 fM in jd M. *(4 M)*
Runde 6: 1 fM in jd M, in der letzten M zu Garn A wechseln. *(4 M)*
Runden 7–23: 1 fM in jd M. *(4 M)*
1 Km in die nächste M, den MM entfernen. Der Schwanz muss nicht gefüllt werden. Das Garn befestigen, einen Faden zum Zusammennähen stehenlassen.

Tasche mit Herzchen

Beginnen Sie unten an der Tasche und arbeiten Sie in Reihen.
Mit Garn D 9 Lm häkeln.
Reihe 1: 1 fM in die 2. Lm von der Nadel, 1 fM in jd M bis zum Ende der Reihe, wenden. *(8 M)*
Reihen 2–7: 1 Lm (zählt nicht als M), 1 fM in jd M bis zum Ende der Reihe, wenden. *(8 M)*
Reihe 8: Ohne zu wenden 1 Lm, Nadel von hinten in die M stechen und fM entlang von Reihe 7 zurückhäkeln.
Das Garn befestigen, einen Faden zum Zusammennähen stehenlassen.

Zusammennähen

Verwenden Sie die Garnenden zum Zusammennähen.
1 Die Ohren am Kopf positionieren und leicht nach hinten kippen. Feststecken und annähen.
2 Den Kopf am Körper positionieren und leicht nach unten kippen. Feststecken und annähen.
3 Im Überwendlingsstich über die Öffnung der Arme nähen, feststecken und annähen.
4 Die Beinöffnung glätten und darübernähen. Die Beine vorne an der Unterseite des Körpers platzieren (sodass Margot sitzen kann). Feststecken und annähen.
5 Mit Garn E und einer Sticknadel mit stumpfer Spitze ein abgerundetes Dreieck für die Form der Nase sticken und dann mit dem Plattstich (siehe Seite 110) füllen.
6 Einen braunen Knopf mit Baumwollgarn an das eine Ende des Latzhosenträgers nähen. Das Ende des Trägers mit dem Knopf vorne an der Latzhose anstecken und annähen. Das andere Ende des Trägers an der Rückseite feststecken, sodass die Träger einander am Rücken überkreuzen. Für den zweiten Träger wiederholen.
7 Verwenden Sie das Schnittmuster (siehe Seite 111), um ein Herz aus dem Stoff zu schneiden, und nähen Sie es im Überwendlingsstich mit Baumwollgarn vorne an die rote Tasche an. Bringen Sie die Tasche vorne an Margots Latzhose an. Verwenden Sie ein Stück Garn, um die drei Seiten der Tasche im Überwendlingsstich anzunähen und lassen Sie die Oberseite offen.
8 Den orangen Knopf mit Baumwollgarn oben am Schwanz annähen, dann das Stück Garn am Schwanz verwenden, um diesen an Margots Hinterteil anzunähen.
9 Alle restlichen losen Enden in Margots Innerem vernähen und abschneiden.

Fertigstellung

1 Schneiden Sie ein kleines Stoffrechteck aus und sticken Sie im Kreuzstich (siehe Seite 110) drei Küsse in einer Linie mit orangem Stickgarn auf.
2 Den Stoffflicken auf der Latzhose mit Baumwollgarn im Überwendlingsstich direkt unter den Latzhosenträgern auf der Rückseite annähen.

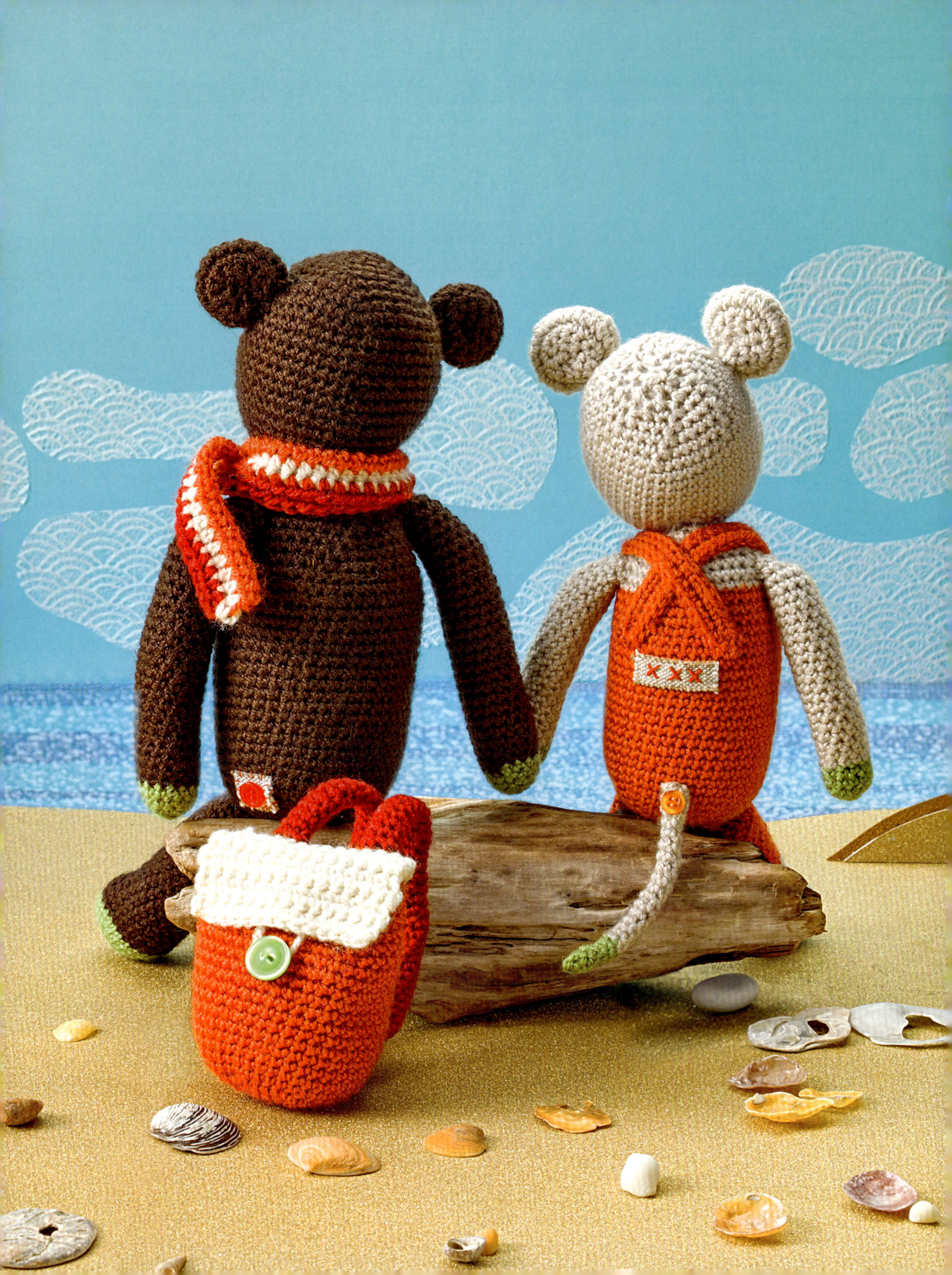

ARCHIBALD und BORIS

ARCHIBALD

Archibald und Boris sind zwei gewitzte Brüder und zusammen sind sie ein tolles Team. Archibald ist ein lebhafter kleiner Hund, ein richtiges Energiebündel, das den Großteil seines Tages mit Boris damit verbringt, alle Häuser für die Tiere in der Sonnenscheinbucht zu bauen.

GARN

- Patons 100 % Cotton DK (100 % Baumwolle), DK-Garn (leichtes Kammgarn); ca. 210 m LL pro Knäuel (100 g):
  1/8 Knäuel Limestone 2716 (Steingrau, A)
  1/4 Knäuel Denim 2697 (Blau, B)
  1/6 Knäuel Pale Blue 2173 (Hellblau, C)
  kleine Menge Navy 2124 (Marineblau, D)
- Häkelnadel, 3 mm

ZUM RESTEVERHÄKELN

Wenn Sie auf Ihre Reste zurückgreifen, benötigen Sie:

- DK-Baumwollgarn (leichtes Kammgarn): ca. 25 g Blau, 15 g Hellblau, 10 g Steingrau und eine kleine Menge Marineblau für Nase und Mund

MATERIALIEN

- 1 Paar schwarze Sicherheitsaugen (7 mm Durchmesser)
- Stofftierfüllung (Polyester)
- 1 hellblauer Knopf, ca. 1 cm Durchmesser
- 15 cm beigefarbenes Band, 1 cm breit
- 1 blauer Knopf, ca. 1 cm Durchmesser
- 1 beiges Stoffquadrat für den Flicken mit dem Knopf, ca. 1,3 cm
- Garn in Kontrastfarbe als Maschenmarkierer
- Schere
- Sticknadel mit stumpfer Spitze
- Stecknadeln, Nähnadel und Baumwollgarn

MASSE BEI FERTIGSTELLUNG

Archibald misst ca. 21 cm von Kopf bis Fuß.

SPANNUNG

Die Spannung ist bei diesem Projekt nicht wesentlich, aber Sie brauchen ein engmaschiges Gewebe – passen Sie, wenn nötig, die Nadelstärke an, um dieses zu erhalten.

ABKÜRZUNGEN

[ ] Anweisungen in Klammern so oft, wie angegeben, häkeln
2 fM zus häkeln 2 feste Maschen zusammenhäkeln
fM feste Masche
Km Kettmasche
Lm Luftmasche
M Masche(n)
MM Maschenmarkierer

SPEZIELLE ABKÜRZUNG

AB asymmetrischer Beginn: Bei einem asymmetrischen Beginn wird Runde 2 begonnen, indem in die erste ungehäkelte Masche von Runde 1 gehäkelt wird – siehe Details auf Seite 107.

Schnauze

Beginnen Sie an der Nase und häkeln Sie in Runden. Verwenden Sie dabei einen MM, um die 1. M jeder Runde zu markieren.

Runde 1: Mit Garn A 4 Lm häkeln, mit 1 Km zu einem Ring schließen.
Runde 2: 2 fM in jd Lm. *(8 M)*
Runde 3: [1 fM in die nächste M, 2 fM in die nächste M] 4-mal. *(12 M)*
Runde 4: 1 fM in jd M. *(12 M)*
Runde 5: [1 fM in jd der nächsten 2 M, 2 fM in die nächste M] 4-mal. *(16 M)*
Runde 6: 1 fM in jd M. *(16 M)*
Runde 7: [1 fM in jd der nächsten 3 M, 2 fM in die nächste M] 4-mal. *(20 M)*
Runden 8 und 9: 1 fM in jd M. *(20 M)*
Die Schnauze füllen.
1 Km in die nächste M, den MM entfernen. Das Garn befestigen, dabei ein Stück zum Zusammennähen stehenlassen.

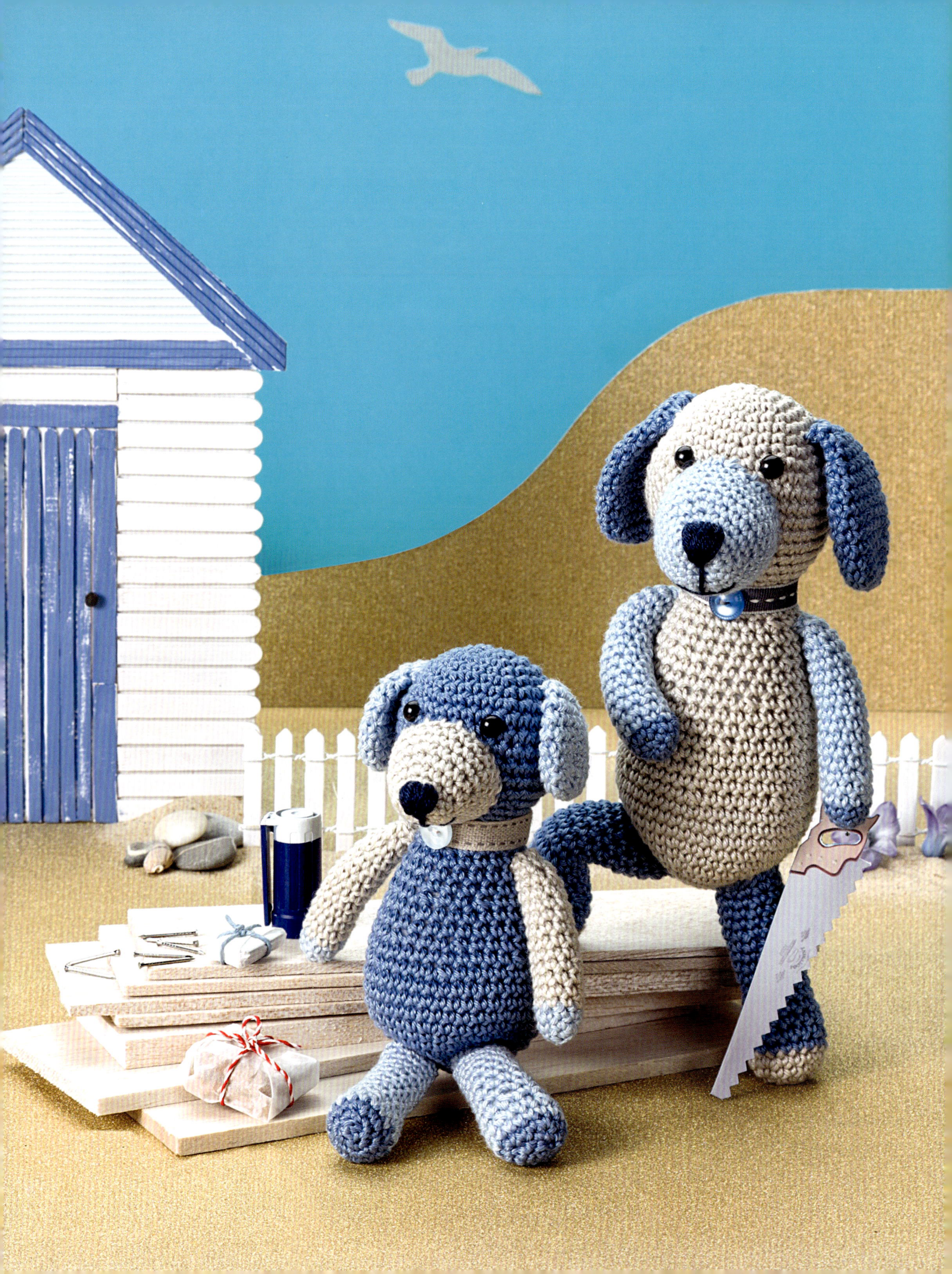

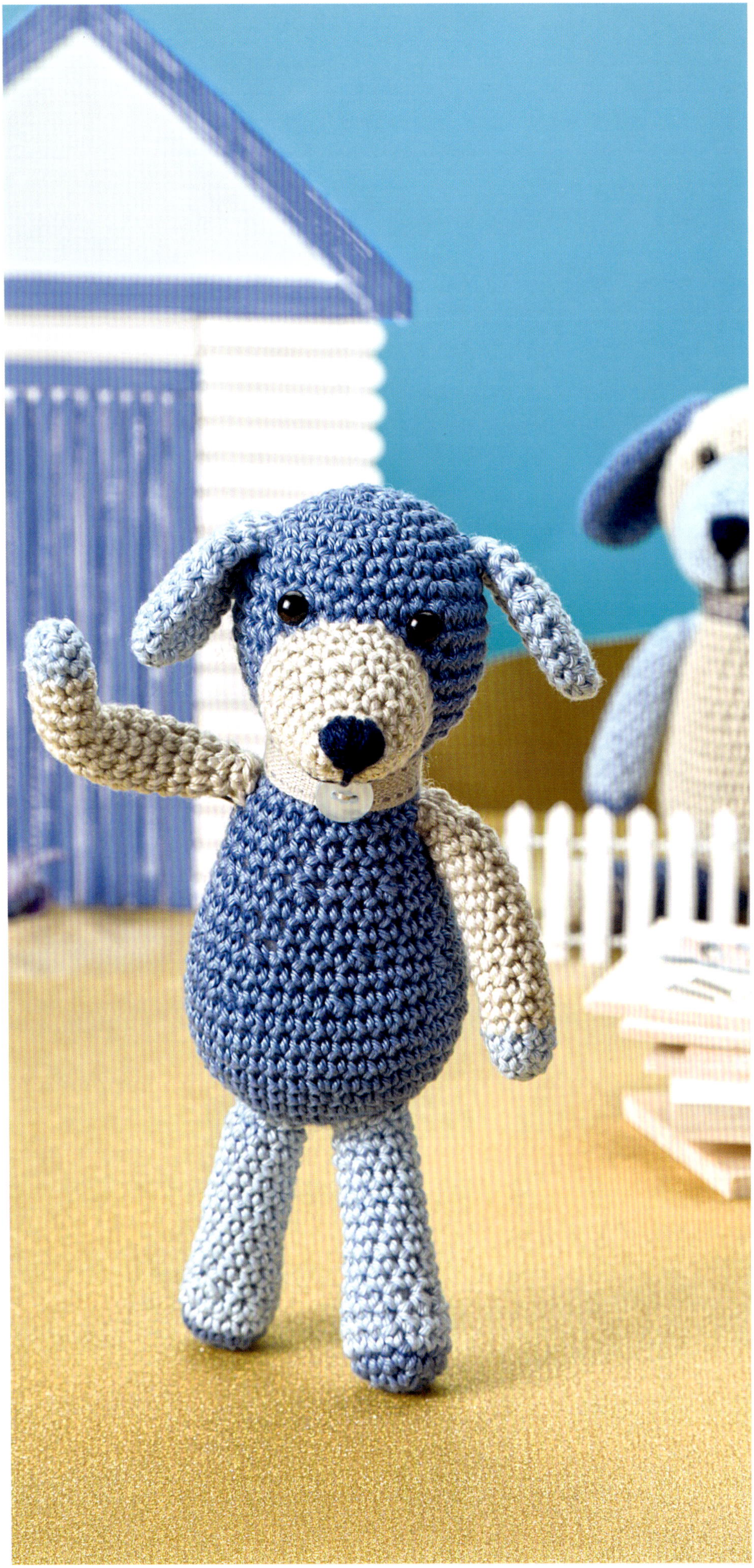

Kopf

Beginnen Sie oben an Archibalds Kopf und arbeiten Sie in Runden. Verwenden Sie dabei einen MM, um die 1. M jeder Runde zu markieren.

Runde 1: Mit Garn B 4 Lm häkeln, den Ring mit 1 Km schließen, 2 fM in jd der nächsten 3 Lm (ungehäkelte Lm zählt als 1 st). *(7 M)*

Runde 2 (AB): 2 fM in jd M. *(14 M)*

Runde 3: [1 fM in die nächste M, 2 fM in die nächste M] 7-mal. *(21 M)*

Runde 4: 1 fM in jd M. *(21 M)*

Runde 5: [1 fM in jd der nächsten 2 M, 2 fM in die nächste M] 7-mal. *(28 M)*

Runde 6: 1 fM in jd M. *(28 M)*

Runde 7: [1 fM in jd der nächsten 3 M, 2 fM in die nächste M] 7-mal. *(35 M)*

Runden 8–11: 1 fM in jd M. *(35 M)*

Runde 12: [1 fM in jd der nächsten 3 M, 2 fM zus häkeln] 7-mal. *(28 M)*

Runde 13: 1 fM in jd M. *(28 M)*

Platzieren Sie die Schnauze vorne am Gesicht, um die Position der Augen festzulegen. Bringen Sie die Sicherheitsaugen zwischen den Runden 8 und 9 an.

Den Kopf fest füllen.

Runde 14: [1 fM in jd der nächsten 2 M, 2 fM zus häkeln] 7-mal. *(21 M)*

Runde 15: 1 fM in jd M. *(21 M)*

Runde 16: [1 fM in die nächste M, 2 fM zus häkeln] 7-mal. *(14 M)*

Mehr Füllmaterial hinzufügen.

Runde 17: [2 fM zus häkeln] 7-mal. *(7 M)*

Runde 18: [2 fM zus häkeln] 3-mal. 1 Km in die letzte M, den MM entfernen.

Das Garn befestigen und das lose Garnende im Kopf vernähen.

Ohren (2-mal häkeln)

An der Unterseite des Ohrs beginnen und in Runden arbeiten. Verwenden Sie dabei einen MM, um die 1. M jeder Runde zu markieren.

Runde 1: Mit Garn C 4 Lm häkeln, mit 1 Km zu einem Ring schließen.

Runde 2: 2 fM in jd Lm. *(8 M)*

Runde 3: 2 fM in jd M. *(16 M)*

Runden 4–7: 1 fM in jd M. *(16 M)*

Runde 8: [1 fM in jd der nächsten 2 M, 2 fM zus häkeln] 4-mal. *(12 M)*

Runde 9: [1 fM in jd der nächsten 4 M, 2 fM zus häkeln] 2-mal. *(10 M)*

Runde 10: [1 fM in jd der nächsten 3 M, 2 fM zus häkeln] 2-mal. *(8 M)*

1 Km in die nächste M. Die Ohren müssen nicht gefüllt werden, glätten Sie sie und

nähen Sie die Öffnung mit dem Überwendlingsstich zusammen. Das Garn befestigen, einen Faden zum Zusammennähen stehenlassen.

Körper

Beginnen Sie unten und arbeiten Sie in Runden, verwenden Sie dabei einen MM, um die 1. M jeder Runde zu markieren.
Runde 1: Mit Garn B 4 Lm häkeln, den Ring mit 1 Km schließen, 2 fM in jd der nächsten 3 Lm (ungehäkelte Lm zählt als 1 M). *(7 M)*
Runde 2 (AB): 2 fM in jd M. *(14 M)*
Runde 3: [1 fM in die nächste M, 2 fM in die nächste M] 7-mal. *(21 M)*
Runde 4: [1 fM in jd der nächsten 2 M, 2 fM in die nächste M] 7-mal. *(28 M)*
Runde 5: [1 fM in jd der nächsten 3 M, 2 fM in die nächste M] 7-mal. *(35 M)*
Runden 6 und 7: 1 fM in jd M. *(35 M)*
Runde 8: [1 fM in jd der nächsten 4 M, 2 fM in die nächste M] 7-mal. *(42 M)*
Runden 9–11: 1 fM in jd M. *(42 M)*
Runde 12: [1 fM in jd der nächsten 4 M, 2 fM zus häkeln] 7-mal. *(35 M)*
Runde 13: 1 fM in jd M. *(35 M)*
Runde 14: [1 fM in jd der nächsten 3 M, 2 fM zus häkeln] 7-mal. *(28 M)*
Runden 15 und 16: 1 fM in jd M. *(28 M)*
Runde 17: [1 fM in jd der nächsten 2 M, 2 fM zus häkeln] 7-mal. *(21 M)*
Runden 18–20: 1 fM in jd M. *(21 M)*
Den Körper füllen.
Runde 21: [1 fM in jd der nächsten 5 M, 2 fM zus häkeln] 3-mal. *(18 M)*
Runde 22: 1 fM in jd M. *(18 M)*
Mehr Füllmaterial hinzufügen.
1 Km in die nächste M, den MM entfernen. Das Garn befestigen, einen Faden zum Zusammennähen stehenlassen.

Arme (2-mal häkeln)

Beginnen Sie an der Pfote und häkeln Sie in Runden, verwenden Sie dabei einen MM, um die 1. M jeder Runde zu markieren.
Runde 1: Mit Garn C 4 Lm häkeln, den Ring mit 1 Km schließen, 2 fM in jd der nächsten 2 Lm, (ungehäkelte Lm zählen als 2 M). *(6 M)*
Runde 2 (AB): [1 fM in die nächste M, 2 fM in die nächste M] 3-mal. *(9 M)*
Runde 3: 1 fM in jd M, in der letzten M zu Garn C wechseln. *(9 M)*
Runden 4–12: 1 fM in jd M. *(9 M)*
Den Arm am Ende von Runde 12 füllen.
Runde 13: 1 fM in jd der nächsten 7 M, 2 fM zus häkeln. *(8 M)*
Runde 14: 1 fM in jd der nächsten 6 M, 2 fM zus häkeln. *(7 M)*
Mehr Füllmaterial hinzufügen.
Runde 15: 1 fM in jd der nächsten 5 M, 2 fM zus häkeln. *(6 M)*
1 Km in die nächste M, den MM entfernen. Das Garn befestigen, einen Faden zum Zusammennähen stehenlassen.

Beine (2-mal häkeln)

Beginnen Sie an der Pfote und häkeln Sie in Runden. Verwenden Sie dabei einen MM, um die 1. M jeder Runde zu markieren.
Runde 1: Mit Garn B 4 Lm häkeln, den Ring mit 1 Km schließen, 2 fM in jd der nächsten 2 Lm (ungehäkelte Lm zählen als 2 M). *(6 M)*
Runde 2 (AB): 2 fM in jd M. *(12 M)*
Runde 3: [1 fM in jd der nächsten 2 M, 2 fM in die nächste M] 4-mal, dabei in der letzten M zu Garn C wechseln. *(16 M)*
Runde 4: 1 fM in jd M. *(16 M)*
Runde 5: [1 fM in jd der nächsten 2 M, 2 fM zus häkeln] 4-mal. *(12 M)*
Runde 6: [1 fM in jd der nächsten 4 M, 2 fM zus häkeln] 2-mal. *(10 M)*
Das Bein füllen.
Runden 7–16: 1 fM in jd M. *(10 M)*
Am Ende von Runde 16 mehr Füllung hinzugeben. 1 Km in die nächste M, den MM entfernen.
Das Garn befestigen, einen Faden zum Zusammennähen stehenlassen.

Schwanz

Beginnen Sie an der Spitze und arbeiten Sie in Runden, verwenden sie dabei einen MM, um die 1. M jeder Runde zu markieren.
Runde 1: Mit Garn A 4 Lm häkeln, mit 1 Km zu einem Ring schließen.
Runde 2: 1 fM in jd Lm. *(4 M)*
Runden 3–5: 1 fM in jd M. *(4 M)*
Runde 6: [1 fM in die nächste M, 2 fM in die nächste M] 2-mal. *(6 M)*
Runden 7 und 8: 1 fM in jd M. *(6 M)*
1 Km in die nächste M, den MM entfernen. Der Schwanz muss nicht gefüllt werden. Das Garn befestigen, einen Faden zum Zusammennähen stehenlassen.

Zusammennähen

Verwenden Sie die Garnenden zum Zusammennähen.
1 Die Schnauze am Kopf direkt unter den Augen in Position bringen, feststecken und annähen.
2 Den Kopf auf dem Körper positionieren, feststecken und mit dem Garn des Körpers annähen.
3 Über die Öffnung der Ohren im Überwendlingsstich nähen, am Kopf feststecken und annähen.
4 Über die Öffnung der Arme im Überwendlingsstich nähen, am Körper feststecken und annähen (dabei am Hals Platz für das Halsband lassen).
5 Die Beine unter dem Körper platzieren und oben rund um die Beine am Körper annähen, sodass die gefüllte Form erhalten bleibt.
6 Den Schwanz am Hundehintern nach oben zeigend feststecken und annähen.
7 Mit Garn D ein abgerundetes Dreieck für die Nasenform aufsticken, dann mit dem Plattstich füllen (siehe Seite 110). Zum Mund hinuntersticken und dann das Garn befestigen.
8 Alle restlichen losen Enden in das Innere von Archibald nähen und abschneiden.

Halsband

1 Das Band um den Hals herum platzieren, sodass 1 cm Saum an jedem Ende überlappt, wo die Enden sich treffen. Auf die richtige Größe zuschneiden. Beide Enden des Bands säumen.
2 Das Band erneut um den Hals legen. Das eine gesäumte Ende über das andere überlappen lassen, vorne die Mitte suchen und den blauen Knopf an dem Band feststecken. Das Halsband entfernen und den Knopf annähen.
3 Das Halsband mit dem Knopf vorne in Archibalds Mitte platzieren und das eine gesäumte Ende auf dem anderen an der Rückseite mit dem Überwendlingsstich festnähen.

Flicken mit dem Knopf

Nähen Sie den blauen Knopf Ihrer Wahl mittig auf den quadratischen, beigen Stoffflicken, dann mit demselben Garn weiterarbeiten und den Stoff links an Archibalds Hinterteil annähen.

BORIS

Boris ist ein bisschen älter als Archibald und geht gelassener durchs Leben. Er mag es sehr, an der Seite seines Bruders zu spielen, und wenn sie zusammen sind, sind sie das perfekte Duo.

GARN

- Patons 100 % Cotton DK (100 % Baumwolle), DK-Garn (leichtes Kammgarn); ca. 210 m LL pro Knäuel (100 g):
  1/3 Knäuel Limestone 2716 (Steingrau, A)
  1/5 Knäuel Denim 2697 (Blau, B)
  1/6 Knäuel Pale Blue 2173 (Hellblau, C)
  kleine Menge Navy 2124 (Marineblau, D)
- Häkelnadel, 3 mm

ZUM RESTEVERHÄKELN

Wenn Sie auf Ihre Reste zurückgreifen, benötigen Sie:

- DK-Baumwollgarn (leichtes Kammgarn): ca. 35 g Steingrau, 20 g Blau, 15 g Hellblau und eine kleine Menge Marineblau für Nase und Mund

MATERIALIEN

- 1 Paar schwarze Sicherheitsaugen (7 mm Durchmesser)
- Stofftierfüllung (Polyester)
- 1 blauer Knopf, ca. 1,2 cm Durchmesser
- 15 cm graues Band, 1 cm breit
- 1 hellblauer Knopf, ca. 1 cm Durchmesser
- jeansblaues Stoffquadrat, ca. 1,5 cm, für den Knopf
- Garn in Kontrastfarbe als Maschenmarkierer
- Sticknadel mit stumpfer Spitze
- Stecknadeln, Nähnadel und Baumwollgarn

SPANNUNG

Die Spannung ist bei diesem Projekt nicht wesentlich, aber Sie brauchen ein engmaschiges Gewebe – passen Sie, wenn nötig, die Nadelstärke an, um dieses zu erhalten.

MASSE BEI FERTIGSTELLUNG

Boris misst ca. 25 cm von Kopf bis Fuß.

ABKÜRZUNGEN

[ ] Anweisungen in Klammern so oft, wie angegeben, häkeln
2 fM zus häkeln 2 feste Maschen zusammenhäkeln
fM feste Masche
Km Kettmasche
Lm Luftmasche
M Masche(n)
MM Maschenmarkierer

SPEZIELLE ABKÜRZUNG

AB asymmetrischer Beginn: Bei einem asymmetrischen Beginn wird Runde 2 begonnen, indem in die erste ungehäkelte Masche von Runde 1 gehäkelt wird – siehe Details auf Seite 107.

Schnauze

Beginnen Sie an der Nase und arbeiten Sie in Runden, verwenden Sie dabei einen MM, um die 1. M jeder Runde zu markieren.

Runde 1: Mit Garn C 4 Lm häkeln, mit 1 Km zu einem Ring schließen.
Runde 2: 2 fM in jd Lm. *(8 M)*
Runde 3: [1 fM in die nächste M, 2 fM in die nächste M] 4-mal. *(12 M)*
Runde 4: [1 fM in jd der nächsten 2 M, 2 fM in die nächste M] 4-mal. *(16 M)*
Runde 5: [1 fM in jd der nächsten 3 M, 2 fM in die nächste M] 4-mal. *(20 M)*
Runde 6: 1 fM in jd M. *(20 M)*
Runde 7: [1 fM in jd der nächsten 4 M, 2 fM in die nächste M] 4-mal. *(24 M)*
Runden 8 und 9: 1 fM in jd M. *(24 M)*
Runde 10: [1 fM in jd der nächsten 11 M, 2 fM in die nächste M] 2-mal. *(26 M)*
Runden 11 und 12: 1 fM in jd M. *(26 M)*

Die Schnauze füllen.

1 Km in die nächste M, den MM entfernen. Das Garn befestigen, einen Faden zum Zusammennähen stehenlassen.

Kopf

Beginnen Sie oben am Kopf und arbeiten Sie in Runden, verwenden Sie dabei einen MM, um die 1. M jeder Runde zu markieren.

Runde 1: Mit Garn A 4 Lm häkeln, den Ring mit 1 Km schließen, 2 fM in jd der nächsten 3 Lm (ungehäkelte Lm zählt als 1 M). *(7 M)*
Runde 2 (AB): 2 fM in jd M. *(14 M)*
Runde 3: [1 fM in die nächste M, 2 fM in die nächste M] 7-mal. *(21 M)*
Runde 4: 1 fM in jd M. *(21 M)*
Runde 5: [1 fM in jd der nächsten 2 M, 2 fM in die nächste M] 7-mal. *(28 M)*
Runde 6: 1 fM in jd M. *(28 M)*
Runde 7: [1 fM in jd der nächsten 3 M, 2 fM in die nächste M] 7-mal. *(35 M)*
Runde 8: 1 fM in jd M. *(35 M)*
Runde 9: [1 fM in jd der nächsten 4 M, 2 fM in die nächste M] 7-mal. *(42 M)*
Runden 10–13: 1 fM in jd M. *(42 M)*
Runde 14: [1 fM in jd der nächsten 5 M, 2 fM zus häkeln] 6-mal. *(36 M)*
Runde 15: [1 fM in jd der nächsten 10 M, 2 fM zus häkeln] 3-mal. *(33 M)*
Runde 16: [1 fM in jd der nächsten 9 M, 2 fM zus häkeln] 3-mal. *(30 M)*

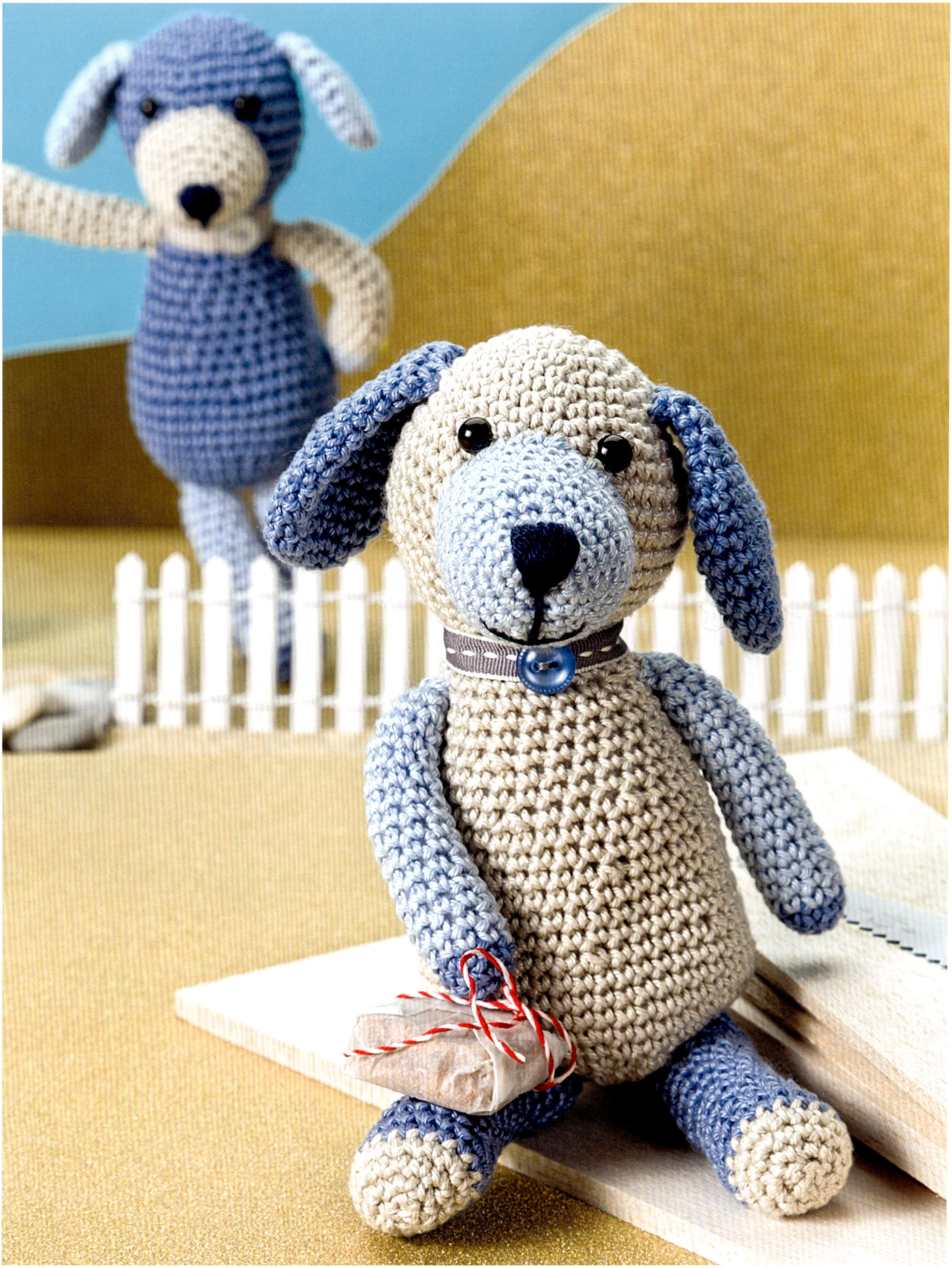

Runde 17: [1 fM in jd der nächsten 8 M, 2 fM zus häkeln] 3-mal. *(27 M)*
Platzieren Sie die Schnauze vorne am Gesicht, um die Position der Augen zu finden. Bringen Sie die Sicherheitsaugen zwischen den Runden 8 und 9 an.
Den Kopf fest füllen.
Runde 18: [1 fM in jd der nächsten 7 M, 2 fM zus häkeln] 3-mal. *(24 M)*
Runde 19: [1 fM in jd der nächsten 2 M, 2 fM zus häkeln] 6-mal. *(18 M)*
Runde 20: [1 fM in die nächste M, 2 fM zus häkeln] 6-mal. *(12 M)*
Mehr Füllmaterial hinzufügen.
Runde 21: [2 fM zus häkeln] 6-mal. *(6 M)*
Runde 22: [Die nächste M auslassen, 1 Km in die nächste M] 2-mal.
Den MM entfernen.
Das Garn befestigen, den losen Faden im Kopf vernähen.

Ohren (2-mal häkeln)

Unten am Ohr beginnen und in Runden arbeiten. Verwenden Sie dabei einen MM, um die 1. M jeder Runde zu markieren.
Runde 1: Mit Garn B 4 Lm häkeln, mit 1 Km zu einem Ring schließen.
Runde 2: 2 fM in jd Lm. *(8 M)*
Runde 3: 2 fM in jd M. *(16 M)*
Runde 4: 1 fM in jd M. *(16 M)*
Runde 5: [1 fM in jd der nächsten 7 M, 2 fM in die nächste M] 2-mal. *(18 M)*
Runden 6–9: 1 fM in jd M. *(18 M)*
Runde 10: [1 fM in jd der nächsten 7 M, 2 fM zus häkeln] 2-mal. *(16 M)*
Runde 11: [1 fM in jd der nächsten 6 M, 2 fM zus häkeln] 2-mal. *(14 M)*
Runde 12: [1 fM in jd der nächsten 5 M, 2 fM zus häkeln] 2-mal. *(12 M)*
Runde 13: 1 fM in jd M. *(12 M)*
Runde 14: [1 fM in jd der nächsten 4 M, 2 fM zus häkeln] 2-mal. *(10 M)*
Runde 15: 1 fM in jd M. *(10 M)*
1 Km in die nächste M, den MM entfernen.
Die Ohren müssen nicht gefüllt werden.
Das Garn befestigen, einen Faden zum Zusammennähen stehenlassen.

Körper

Beginnen Sie am Hinterteil und arbeiten Sie in Runden, verwenden Sie dabei einen MM, um die 1. M jeder Runde zu markieren.
Runde 1: Mit Garn A 4 Lm häkeln, den Ring mit 1 Km schließen, 2 fM in jd der nächsten 3 Lm (ungehäkelte Lm zählt als 1 M). *(7 M)*
Runde 2: 2 fM in jd M. *(14 M)*
Runde 3: [1 fM in die nächste M, 2 fM in die nächste M] 7-mal. *(21 M)*
Runde 4: [1 fM in jd der nächsten 2 M, 2 fM in die nächste M] 7-mal. *(28 M)*
Runde 5: [1 fM in jd der nächsten 3 M, 2 fM in die nächste M] 7-mal. *(35 M)*
Runde 6: 1 fM in jd M. *(35 M)*
Runde 7: [1 fM in jd der nächsten 4 M, 2 fM in die nächste M] 7-mal. *(42 M)*
Runde 8: 1 fM in jd M. *(42 M)*
Runde 9: [1 fM in jd der nächsten 5 M, 2 fM in die nächste M] 7-mal. *(49 M)*
Runden 10–12: 1 fM in jd M. *(49 M)*
Runde 13: [1 fM in jd der nächsten 5 M, 2 fM zus häkeln] 7-mal. *(42 M)*
Runden 14–16: 1 fM in jd M. *(42 M)*
Den Körper am Ende von Runde 16 füllen.
Runde 17: [1 fM in jd der nächsten 4 M, 2 fM zus häkeln] 7-mal. *(35 M)*
Runden 18 und 19: 1 fM in jd M. *(35 M)*
Runde 20: [1 fM in jd der nächsten 3 M, 2 fM zus häkeln] 7-mal. *(28 M)*
Runden 21 und 22: 1 fM in jd M. *(28 M)*
Runde 23: [1 fM in jd der nächsten 5 M, 2 fM zus häkeln] 4-mal. *(24 M)*
Runden 24 und 25: 1 fM in jd M. *(24 M)*
Runde 26: [1 fM in jd der nächsten 6 M, 2 fM zus häkeln] 3-mal. *(21 M)*
Runden 27 und 28: 1 fM in jd M. *(21 M)*
Mehr Füllmaterial hinzufügen.
1 Km in die nächste M, den MM entfernen.
Das Garn befestigen, einen Faden zum Zusammennähen stehenlassen.

Arme (2-mal häkeln)

Beginnen Sie an der Pfote und häkeln Sie in Runden. Verwenden Sie dabei einen MM, um die 1. M jeder Runde zu markieren.
Runde 1: Mit Garn B 4 Lm häkeln, den Ring mit 1 Km schließen, 2 fM in die nächste Lm (ungehäkelte Lm zählen als 3 M). *(5 M)*
Runde 2 (AB): 2 fM in jd M. *(10 M)*
Runde 3: 1 fM in jd M, in der letzten M zu Garn C wechseln. *(10 M)*
Runden 4–15: 1 fM in jd M. *(10 M)*
Den Arm am Ende von Runde 15 füllen.
Runde 16: 1 fM in jd der nächsten 8 M, 2 fM zus häkeln. *(9 M)*
Runde 17: 1 fM in jd der nächsten 7 M, 2 fM zus häkeln. *(8 M)*
Runde 18: 1 fM in jd der nächsten 6 M, 2 fM zus häkeln. *(7 M)*
Mehr Füllmaterial hinzufügen.
1 Km in die nächste M, den MM entfernen.
Das Garn befestigen, einen Faden zum Zusammennähen stehenlassen.

Beine (2-mal häkeln)

Beginnen Sie an der Pfote und häkeln Sie in Runden; verwenden Sie dabei einen MM, um die 1. M jeder Runde zu markieren.
Runde 1: Mit Garn A 4 Lm häkeln, den Ring mit 1 Km schließen, 2 fM in jd der nächsten 2 Lm (ungehäkelte Lm zählen als 2 M). *(6 M)*
Runde 2 (AB): 2 fM in jd M. *(12 M)*
Runde 3: [1 fM in jd der nächsten 3 M, 2 fM in die nächste M] 3-mal. *(15 M)*
Runde 4: [1 fM in jd der nächsten 4 M, 2 fM in die nächste M] 3-mal, dabei in der letzten M zu Garn B wechseln. *(18 M)*
Runde 5: 1 fM in jd M. *(18 M)*
Runde 6: [1 fM in jd der nächsten 4 M, 2 fM zus häkeln] 3-mal. *(15 M)*
Runde 7: [1 fM in jd der nächsten 3 M, 2 fM zus häkeln] 3-mal. *(12 M)*
Das Bein füllen.
Runden 8–19: 1 fM in jd M. *(12 M)*
Am Ende von Runde 19 mehr Füllung hinzufügen.
1 Km in die nächste M, den MM entfernen.
Das Garn befestigen, einen Faden zum Zusammennähen stehenlassen.

Schwanz

Beginnen Sie an der Schwanzspitze und arbeiten Sie in Runden; verwenden Sie dabei einen MM, um die 1. M jeder Runde zu markieren.
Runde 1: Mit Garn C 4 Lm häkeln, den Ring mit 1 Km schließen, 2 fM in die nächste Lm (ungehäkelte Lm zählen als 3 M). *(5 M)*
Runde 2 (AB): 1 fM in jd M. *(5 M)*
Runden 3–5: 1 fM in jd M. *(5 M)*
Runde 6: [1 fM in die nächste M, 2 fM in die nächste M] 2-mal, 1 fM in die letzte M. *(7 M)*
Runden 7–9: 1 fM in jd M. *(7 M)*
1 Km in die nächste M, den MM entfernen.
Der Schwanz muss nicht gefüllt werden.
Das Garn befestigen, einen Faden zum Zusammennähen stehenlassen.

Zusammennähen

Verwenden Sie die Garnenden zum Zusammennähen.

1 Die Schnauze am Kopf direkt unter den Augen in Position bringen und annähen.

2 Den Kopf auf dem Körper feststecken und mit dem Faden des Körpers annähen.

3 Über die Öffnung der Ohren im Überwendlingsstich nähen, am Kopf feststecken und annähen.

4 Über die Öffnung der Arme im Überwendlingsstich nähen, seitlich am Körper feststecken und annähen (dabei am Hals Platz für das Halsband lassen).

5 Die Beine unter dem Körper platzieren und oben rund um die Beine am Körper annähen, sodass die gefüllte Form erhalten bleibt.

6 Den Schwanz am Hundehintern nach oben zeigend feststecken und annähen.

7 Mit Garn D ein abgerundetes Dreieck für die Nasenform aufsticken, dann mit dem Plattstich füllen (siehe Seite 110). Den Mund hinunter weitersticken und dann das Garn befestigen.

8 Alle restlichen losen Enden in das Innere von Boris nähen und abschneiden.

Halsband

1 Das Band um den Hals herum platzieren, sodass 1 cm Saum an jedem Ende überlappt, wo die Enden sich treffen. Auf die richtige Größe zuschneiden. Beide Enden des Bands säumen.

2 Das Band erneut um den Hals legen. Das eine gesäumte Ende über das andere überlappen lassen, vorne die Mitte suchen und den blauen Knopf an dem Band feststecken. Das Halsband entfernen und den Knopf annähen.

3 Das Halsband mit dem Knopf vorne in Boris' Mitte platzieren, die beiden gesäumten Enden aufeinanderlegen und mit dem Überwendlingsstich zusammennähen.

Flicken mit dem Knopf

Nähen Sie den hellblauen Knopf Ihrer Wahl mittig auf den quadratischen, jeansblauen Stoffflicken, dann mit demselben Garn weiterarbeiten und den Stoff links an Boris' Hinterteil annähen.

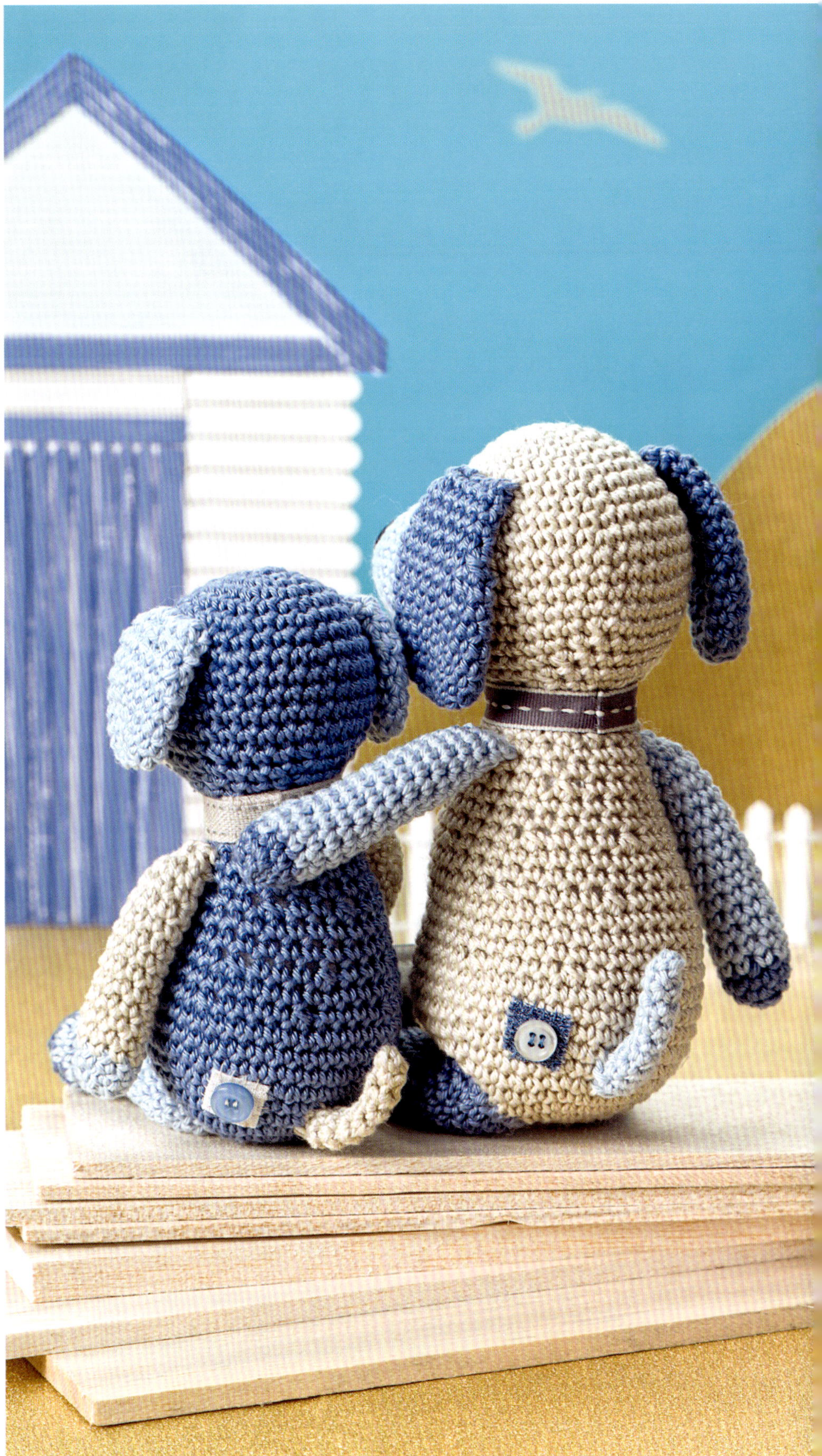

MUCK und WOLKE

MUCK

Muck ist ein schüchterner und bescheidener Hase mit einem riesigen Herz. Einer von Mucks besten Freunden ist Wolke und die beiden Hasen waren schon immer gute Freunde. Wolke hilft Muck, die Treibholzbar zu betreiben, was ein niedlicher Treffpunkt für alle Tiere ist. Am Rande des Strandes gelegen, ist das der perfekte Ort, um Neuigkeiten auszutauschen.

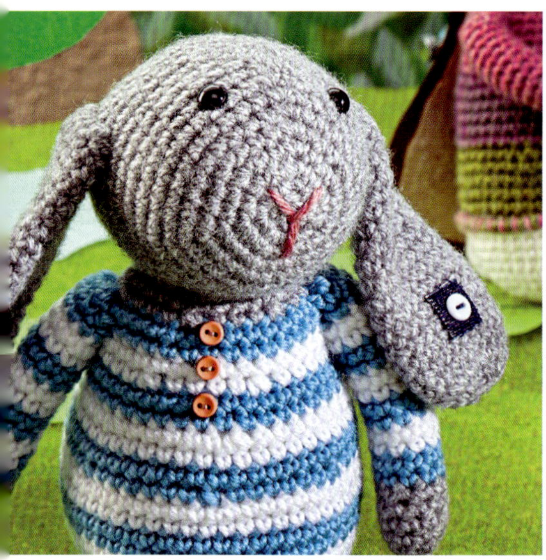

GARN

- Patons Fab DK (100 % Acryl), DK-Garn (leichtes Kammgarn); ca. 274 m LL pro Knäuel (100 g):
  1/3 Knäuel Grey 02310 (Grau, A)
  1/6 Knäuel White 02306 (Weiß, B)
- Wendy Merino DK (100 % Merinowolle), DK-Garn (leichtes Kammgarn); ca. 116 m LL pro Knäuel (50 g):
  1/3 Knäuel Seaspray 2380 (Türkisblau, C)
  kleine Menge Fuchsia 2370 (Pink, D)
- Häkelnadel, 3 mm

ZUM RESTEVERHÄKELN

Wenn Sie auf Ihre Reste zurückgreifen, benötigen Sie:

- Acryl- oder DK-Wolle (leichtes Kammgarn): ca. 30 g Grau, je 15 g Weiß und Türkisblau sowie eine kleine Menge Pink

MATERIALIEN

- 1 Paar schwarze Sicherheitsaugen (8 mm)
- Stofftierfüllung (Polyester)
- 3 dazupassende braune Knöpfe, ca. 0,6 cm Durchmesser
- 1 weißer Knopf, ca. 1 cm Durchmesser
- marineblaues Stoffquadrat, ca. 1,3 cm, für den Flicken mit dem Knopf
- Garn in Kontrastfarbe als Maschenmarkierer
- Schere
- Sticknadel mit stumpfer Spitze
- Stecknadeln, Nähnadel und Baumwollgarn

SPANNUNG

Die Spannung ist bei diesem Projekt nicht wesentlich, aber Sie brauchen ein engmaschiges Gewebe – passen Sie, wenn nötig, die Nadelstärke an, um dieses zu erhalten.

MASSE BEI FERTIGSTELLUNG

Muck misst ca. 28 cm von Kopf bis Fuß.

ABKÜRZUNGEN

[ ] Anweisungen in Klammern so oft, wie angegeben, häkeln
2 fM zus häkeln 2 feste Maschen zusammenhäkeln
fM feste Masche
Km Kettmasche
Lm Luftmasche
M Masche(n)
MM Maschenmarkierer
restl restlich(e)

SPEZIELLE ABKÜRZUNG

AB asymmetrischer Beginn: Bei einem asymmetrischen Beginn wird Runde 2 begonnen, indem in die erste ungehäkelte Masche von Runde 1 gehäkelt wird – siehe Details auf Seite 107.

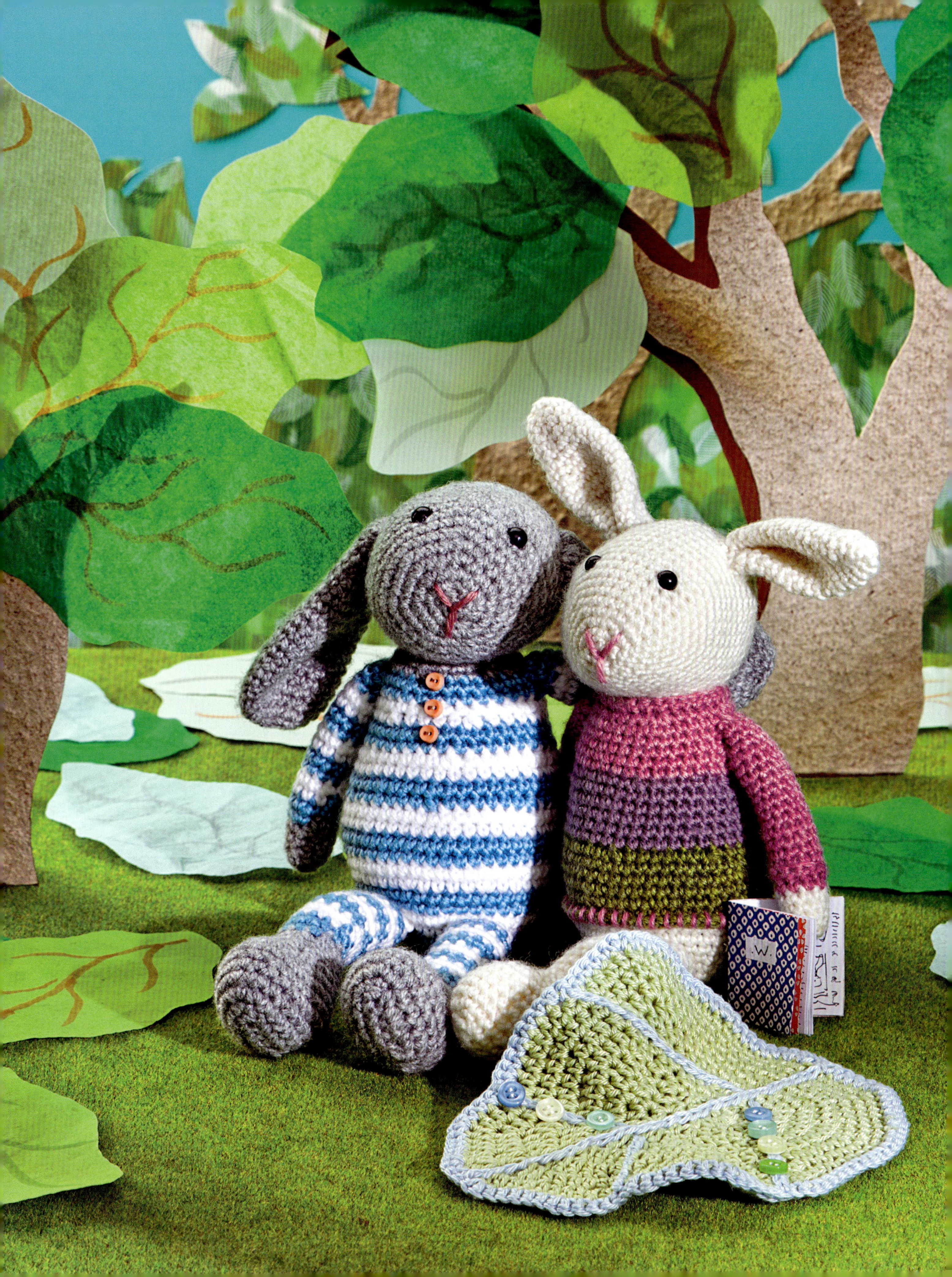

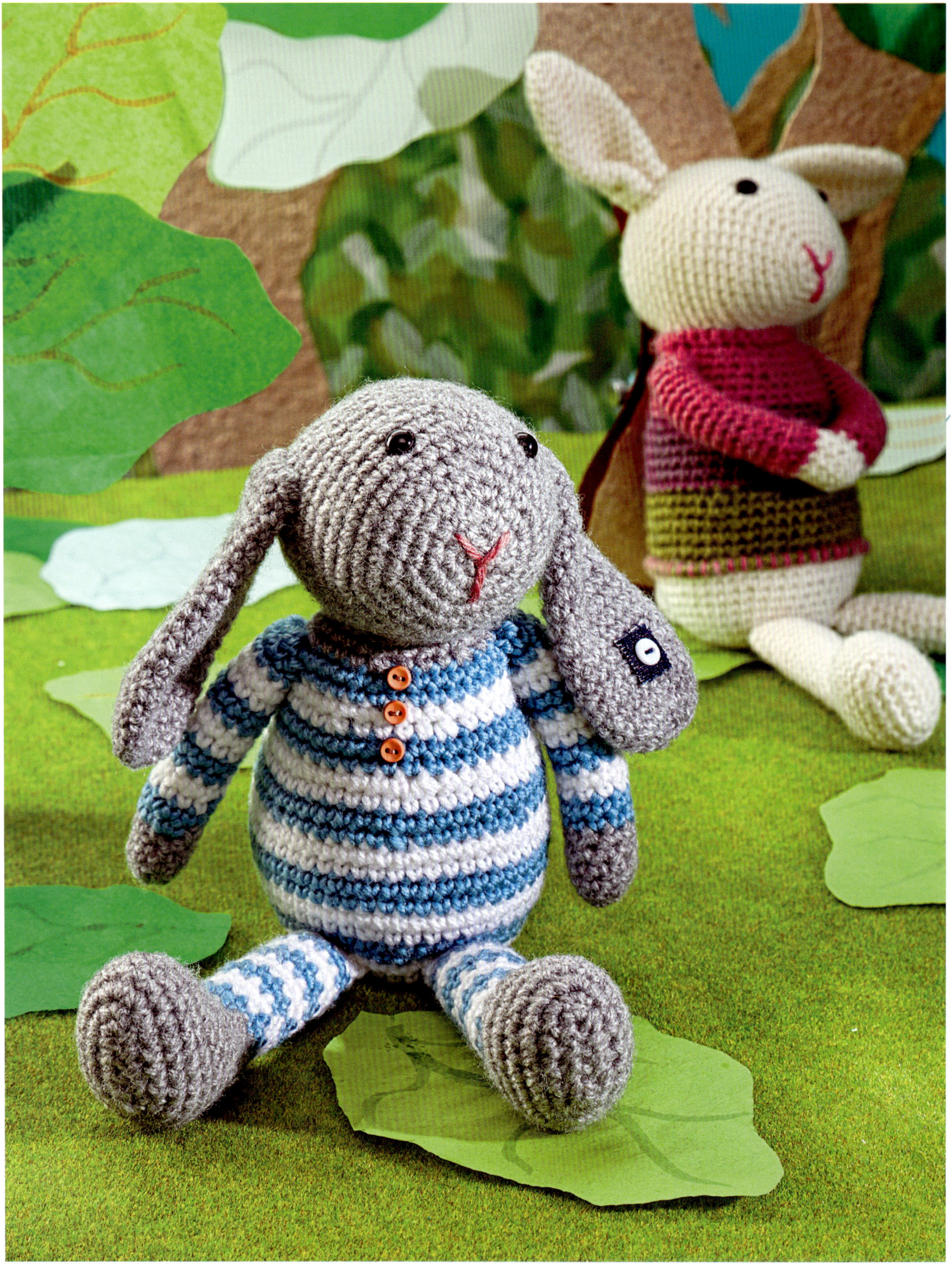

Kopf

Beginnen Sie an der Nase und arbeiten Sie in Runden. Verwenden Sie dabei einen MM, um die 1. M jeder Runde zu markieren.

Runde 1: Mit Garn A 4 Lm häkeln, den Ring mit 1 Km schließen, 2 fM in jd der nächsten 2 Lm (ungehäkelte Lm zählen als 2 M). *(6 M)*

Runde 2 (AB): 2 fM in jd M. *(12 M)*

Runde 3: [1 fM in die nächste M, 2 fM in die nächste M] 6-mal. *(18 M)*

Runde 4: [1 fM in jd der nächsten 2 M, 2 fM in die nächste M] 6-mal. *(24 M)*

Runde 5: [1 fM in jd der nächsten 3 M, 2 fM in die nächste M] 6-mal. *(30 M)*

Runde 6: [1 fM in jd der nächsten 9 M, 2 fM in die nächste M] 3-mal. *(33 M)*

Runde 7: [1 fM in jd der nächsten 10 M, 2 fM in die nächste M] 3-mal. *(36 M)*

Runde 8: [1 fM in jd der nächsten 11 M, 2 fM in die nächste M] 3-mal. *(39 M)*

Runde 9: 1 fM in jd M. *(39 M)*

Runde 10: [1 fM in jd der nächsten 12 M, 2 fM in die nächste M] 3-mal. *(42 M)*

Runden 11–17: 1 fM in jd M. *(42 M)*

Runde 18: [1 fM in jd der nächsten 5 M, 2 fM zus häkeln] 6-mal. *(36 M)*

Die Sicherheitsaugen zwischen Runde 7 und 8 anbringen. Den Kopf fest füllen.

Runde 19: [1 fM in jd der nächsten 4 M, 2 fM zus häkeln] 6-mal. *(30 M)*

Runde 20: [1 fM in jd der nächsten 3 M, 2 fM zus häkeln] 6-mal. *(24 M)*

Mehr Füllmaterial hinzufügen.

Runde 21: [1 fM in jd der nächsten 2 M, 2 fM zus häkeln] 6-mal. *(18 M)*

Runde 22: [1 fM in die nächste M, 2 fM zus häkeln] 6-mal. *(12 M)*

Mehr Füllmaterial hinzufügen.

Runde 23: [2 fM zus häkeln] 6-mal. *(6 M)*

Runde 24: [Die nächste M auslassen, 1 Km in die nächste M] 2-mal (die restl 2 M ungehäkelt lassen).

Den MM entfernen. Das Garn befestigen, die losen Enden im Kopf vernähen.

Ohren (2-mal häkeln)

Unten am Ohr beginnen und in Runden arbeiten. Verwenden Sie dabei einen MM, um die 1. M jeder Runde zu markieren.

Runde 1: Mit Garn A 5 Lm, mit 1 Km zu einem Ring schließen.

Runde 2: 2 fM in jd Lm. *(10 M)*

Runde 3: 2 fM in jd M. *(20 M)*

Runden 4–11: 1 fM in jd M. *(20 M)*

Runde 12: [1 fM in jd der nächsten 8 M, 2 fM zus häkeln] 2-mal. *(18 M)*

Runde 13: 1 fM in jd M. *(18 M)*

Runde 14: [1 fM in jd der nächsten 7 M, 2 fM zus häkeln] 2-mal. *(16 M)*

Runde 15: 1 fM in jd M. *(16 M)*

Runde 16: [1 fM in jd der nächsten 6 M, 2 fM zus häkeln] 2-mal. *(14 M)*

Runden 17–19: 1 fM in jd M. *(14 M)*

Runde 20: [1 fM in jd der nächsten 5 M, 2 fM zus häkeln] 2-mal. *(12 M)*

Runde 21: [1 fM in jd der nächsten 4 M, 2 fM zus häkeln] 2-mal. *(10 M)*

1 Km in die nächste M. Die Ohren müssen nicht gefüllt werden. Den MM entfernen. Das Garn befestigen, einen Faden zum Zusammennähen stehenlassen.

Körper/Ganzkörperanzug

Unten beginnen und in Runden arbeiten. Verwenden Sie dabei einen MM, um die 1. M jeder Runde zu markieren. Das Garn bei Farbwechseln nicht befestigen, sondern auf der Innenseite mitführen, bis die letzte Runde fertiggestellt ist.

Runde 1: Mit Garn C 4 Lm häkeln, mit 1 Km zu einem Ring schließen.

Runde 2: 2 fM in jd Lm, dabei in der letzten M zu Garn B wechseln. *(8 M)*

Runde 3: 2 fM in jd M. *(16 M)*

Runde 4: [1 fM in die nächste M, 2 fM in die nächste M] 8-mal, dabei in der letzten M zu Garn C wechseln. *(24 M)*

Runde 5: [1 fM in jd der nächsten 2 M, 2 fM in die nächste M] 8-mal. *(32 M)*

Runde 6: [1 fM in jd der nächsten 3 M, 2 fM in die nächste M] 8-mal, dabei in der letzten M zu Garn B wechseln. *(40 M)*

Runde 7: 1 fM in jd M. *(40 M)*

Runde 8: 1 fM in jd M, dabei in der letzten M zu Garn C wechseln. *(40 M)*

Runde 9: 1 fM in jd M. *(40 M)*

Runde 10: 1 fM in jd M, dabei in der letzten M zu Garn B wechseln. *(40 M)*

Runde 11: [1 fM in jd der nächsten 4 M, 2 fM in die nächste M] 8-mal. *(48 M)*

Runde 12: 1 fM in jd M, dabei in der letzten M zu Garn C wechseln. *(48 M)*

Runde 13: 1 fM in jd M. *(48 M)*

Runde 14: 1 fM in jd M, dabei in der letzten M zu Garn B wechseln. *(48 M)*

Runde 15: 1 fM in jd M. *(48 M)*

Runde 16: 1 fM in jd M, dabei in der letzten M zu Garn C wechseln. *(48 M)*

Runde 17: [1 fM in jd der nächsten 6 M, 2 fM zus häkeln] 6-mal. *(42 M)*

Runde 18: 1 fM in jd M, dabei in der letzten M zu Garn B wechseln. *(42 M)*

Runde 19: 1 fM in jd M. *(42 M)*

Runde 20: [1 fM in jd der nächsten 5 M, 2 fM zus häkeln] 6-mal, dabei in der letzten M zu Garn C wechseln. *(36 M)*

Runde 21: 1 fM in jd M. *(36 M)*

Runde 22: 1 fM in jd M, dabei in der letzten M zu Garn B wechseln. *(36 M)*

Runde 23: [1 fM in jd der nächsten 4 M, 2 fM zus häkeln] 6-mal. *(30 M)*

Den Körper füllen.

Runde 24: 1 fM in jd M, dabei in der letzten M zu Garn C wechseln. *(30 M)*

Runde 25: 1 fM in jd M. *(30 M)*

Runde 26: 1 fM in jd M, dabei in der letzten M zu Garn A wechseln. *(30 M)*

Runde 27: [1 fM in jd der nächsten 3 M, 2 fM zus häkeln] 6-mal. *(24 M)*

Runde 28: 1 fM in jd M. *(24 M)*

Mehr Füllmaterial hinzufügen.

1 Km in die nächste M, den MM entfernen. Das Garn befestigen, einen Faden zum Zusammennähen stehenlassen.

Arme (2-mal häkeln)

Beginnen Sie an der Pfote und häkeln Sie in Runden. Verwenden Sie dabei einen MM, um die 1. M jeder Runde zu markieren.

Runde 1: Mit Garn A 4 Lm häkeln, den Ring mit 1 Km schließen, 2 fM in jd der nächsten 2 Lm (ungehäkelte Lm zählen als 2 M). *(6 M)*

Runde 2 (AB): [1 fM in die nächste M, 2 fM in die nächste M] 3-mal. *(9 M)*

Runden 3 und 4: 1 fM in jd M. *(9 M)*

Runde 5: 1 fM in jd M, dabei in der letzten M zu Garn C wechseln. *(9 M)*

Runde 6: 2 fM in die nächste M, 1 fM in jd der nächsten 8 M. *(10 M)*

Runde 7: 1 fM in jd M, dabei in der letzten M zu Garn B wechseln. *(10 M)*

Runde 8: 1 fM in jd M. *(10 M)*

Den Arm füllen.

Runde 9: 1 fM in jd M, dabei in der letzten M zu Garn C wechseln. *(10 M)*
Runde 10: 1 fM in jd M. *(10 M)*
Runde 11: 1 fM in jd M, dabei in der letzten M zu Garn B wechseln. *(10 M)*
Runde 12: 1 fM in jd M. *(10 M)*
Runden 13–16: Runden 9–12 noch 1-mal wdh.
Runde 17: 1 fM in jd M, dabei in der letzten M zu Garn C wechseln. *(10 M)*
Runde 18: 2 fM zus häkeln, 1 fM in jd der nächsten 8 M. *(9 M)*
Runde 19: 1 fM in jd M. *(9 M)*
Mehr Füllung hinzufügen und die Menge zur Öffnung hin reduzieren.
1 Km in die nächste M, den MM entfernen. Das Garn befestigen, einen Faden zum Zusammennähen stehenlassen.

Beine (2-mal häkeln)

Beginnen Sie am Fuß, indem Sie oval um die Lm herumarbeiten, dann in Runden weiterhäkeln und einen MM verwenden, um die 1. M jeder Runde zu markieren.
Runde 1: Mit Garn A 6 Lm häkeln, 2 fM in die 1. Lm von der Nadel, 1 fM in jd der nächsten 4 Lm, 2 fM in die letzte Lm, dann entlang der anderen Seite der Basis-Lm weiterarbeiten und 1 fM in jd der nächsten 4 Lm. *(12 M)*
Runde 2: [2 fM in jd der nächsten 2 M, 1 fM in jd der nächsten 4 M] 2-mal. *(16 M)*
Runde 3: [2 fM in die nächste M, 3 fM in die nächste M, 2 fM in die nächste M, 1 fM in jd der nächsten 5 M] 2-mal. *(24 M)*
Runden 4–6: 1 fM in jd M. *(24 M)*
Runde 7: [2 fM zus häkeln] 5-mal, 1 fM in jd der nächsten 12 M, 2 fM zus häkeln. *(18 M)*
Runde 8: [2 fM zus häkeln] 3-mal, 1 fM in jd der nächsten 10 M, 2 fM zus häkeln. *(14 M)*
Runde 9: 1 fM in die nächste M, 2 fM zus häkeln, 1 fM in jd der nächsten 11 M. *(13 M)*
Runde 10: 2 fM zus häkeln, 1 fM in jd der nächsten 11 M. *(12 M)*
Runde 11: 1 fM in jd M, dabei in der letzten M zu Garn C wechseln. *(12 M)*
Runde 12: 1 fM in jd M. *(12 M)*
Runde 13: 1 fM in jd M, dabei in der letzten M zu Garn B wechseln. *(12 M)*
Runde 14: 1 fM in jd M. *(12 M)*
Das Bein füllen.
Runden 15–22: Runden 11–14 noch 2-mal wdh.
Runde 23: 1 fM in jd M, dabei in der letzten M zu Garn C wechseln. *(12 M)*
Runde 24: 1 fM in jd der nächsten 10 M, 2 fM zus häkeln. *(11 M)*
Runde 25: 1 fM in jd M, dabei in der letzten M zu Garn B wechseln. *(11 M)*
Runde 26: 2 fM zus häkeln, 1 fM in jd der nächsten 9 M. *(10 M)*
Runde 27: 1 fM in jd M. *(10 M)*
Mehr Füllmaterial hinzufügen, dabei die Menge zur Öffnung hin verringern.
1 Km in die nächste M, den MM entfernen. Das Garn befestigen, einen Faden zum Zusammennähen stehenlassen.

Schwanz

In Runden arbeiten. Bringen Sie einen MM an, um die 1. M in jeder Runde zu markieren.
Runde 1: Mit Garn B 4 Lm häkeln, den Ring mit 1 Km schließen, 2 fM in jd der nächsten 2 Lm (ungehäkelte Lm zählen als 2 M). *(6 M)*
Runde 2 (AB): 2 fM in jd M. *(12 M)*
Runde 3: [1 fM in die nächste M, 2 fM in die nächste M] 6-mal. *(18 M)*
Runde 4: [2 fM zus häkeln] 9-mal. *(9 M)*
Den Schwanz füllen.
1 Km in die nächste M, den MM entfernen. Das Garn befestigen, einen Faden zum Zusammennähen stehenlassen.

Zusammennähen

Verwenden Sie die Garnenden zum Zusammennähen

1 Positionieren Sie den Körper so, dass die Farbwechsel am Rücken sind. Nähen Sie die 3 kleinen Knöpfe in einer vertikalen Reihe mit einem Stück Baumwollgarn vorne an den Körper/Ganzkörperanzug (auf der Seite ohne Farbwechsel) an. Setzen Sie den oberen Knopf oben auf das blaue Band.
2 Stecken Sie den Kopf am Körper fest und nähen Sie ihn mit dem Faden des Körpers an.
3 Stecken Sie die Ohren seitlich am Kopf, ein wenig unter den Augen fest und nähen Sie sie an. Nähen Sie Ihren weißen Knopf in die Mitte des marineblauen Stoffquadrats und nähen Sie dieses mit demselben Faden im Überwendlingsstich außen an Mucks linkes Ohr an.
4 Glätten Sie die Öffnung der Arme und achten Sie darauf, dass der Farbwechsel auf der Innenseite erfolgt. Im Überwendlingsstich über die Öffnung nähen und die Arme dann an den Körper stecken und festnähen; dabei darauf achten, dass die Streifen der Arme mit denen des Körpers übereinstimmen und die Farbwechsel an der dem Körper zugewandten Seite stattfinden.
5 Glätten Sie die Öffnung der Beine und nähen Sie im Überwendlingsstich darüber. Die Beine vorne am Unterteil des Körpers anbringen, sodass sie mit dem weißen Streifen und den Farbwechseln darunter übereinstimmen (und Muck sich hinsetzen kann). Feststecken und oben entlang der Beine nähen, das Bein nach vorne biegen und dann auf der Rückseite festnähen.
6 Den Hasenschwanz am Hinterteil feststecken, während Muck sitzt, und um die Öffnung herumnähen.
7 Mit Garn D ein V für die Nase mit einer vertikalen Linie darunter als Mund aufsticken. Das Garn im Inneren von Muck vernähen.
8 Alle restlichen losen Enden in Mucks Innerem vernähen und abschneiden.

WOLKE

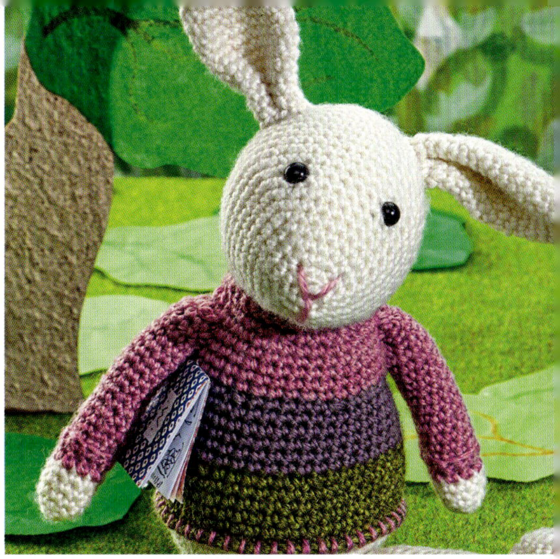

Wolke ist ein Häschen mit wilder Vorstellungskraft und großem Talent zum Geschichtenerzählen. Jeder bewundert sie für ihre Kreativität und ihre Begeisterung! Wolke schreibt ihre Ideen in ihrem Lieblingsnotizbuch nieder und dann und wann versammelt die eifrige Häsin alle zusammen im Wald, wo sie die Gruppe mit ihren neuen, märchenhaften Geschichten unterhält.

GARN

- Wendy Merino DK (100 % Merinowolle), DK-Garn (leichtes Kammgarn); ca. 116 m LL pro Knäuel (50 g): 1 Knäuel Birch 2365 (Creme, A) je ¼ Knäuel Green Apple 2373 (Grün, B), Wood Violet 2363 (Violett, C) und Fuchsia 2370 (Pink, D)
- Patons Fab DK (100 % Acryl), DK-Garn (leichtes Kammgarn); ca. 274 m LL pro Knäuel (100 g): eine kleine Menge White 02306 (Weiß, E)
- Häkelnadel, 3 mm

ZUM RESTEVERHÄKELN

Wenn Sie auf Ihre Reste zurückgreifen, benötigen Sie:

- Acryl- oder DK-Wolle (leichtes Kammgarn): ca. 40 g Creme, je 10 g Grün, Violett und Pink sowie eine kleine Menge Weiß für den Schwanz

MATERIALIEN

- 1 Paar schwarze Sicherheitsaugen (7 mm Durchmesser)
- Stofftierfüllung (Polyester)
- 1 cremefarbener Knopf, ca. 1 cm Durchmesser
- violettes Stoffquadrat, ca. 1,3 cm, für den Flicken mit dem Knopf
- Garn in Kontrastfarbe als Maschenmarkierer
- Schere
- Sticknadel mit stumpfer Spitze
- Stecknadeln, Nähnadel und Baumwollgarn

MASSE BEI FERTIGSTELLUNG

Wolke misst ca. 26 cm von Kopf bis Fuß.

SPANNUNG

Die Spannung ist bei diesem Projekt nicht wesentlich, aber Sie brauchen ein engmaschiges Gewebe – passen Sie, wenn nötig, die Nadelstärke an, um dieses zu erhalten.

ABKÜRZUNGEN

[ ] Anweisungen in Klammern so oft, wie angegeben, häkeln
2 fM zus häkeln 2 feste Maschen zusammenhäkeln
fM feste Masche
fM in hMg feste Masche nur in das hintere Maschenglied
fM in vMg feste Masche nur in das vordere Maschenglied
Km Kettmasche
Lm Luftmasche
M Masche(n)
MM Maschenmarkierer
restl restlich(e)

SPEZIELLE ABKÜRZUNG

AB asymmetrischer Beginn: Bei einem asymmetrischen Beginn wird Runde 2 begonnen, indem in die erste ungehäkelte Masche von Runde 1 gehäkelt wird – siehe Details auf Seite 107.

Anmerkung: Durch beide Maschenglieder häkeln, solange keine anderen Anweisungen gegeben werden.

Kopf

Beginnen Sie an der Nase und arbeiten Sie in Runden; verwenden Sie dabei einen MM, um die 1. M in jeder Runde zu markieren.

Runde 1: Mit Garn A 4 Lm häkeln, den Ring mit 1 Km schließen, 2 fM in jd der nächsten 2 Lm (ungehäkelte Lm zählen als 2 M). *(6 M)*
Runde 2 (AB): 2 fM in jd M. *(12 M)*
Runde 3: [1 fM in die nächste M, 2 fM in die nächste M] 6-mal. *(18 M)*
Runde 4: [1 fM in jd der nächsten 5 M, 2 fM in die nächste M] 3-mal. *(21 M)*
Runde 5: [1 fM in jd der nächsten 6 M, 2 fM in die nächste M] 3-mal. *(24 M)*
Runde 6: [1 fM in jd der nächsten 7 M, 2 fM in die nächste M] 3-mal. *(27 M)*
Runde 7: [1 fM in jd der nächsten 8 M, 2 fM in die nächste M] 3-mal. *(30 M)*
Runde 8: [1 fM in jd der nächsten 9 M, 2 fM in die nächste M] 3-mal. *(33 M)*
Runde 9: [1 fM in jd der nächsten 10 M, 2 fM in die nächste M] 3-mal. *(36 M)*
Runde 10: [1 fM in jd der nächsten 11 M, 2 fM in die nächste M] 3-mal. *(39 M)*
Runde 11: [1 fM in jd der nächsten 12 M, 2 fM in die nächste M] 3-mal. *(42 M)*

Runden 12–19: 1 fM in jd M. *(42 M)*
Runde 20: [1 fM in jd der nächsten 5 M, 2 fM zus häkeln] 6-mal. *(36 M)*
Zwischen Runde 9 und 10 die Sicherheitsaugen anbringen. Den Kopf fest füllen.
Runde 21: [1 fM in jd der nächsten 4 M, 2 fM zus häkeln] 6-mal. *(30 M)*
Runde 22: [1 fM in jd der nächsten 3 M, 2 fM zus häkeln] 6-mal. *(24 M)*
Mehr Füllmaterial hinzufügen.
Runde 23: [1 fM in jd der nächsten 2 M, 2 fM zus häkeln] 6-mal. *(18 M)*
Runde 24: [1 fM in die nächste M, 2 fM zus häkeln] 6-mal. *(12 M)*
Mehr Füllmaterial hinzufügen.
Runde 25: [2 fM zus häkeln] 6-mal. *(6 M)*
Runde 26: [Die nächste M auslassen, 1 Km in die nächste M] 2-mal (die restl 2 M ungehäkelt lassen).
Den MM entfernen. Das Garn befestigen, einen Faden zum Zusammennähen stehenlassen.

Ohren (2-mal häkeln)

Unten am Ohr beginnen und in Runden arbeiten; verwenden Sie dabei einen MM, um die 1. M jeder Runde zu markieren.
Runde 1: Mit Garn A 4 Lm häkeln, den Ring mit 1 Km schließen, 2 fM in jd der nächsten 2 M (ungehäkelte Lm zählen als 2 M). *(6 M)*
Runde 2 (AB): [1 fM in die nächste M, 2 fM in die nächste M] 3-mal. *(9 M)*
Runde 3: [1 fM in jd der nächsten 2 M, 2 fM in die nächste M] 3-mal. *(12 M)*
Runden 4 und 5: 1 fM in jd M. *(12 M)*
Runde 6: [1 fM in jd der nächsten 3 M, 2 fM in die nächste M] 3-mal. *(15 M)*
Runde 7: 1 fM in jd M. *(15 M)*
Runde 8: [1 fM in jd der nächsten 4 M, 2 fM in die nächste M] 3-mal. *(18 M)*
Runden 9–18: 1 fM in jd M. *(18 M)*
1 Km in die nächste M. Die Ohren müssen nicht gefüllt werden. Den MM entfernen. Das Garn befestigen, dabei einen Faden zum Zusammennähen stehenlassen.

Körper/Pulli

Beginnen Sie unten und arbeiten Sie in Runden; verwenden Sie dabei einen MM, um die 1. M jeder Runde zu markieren.
Runde 1: Mit Garn A 4 Lm häkeln, mit 1 Km zu einem Ring schließen.
Runde 2: 2 fM in jd Lm. *(8 M)*
Runde 3: 2 fM in jd M. *(16 M)*
Runde 4: [1 fM in die nächste M, 2 fM in die nächste M] 8-mal. *(24 M)*
Runde 5: [1 fM in jd der nächsten 2 M, 2 fM in die nächste M] 8-mal. *(32 M)*
Runde 6: [1 fM in jd der nächsten 3 M, 2 fM in die nächste M] 8-mal. *(40 M)*
Runden 7–10: 1 fM in jd M. *(40 M)*
Runde 11: [1 fM in jd der nächsten 4 M, 2 fM in die nächste M] 8-mal. *(48 M)*
Runde 12: 1 fM in jd M, dabei in der letzten M zu Garn B wechseln. *(48 M)*

Beginn des Pullis

Runde 13: 1 fM in vMg in jd M aus Runde 12. *(48 M)*
Runde 14: 1 fM in hMg in jd M aus Runde 12. *(48 M)*
Runde 15: 1 fM in jd M aus Runde 14. *(48 M)*
Runden 16–18: 1 fM in jd M. *(48 M)*
Runde 19: [1 fM in jd der nächsten 6 M, 2 fM zus häkeln] 6-mal, dabei in der letzten Abnahme zu Garn C wechseln. *(42 M)*
Runden 20–24: 1 fM in jd M. *(42 M)*
Runde 25: [1 fM in jd der nächsten 5 M, 2 fM zus häkeln] 6-mal, dabei in der letzten Abnahme zu Garn D wechseln. *(36 M)*
Runden 26–30: 1 fM in jd M. *(36 M)*
Den Körper füllen.
Runde 31: [1 fM in jd der nächsten 4 M, 2 fM zus häkeln] 6-mal. *(30 M)*
Runde 32: Die Arbeit wenden, 1 fM in vMg in jd M für 1 Runde (in die entgegengesetzte Richtung häkeln).
Mit 1 Km schließen. Einen extralangen Faden stehenlassen

Dekorative Borte

Verwenden Sie eine Sticknadel mit stumpfer Spitze, um das Garn an der grünen Kante des Pullis an der Hinterseite in das Innere des Körpers zu führen (direkt nach der letzten cremefarbenen Runde). Vertikal mit kleinen Stichen im Überwendlingsstich in regelmäßigen Abständen rund um den Saum des Pullis nähen. Das Garn im Inneren des Körpers befestigen und den MM entfernen. Den Körper füllen.

Arme (2-mal häkeln)

Beginnen Sie an der Pfote und häkeln Sie in Runden; verwenden Sie dabei einen MM, um die 1. M jeder Runde zu markieren.
Runde 1: Mit Garn A 4 Lm häkeln, den Ring mit 1 Km schließen, 2 fM in jd der nächsten 2 M (ungehäkelte Lm zählen als 2 M). *(6 M)*
Runde 2 (AB): [1 fM in die nächste M, 2 fM in die nächste M] 3-mal. *(9 M)*
Runden 3 und 4: 1 fM in jd M. *(9 M)*
Runde 5: 1 fM in jd M, dabei in der letzten M zu Garn D wechseln. *(9 M)*
Runde 6: 2 fM in die nächste M, 1 fM in jd der nächsten 8 M. *(10 M)*
Runde 7: 1 fM in hMg in jd M aus Runde 6. *(10 M)*
Runde 8: 1 fM in hMg in jd M aus Runde 7. *(10 M)*
Runde 9: 1 fM in jd M aus Runde 8. *(10 M)*
Den Arm füllen.
Runden 10–19: 1 fM in jd M. *(10 M)*
Runde 20: 2 fM zus häkeln, 1 fM in jd der nächsten 8 M. *(9 M)*
Runde 21: 1 fM in jd M. *(9 M)*
Mehr Füllmaterial hinzufügen, dabei die Menge zur Öffnung hin reduzieren.
1 Km in die nächste M, den MM entfernen. Das Garn befestigen, einen Faden zum Zusammennähen stehenlassen.

Beine (2-mal häkeln)

Beginnen Sie am Fuß, indem Sie oval rund um die Lm häkeln und dann in Runden weiterarbeiten; verwenden Sie dabei einen MM, um die 1. M jeder Runde zu markieren.
Runde 1: Mit Garn A 6 Lm häkeln, 2 fM in die 1. Lm von der Nadel, 1 fM in jd der nächsten 4 Lm, 2 fM in die letzte Lm, dann entlang der anderen Seite der Anfangs-Lm weiterarbeiten, 1 fM in jd der nächsten 4 Lm. *(12 M)*
Runde 2: [2 fM in jd der nächsten 2 M, 1 fM in jd der nächsten 4 M] 2-mal. *(16 M)*
Runde 3: [2 fM in die nächste M, 3 fM in die nächste M, 2 fM in die nächste M, 1 fM in jd der nächsten 5 M] 2-mal. *(24 M)*
Runden 4–8: 1 fM in jd M. *(24 M)*
Runde 9: [2 fM zus häkeln] 4-mal, 1 fM in jd der nächsten 16 M. *(20 M)*
Runde 10: [2 fM zus häkeln] 4-mal, 1 fM in jd der nächsten 10 M, 2 fM zus häkeln. *(15 M)*
Runde 11: [2 fM zus häkeln] 2-mal, 1 fM in jd der nächsten 11 M. *(13 M)*
Runde 12: 2 fM zus häkeln, 1 fM in jd der nächsten 11 M. *(12 M)*
Runden 13–17: 1 fM in jd M. *(12 M)*
Das Bein füllen.
Runden 18–24: 1 fM in jd M. *(12 M)*
Runde 25: 2 fM zus häkeln, 1 fM in jd der nächsten 10 M. *(11 M)*
Runde 26: 1 fM in jd M. *(11 M)*

Runde 27: 2 fM zus häkeln, 1 fM in jd der nächsten 9 M. *(10 M)*
Runde 28: 1 fM in jd M. *(10 M)*
Mehr Füllmaterial hinzufügen, dabei die Menge zur Öffnung hin reduzieren.
1 Km in die nächste M, den MM entfernen. Das Garn befestigen, einen Faden zum Zusammennähen stehenlassen.

Schwanz

Arbeiten Sie in Runden; verwenden Sie dabei einen MM, um die 1. M jeder Runde zu markieren.
Runde 1: Mit Garn E 4 Lm häkeln, den Ring mit 1 Km schließen, 2 fM in jd der nächsten 2 M (ungehäkelte Lm zählen als 2 M). *(6 M)*
Runde 2 (AB): 2 fM in jd M. *(12 M)*
Runde 3: [1 fM in die nächste M, 2 fM in die nächste M] 6-mal. *(18 M)*
Runde 4: [2 fM zus häkeln] 9-mal. *(9 M)*
Den Schwanz füllen.
1 Km in die nächste M, den MM entfernen. Einen Faden zum Zusammennähen stehenlassen.

Zusammennähen

Verwenden Sie die Garnenden zum Zusammennähen.
1 Stecken Sie den Kopf am Körper/Pullikragen fest. Mit dem Faden in Farbe A vom Kopf durch den Kopf nähen, bis er die Oberseite des Pullis erreicht. Nähen Sie den Kopf an den Körper und verwenden Sie dafür die hinteren Maschenglieder des Pullis in Farbe D (was das Annähen in Farbe A versteckt).
2 Drücken Sie die Ohren unten zusammen und nähen Sie hindurch, um die „Drapierung" zu halten. Dann die Ohren nahe der Rückseite des Kopfes feststecken und annähen. Nähen Sie den cremefarbenen Knopf Ihrer Wahl in die Mitte des violetten Stoffquadrats und arbeiten Sie mit demselben Faden weiter, um es im Überwendlingsstich an die Rückseite von Wolkes linkem Ohr zu nähen.
3 Glätten Sie die Öffnung der Arme und nähen Sie im Überwendlingsstich über die Öffnung. Die Arme seitlich am Körper unter dem Nacken feststecken und annähen.
4 Glätten Sie die Öffnung der Beine und nähen Sie im Überwendlingsstich darüber. Die Beine vorne am Unterteil des

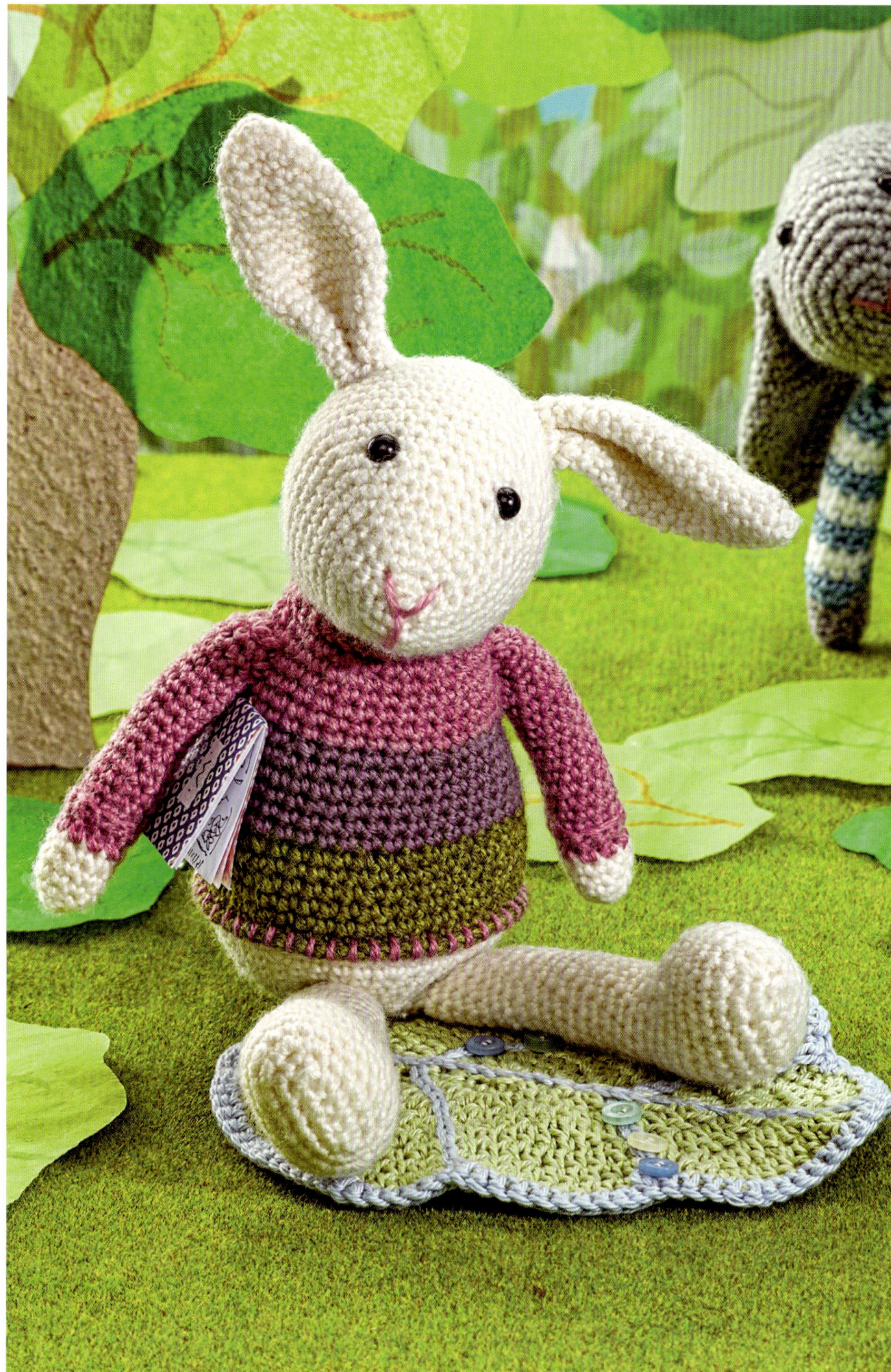

Körpers anbringen (sodass Wolke sich hinsetzen kann). Oben entlang der Beine nähen, das Bein nach vorne biegen und dann auf der Rückseite festnähen.
5 Den Hasenschwanz am Hinterteil feststecken, während Wolke sitzt, und um die Öffnung herumnähen.
6 Mit Garn D ein V für die Nase mit einer vertikalen Linie darunter als Mund aufsticken. Das Garn im Inneren von Wolke vernähen.
7 Alle restlichen losen Enden in Wolkes Innerem vernähen und abschneiden.

WOLKES BLATT ZUM ZUDECKEN

Ganz oben in den höchsten Bäumen des Waldes von der Sonnenscheinbucht wachsen die seidigweichsten Blätter. Ein paar dieser Blätter werden so groß, dass Wolke sie aufsammelt, wenn sie zu Boden fallen, um sie als behagliche Decken für alle Tiere zu verwenden. Zur Nachtzeit kuscheln sich die Tiere in ihren Hütten zusammen, jedes unter seinem eigenen Blatt zum Zudecken.

GARN

- Patons 100 % Cotton DK (100 % Baumwolle), DK-Garn (leichtes Kammgarn); ca. 210 m LL pro Knäuel (100 g):
  1/6 Knäuel Kiwi 2703 (Grün, A)
  eine kleine Menge Pale Blue 2173 (Hellblau, B)
- Häkelnadel, 4 mm

ZUM RESTEVERHÄKELN

Wenn Sie auf Ihre Reste zurückgreifen, benötigen Sie:

- DK-Baumwollgarn (leichtes Kammgarn): ca. 15 g Grün und 5 g Hellblau

MATERIALIEN

- 7 verschiedene kleine Knöpfe (grün, cremefarben und blau), ca. 1 cm Durchmesser
- Garn in Kontrastfarbe als Maschenmarkierer
- Schere
- Sticknadel mit stumpfer Spitze
- Stecknadeln, Nähnadel und Baumwollgarn

MASSE BEI FERTIGSTELLUNG

Das Blatt zum Zudecken misst ca. 16 cm in der Länge.

SPANNUNG

22 M x 22 Runden ergeben 10 cm in festen Maschen mit Garn A und einer Häkelnadel der Stärke 4 mm.

ABKÜRZUNGEN

[ ] Anweisungen in Klammern so oft, wie angegeben, häkeln
2 fM zus häkeln 2 feste Maschen zusammenhäkeln
fM feste Masche
hStb halbes Stäbchen
Km Kettmasche
Lm Luftmasche
M Masche(n)
MM Maschenmarkierer
restl restlich(e)
RS Rückseite
Stb Stäbchen

Blatt zum Zudecken

Beginnen Sie in der Mitte des Blatts und arbeiten Sie in Runden; verwenden Sie dabei einen MM, um die 1. M jeder Runde zu markieren.

Runde 1: Mit Garn A 4 Lm häkeln, mit 1 Km zu einem Ring schließen.

Runde 2: 2 fM in jd Lm. *(8 M)*

Runde 3: 2 hStb in jd M. *(16 M)*

Runde 4: [1 hStb in die nächste M, 2 hStb in die nächste M] 8-mal. *(24 M)*

Runde 5: 1 hStb in die nächste M, 2 hStb in jd der nächsten 2 M, 3 Stb in die nächste M, 2 hStb in jd der nächsten 2 M, 1 hStb in die nächste M, [1 hStb in jd der nächsten 2 M, 2 hStb in die nächste M] 5-mal, 1 hStb in jd der nächsten 2 M. *(35 M)*

Runde 6: 2 hStb in die nächste M, 1 hStb in jd der nächsten 3 M, 2 hStb in jd der nächsten 2 M, 3 Stb in die nächste M, 2 hStb in jd der nächsten 2 M, [1 hStb in jd der nächsten 3 M, 2 hStb in die nächste M] 6-mal, 1 hStb in jd der nächsten 2 M. *(48 M)*

Runde 7: 1 hStb in jd der nächsten 4 M, 2 hStb in die nächste M, 1 Stb in jd der nächsten 4 M, 2 Stb in die nächste M, 1 Stb in die nächste M, 3 Stb in die nächste M, 1 Stb in die nächste M, 2 Stb in die nächste M, 1 Stb in jd der nächsten 4 M, [2 hStb in die nächste M, 1 hStb in jd der nächsten 4 M] 5-mal, 2 hStb in die nächste M, 1 hStb in jd der nächsten 3 M, 2 hStb in die nächste M. *(60 M)*

Runde 8: 1 hStb in jd der nächsten 5 M, 2 hStb in die nächste M, 1 hStb in jd der nächsten 2 M, 1 Stb in jd der nächsten 3 M, 2 Stb in die nächste M, 1 Stb in die nächste M, 3 Stb in die nächste M, 1 Stb in die nächste M, 2 Stb in die nächste M, 1 Stb in jd der nächsten 3 M, 1 hStb in jd der nächsten 2 M, 2 hStb in die nächste M, 1 hStb in jd der nächsten 5 M, 1 fM in die nächste M, [1 fM in jd der nächsten 5 M, 2 fM in die nächste M] 5-mal, 1 fM in jd der nächsten 2 M. *(71 M)*

Runde 9: [1 hStb in jd der nächsten 6 M, 2 hStb in die nächste M] 2-mal, 1 hStb in jd der nächsten 2 M, (1 hStb, 1 Stb) in die nächste M, 3 Stb in die nächste M, (1 Stb, 1 hStb) in die nächste M, 1 hStb in jd der

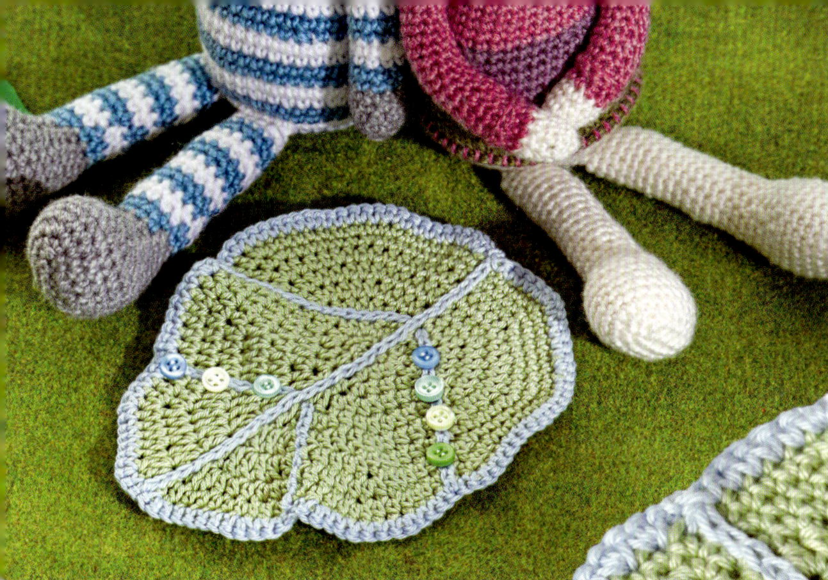

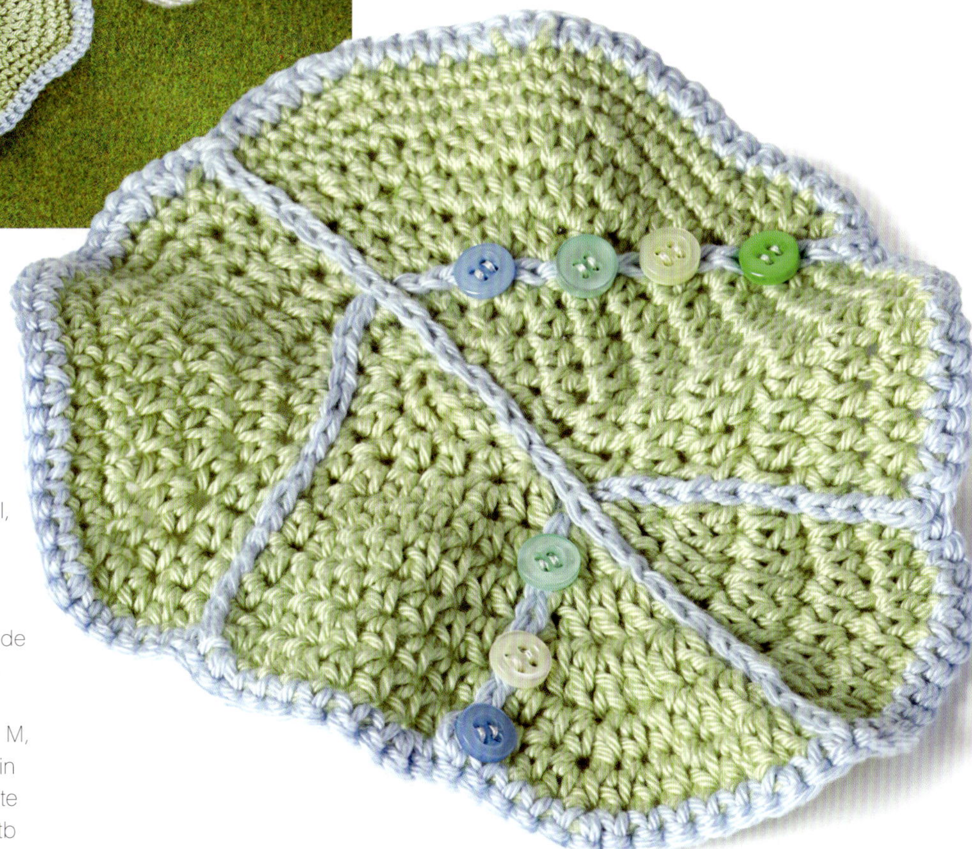

nächsten 2 M, [2 hStb in die nächste M, 1 hStb in jd der nächsten 6 M] 2-mal, 2 fM in die nächste M, [1 fM in jd der nächsten 6 M, 2 fM in die nächste M] 5-mal. *(85 M)*

Anmerkung: In Runde 10 wird die Runde nicht fertiggestellt – sie endet unten am Blatt und die Arbeit wird gewendet.

Runde 10: [1 hStb in jd der nächsten 7 M, 2 hStb in die nächste M] 2-mal, 1 hStb in jd der nächsten 5 M, 3 Stb in die nächste M, 1 hStb in jd der nächsten 5 M, [2 hStb in die nächste M, 1 hStb in jd der nächsten 7 M] 2-mal, 2 hStb in die nächste M, 1 hStb in jd der nächsten 2 M, 1 fM in jd der nächsten 5 M, 2 fM in die nächste M, 1 fM in jd der nächsten 7 M, 2 fM in die nächste M, 1 fM in jd der nächsten 5 M, dabei in der letzten M zu Garn B wechseln, 1 Km in die nächste M (19 M bleiben ungehäkelt), wenden. *(75 M)*

Den MM zur Km bewegen, um diese als letzte M von Runde 10 zu markieren.

Runde 11: Die 1. M auslassen (lose Garnenden während des Häkelns durch die M führen), 1 fM in jd der nächsten 5 M, [2 fM in die nächste M, 1 fM in jd der nächsten 5 M] 7-mal, 2 fM in jd der nächsten 3 M, [1 fM in jd der nächsten 5 M, 2 fM in die nächste M] 7-mal, 2 fM in die nächste M. Mit 1 Km mit dem Anfang der Runde in Garn B (unten am Blatt) verbinden. *(112 M)*

Die Arbeit nicht abschließen; einen langen Faden von Garn B stehenlassen, um die Blattadern zu sticken.

Blattadern

Falten Sie das Blatt in der Hälfte, um die Mitte zu finden und markieren Sie diese mit einer Hilfslinie aus Stecknadeln; für die beiden Reihen Blattadern, die von der mittleren Blattader aus zur Seite reichen, auf jeder Seite wiederholen.

1 Fädeln Sie das lose Ende von B in die Garnnadel. Stechen Sie die Nadel unten am Blatt von hinten durch das Blatt, dort wo die Blattader beginnen soll. Ziehen Sie das Garn ganz durch und schieben Sie die Nadel zurück durch das Blatt direkt neben der Stelle, an der sie herausgekommen ist, damit eine Schlinge entsteht.

2 Auf der RS des Blatts etwa 0,5 cm hinaufgehen und die Nadel wie in Schritt 1 einstechen, dabei oben die erste Schlinge einfangen, um die M an ihrem Platz zu halten. Wiederholen, bis Sie den Blattrand erreichen, und dabei der abgesteckten Hilfslinie folgen.

3 Auf der RS des Blatts Garn B nach unten durch die M weben, um an die erste Blattader zu gelangen, die nach außen geht. Weiterarbeiten, indem Sie die linke und dann die rechte Blattader sticken und dabei immer das Garn entlang der Rückseite verweben. Die Stiche können das Blatt ein wenig verziehen, was einen Knittereffekt erzeugt. Weiterarbeiten, bis alle Blattadern fertiggestellt sind.

Den MM entfernen. Das Garn befestigen und alle losen Enden vernähen.

Fertigstellung

Die sieben Knöpfe auf entgegengesetzten Seiten und verschiedenen Höhen anordnen, feststecken und mit Baumwollgarn annähen.

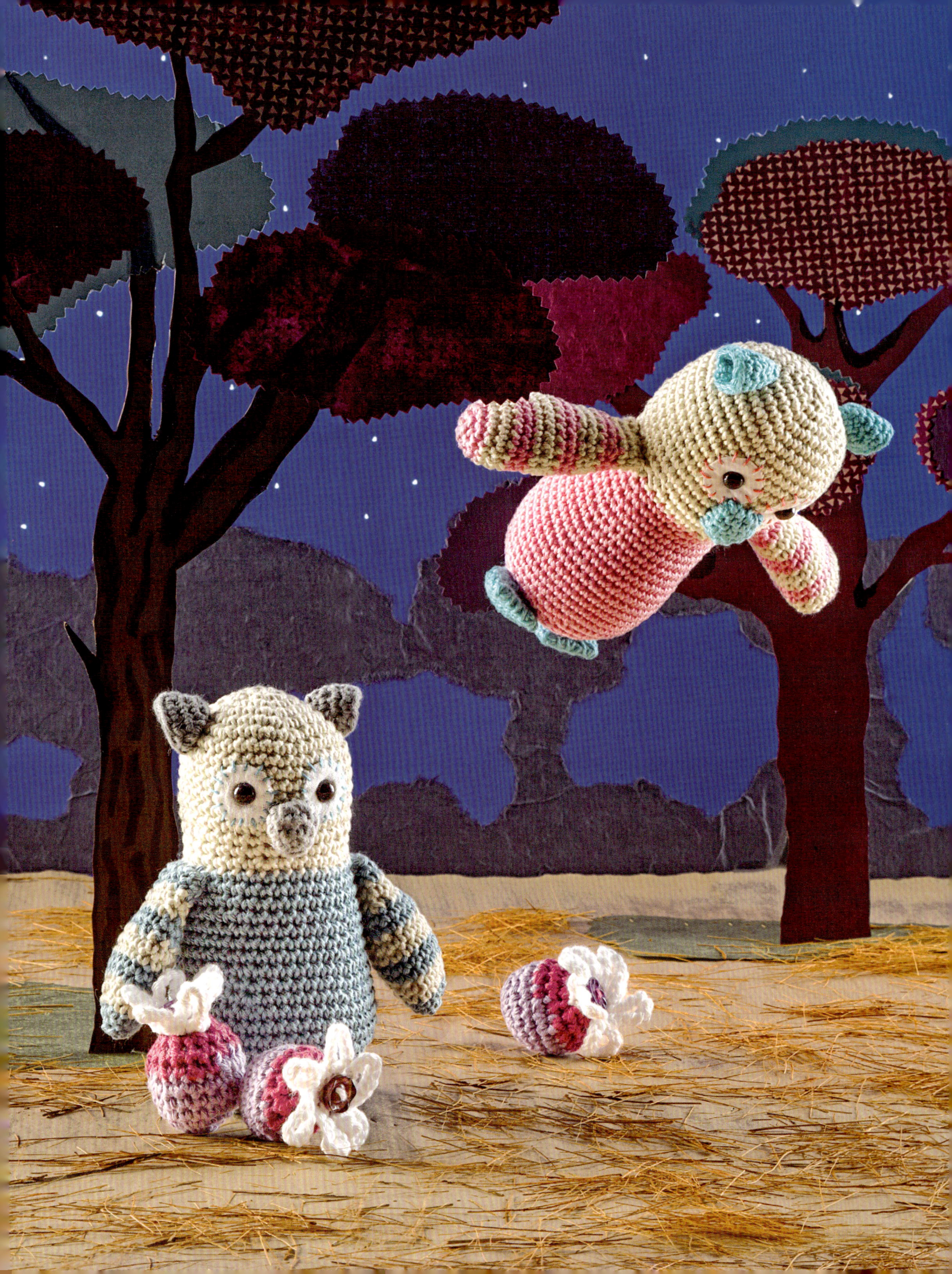

EUGENIE und LEO

EUGENIE

Eugenie liebt ihren jüngeren Bruder Leo von ganzem Herzen und alle Tiere können sich immer darauf verlassen, dass sie einem eine helfende Hand reicht. Spät in der Nacht sind die zwei Eulen tief im Wald von der Sonnenscheinbucht zu finden. Eugenie fliegt hoch oben in den Baumkronen, um die Mitternachtsfrüchte zu sammeln. Zu dieser Zeit ist die Frucht perfekt gereift und saftig und ist ein Lieblingsmahl für alle Tiere.

GARN

- Patons 100 % Cotton DK (100 % Baumwolle), DK-Garn (leichtes Kammgarn); ca. 210 m LL pro Knäuel (100 g):
  je ⅕ Knäuel Limestone 2716 (Steingrau, A) und Candy 2734 (Pink, B)
  eine kleine Menge Jade 2726 (Jadegrün, C)
- Häkelnadel, 3 mm

ZUM RESTEVERHÄKELN

Wenn Sie auf Ihre Reste zurückgreifen, benötigen Sie:

- DK-Baumwollgarn (leichtes Kammgarn): je ca. 20 g in Pink und Steingrau sowie 5 g Jadegrün

MATERIALIEN

- weißer Baumwollstoff, 7 x 4 cm
- Vlieseline, 7 x 4 cm
- Bügeleisen
- pinkes Stickgarn im Strang
- 1 Paar schwarze Sicherheitsaugen (8 mm)
- Stofftierfüllung (Polyester)
- 1 türkiser Knopf, ca. 1 cm Durchmesser
- weißes Stoffquadrat, ca. 1,3 cm, für den Flicken mit dem Knopf
- Garn in Kontrastfarbe als Maschenmarkierer
- Sticknadel mit stumpfer Spitze
- Schere
- Stecknadeln, Nähnadel und Baumwollgarn

MASSE BEI FERTIGSTELLUNG

Eugenie ist ca. 16 cm hoch.

SPANNUNG

Die Spannung ist bei diesem Projekt nicht wesentlich, aber Sie brauchen ein engmaschiges Gewebe – passen Sie, wenn nötig, die Nadelstärke an, um dieses zu erhalten.

ABKÜRZUNGEN

[ ] Anweisungen in Klammern so oft, wie angegeben, häkeln
2 fM zus häkeln 2 feste Maschen zusammenhäkeln
fM feste Masche
Km Kettmasche
Lm Luftmasche
M Masche(n)
MM Maschenmarkierer

SPEZIELLE ABKÜRZUNG

AB asymmetrischer Beginn: Bei einem asymmetrischen Beginn wird Runde 2 begonnen, indem in die erste ungehäkelte Masche von Runde 1 gehäkelt wird – siehe Details auf Seite 107.

Kopf und Körper

Beginnen Sie oben am Kopf und arbeiten Sie in Runden. Verwenden Sie dabei einen MM, um die 1. M jeder Runde zu markieren.

Runde 1: Mit Garn A 4 Lm häkeln, mit 1 Km zu einem Ring schließen, 2 fM in jd der nächsten 2 Lm (ungehäkelte Lm zählen als 2 M). *(6 M)*
Runde 2 (AB): 2 fM in jd M. *(12 M)*
Runde 3: [1 fM in die nächste M, 2 fM in die nächste M] 6-mal. *(18 M)*
Runde 4: [1 fM in jd der nächsten 2 M, 2 fM in die nächste M] 6-mal. *(24 M)*
Runde 5: [1 fM in jd der nächsten 3 M, 2 fM in die nächste M] 6-mal. *(30 M)*
Runde 6: [1 fM in jd der nächsten 4 M, 2 fM in die nächste M] 6-mal. *(36 M)*
Runde 7: [1 fM in jd der nächsten 5 M, 2 fM in die nächste M] 6-mal. *(42 M)*
Runden 8–15: 1 fM in jd M. *(42 M)*
Runde 16: [1 fM in jd der nächsten 5 M, 2 fM zus häkeln] 6-mal. *(36 M)*
Runde 17: [1 fM in jd der nächsten 4 M,

2 fM zus häkeln] 6-mal, dabei in der letzten M zu Garn B wechseln. *(30 M)*
Bügeln Sie die RS des weißen Stoffs auf die klebende Seite der Vlieseline. Verwenden Sie die Schablone für das Auge (siehe Seite 111) und schneiden Sie zwei Kreise aus. Das Stoffauge vorsichtig horizontal und vertikal in der Mitte falten, um die Mitte zu finden und einen kleinen Einschnitt in den Stoff schneiden. Das Sicherheitsauge erst durch den Stoff und dann durch den Kopf zwischen den Runden 10 und 11 stecken (auf der Seite des Kopfes ohne Farbwechsel) und befestigen. Mit drei Fäden des pinken Stickgarns im Überwendlingsstich in regelmäßigen Abständen außen um den weißen Stoff des Auges nähen. Lose Garnenden im Inneren des Kopfs vernähen. Den Kopf fest füllen.
Runde 18: Mit Garn B 1 fM in jd M. *(30 M)*
Runde 19: [1 fM in jd der nächsten 4 M, 2 fM in die nächste M] 6-mal. *(36 M)*
Runde 20: 1 fM in jd M. *(36 M)*
Den Körper füllen.
Runde 21: [1 fM in jd der nächsten 11 M, 2 fM in die nächste M] 3-mal. *(39 M)*
Runde 22: 1 fM in jd M. *(39 M)*
Runde 23: [1 fM in jd der nächsten 12 M, 2 fM in die nächste M] 3-mal. *(42 M)*
Runde 24: 1 fM in jd M. *(42 M)*
Runde 25: [1 fM in jd der nächsten 13 M, 2 fM in die nächste M] 3-mal. *(45 M)*
Runden 26 und 27: 1 fM in jd M. *(45 M)*
Runde 28: [1 fM in jd der nächsten 14 M, 2 fM in die nächste M] 3-mal. *(48 M)*

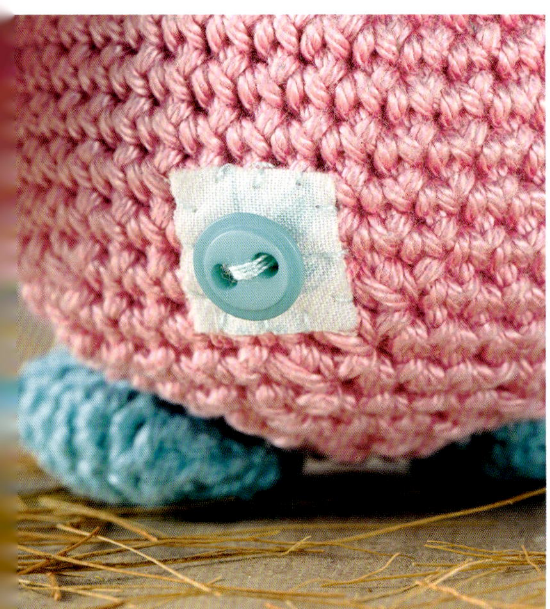

Runden 29–33: 1 fM in jd M. *(48 M)*
Den Körper am Ende von Runde 33 füllen.
Runde 34: [1 fM in jd der nächsten 6 M, 2 fM zus häkeln] 6-mal. *(42 M)*
Runde 35: [1 fM in jd der nächsten 5 M, 2 fM zus häkeln] 6-mal. *(36 M)*
Runde 36: [1 fM in jd der nächsten 4 M, 2 fM zus häkeln] 6-mal. *(30 M)*
Runde 37: [1 fM in jd der nächsten 3 M, 2 fM zus häkeln] 6-mal. *(24 M)*
Mehr Füllmaterial hinzufügen.
Runde 38: [1 fM in jd der nächsten 2 M, 2 fM zus häkeln] 6-mal. *(18 M)*
Runde 39: [1 fM in die nächste M, 2 fM zus häkeln] 6-mal. *(12 M)*
Mehr Füllmaterial hinzufügen.
Runde 40: [2 fM zus häkeln] 6-mal. *(6 M)*
Runde 41: [Die nächste M auslassen, 1 Km in die nächste M] 2-mal.
Den MM entfernen.
Das Garn befestigen und lose Garnenden im Inneren des Körpers vernähen.

Ohren (2-mal häkeln)

Beginnen Sie in der Mitte des Ohrs und arbeiten Sie in Runden. Verwenden Sie dabei einen MM, um die 1. M jeder Runde zu markieren.
Runde 1: Mit Garn C 3 Lm häkeln, mit 1 Km zu einem Ring schließen.
Runde 2: 2 fM in jd Lm. *(6 M)*
Runde 3: [1 fM in die nächste M, 2 fM in die nächste M] 3-mal. *(9 M)*
Runde 4: [1 fM in jd der nächsten 2 M, 2 fM in die nächste M] 3-mal. *(12 M)*
Runde 5: [1 fM in jd der nächsten 3 M, 2 fM in die nächste M] 3-mal. *(15 M)*
Runde 6: 1 fM in jd der nächsten 7 M, 2 fM in die nächste M, 1 fM in jd der nächsten 7 M. *(16 M)*
2 M auslassen, 1 Km in die nächste M. Die Ohren müssen nicht gefüllt werden.
Den MM entfernen.
Fertigstellen; einen Faden zum Zusammennähen stehenlassen.

Flügel (2-mal häkeln)

Beginnen Sie an der Flügelspitze und arbeiten Sie in Runden. Verwenden Sie dabei einen MM, um die 1. M jeder Runde zu markieren.
Runde 1: Mit Garn B 4 Lm häkeln, den Ring mit 1 Km schließen, 2 fM in jd der nächsten 2 Lm (ungehäkelte Lm zählen als 2 M). *(6 M)*
Runde 2 (AB): 2 fM in jd M. *(12 M)*
Runde 3: [1 fM in die nächste M, 2 fM in die nächste M] 6-mal, dabei in der letzten M zu Garn A wechseln. *(18 M)*
Runde 4: 2 fM in die nächste M, 1 fM in jd der nächsten 16 M, 2 fM in die nächste M. *(20 M)*
Runde 5: 1 fM in jd M, dabei in der letzten M zu Garn B wechseln. *(20 M)*
Runde 6: 1 fM in jd M. *(20 M)*
Runde 7: 1 fM in jd M, dabei in der letzten M zu Garn A wechseln. *(20 M)*
Runde 8: 1 fM in jd M. *(20 M)*
Runde 9: 1 fM in jd M, dabei in der letzten M zu Garn B wechseln. *(20 M)*
Runde 10: 2 fM zus häkeln, 1 fM in jd der nächsten 16 M, 2 fM zus häkeln. *(18 M)*
Runde 11: 1 fM in jd M, dabei in der letzten M zu Garn A wechseln. *(18 M)*
Runde 12: [1 fM in jd der nächsten 4 M, 2 fM zus häkeln] 3-mal. *(15 M)*
Runde 13: 1 fM in jd M, dabei in der letzten M zu Garn B wechseln. *(15 M)*
Runde 14: 1 fM in jd M. *(15 M)*
Runde 15: [1 fM in jd der nächsten 3 M, 2 fM zus häkeln] 3-mal, dabei in der letzten Abnahme zu Garn A wechseln. *(12 M)*
Runden 16 und 17: 1 fM in jd M. *(12 M)*
Den Flügel sehr locker füllen, sodass er seine flache, flügelige Form behält.
1 Km in die nächste M, den MM entfernen.
Das Garn befestigen, einen Faden zum Zusammennähen stehenlassen.

Füße (2-mal häkeln)

An der Rückseite des Fußes beginnen und in Runden arbeiten. Verwenden Sie dabei einen MM, um die 1. M jeder Runde zu markieren.
Runde 1: Mit Garn C 4 Lm häkeln, den Ring mit 1 Km schließen, 2 fM in jd der nächsten 2 Lm (ungehäkelte Lm zählen als 2 M). *(6 M)*
Runde 2 (AB): [1 fM in die nächste M, 2 fM in die nächste M] 3-mal. *(9 M)*
Runde 3: [1 fM in jd der nächsten 2 M, 2 fM in die nächste M] 3-mal. *(12 M)*
Runden 4–7: 1 fM in jd M. *(12 M)*
Den Fuß sehr leicht füllen. Den MM entfernen.
Den Fuß glätten, sodass die Schlinge auf der Nadel auf einer Seite liegt. Mit Km durch beide Schichten entlanghäkeln, um die Öffnung zu schließen.
Das Garn befestigen, einen Faden zum Zusammennähen stehenlassen. Mit einer Sticknadel mit stumpfer Spitze die

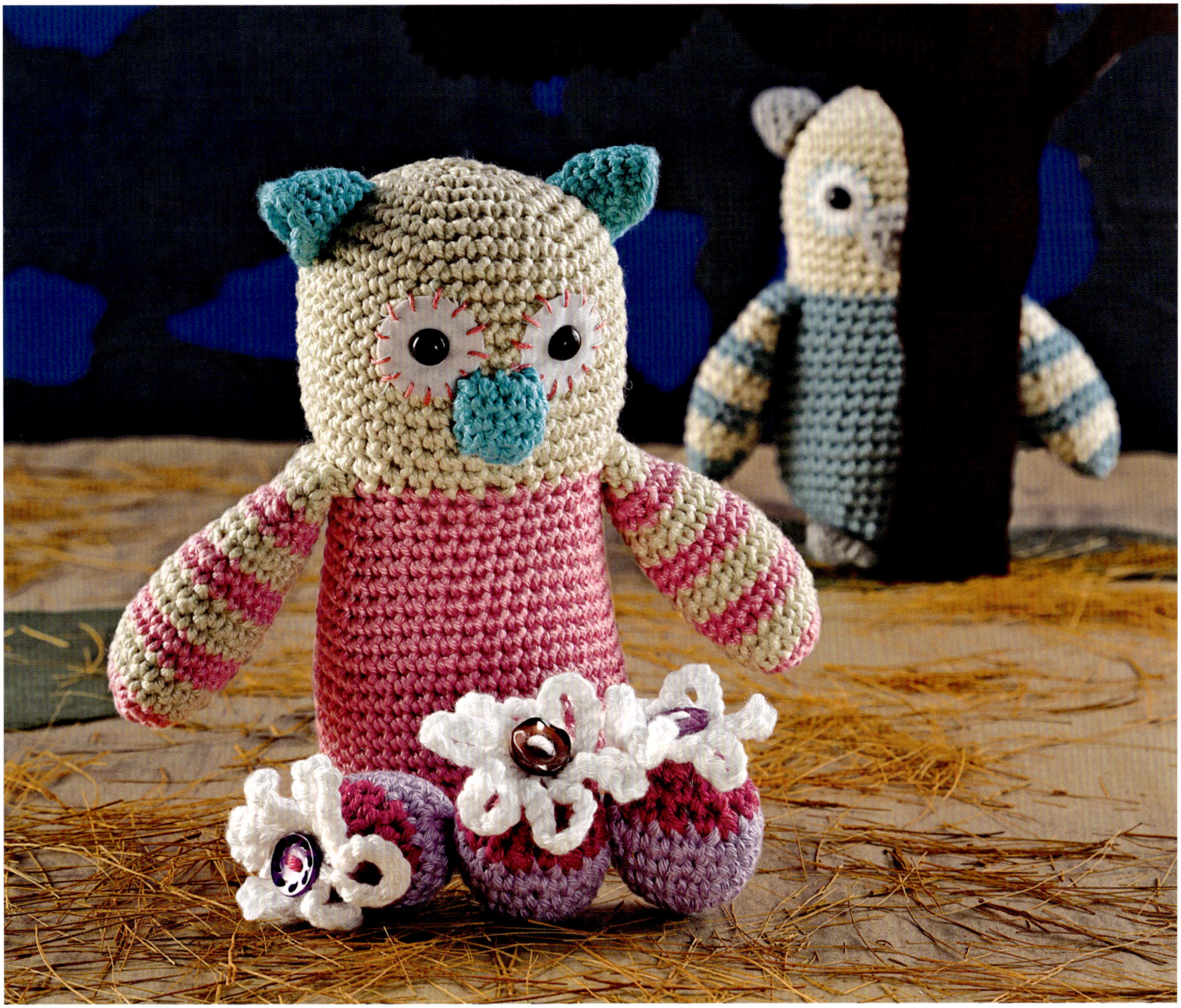

Rückseite des geschlossenen Fußes im Überwendlingsstich zunähen.

Schnabel

Beginnen Sie an der Schnabelspitze und arbeiten Sie in Runden. Verwenden Sie dabei einen MM, um die 1. M jeder Runde zu markieren.

Runde 1: Mit Garn C 3 Lm häkeln, mit 1 Km zu einem Ring schließen.
Runde 2: 2 fM in jd Lm. *(6 M)*
Runde 3: [1 fM in die nächste M, 2 fM in die nächste M] 3-mal. *(9 M)*
Runden 4 und 5: 1 fM in jd M. *(9 M)*
Den Schnabel leicht füllen. Den MM entfernen.
Den Schnabel glätten, sodass die Schlinge an der Nadel auf einer Seite ist. 1 fM in jd M entlang der Öffnung.
Das Garn befestigen und einen Faden zum Zusammennähen stehenlassen.
Die geschlossene Kante des Schnabels falten, sodass der Schnabel vorsteht.
Die gefaltete Seite ans Gesicht stecken, sodass sie das Weiße der Augen leicht überlappt. Mit dem Faden annähen.

Zusammennähen

Verwenden Sie die Garnenden zum Zusammennähen.

1 Im Überwendlingsstich über die Öffnung eines jeden Flügels nähen. Die Flügel seitlich am Körper, wo die Farbe von A (Kopf) zu B (Körper) wechselt, feststecken und annähen.
2 Die Ohren oben am Kopf feststecken und annähen.
3 Die Füße vorne unten am Körper feststecken und annähen.
4 Alle restlichen losen Enden in Eugenies Innerem vernähen und abschneiden.
5 Nähen Sie den türkisen Knopf Ihrer Wahl in die Mitte des weißen Stoffquadrats und nähen Sie dieses mit demselben Faden im Überwendlingsstich links an Eugenies Hinterteil an!

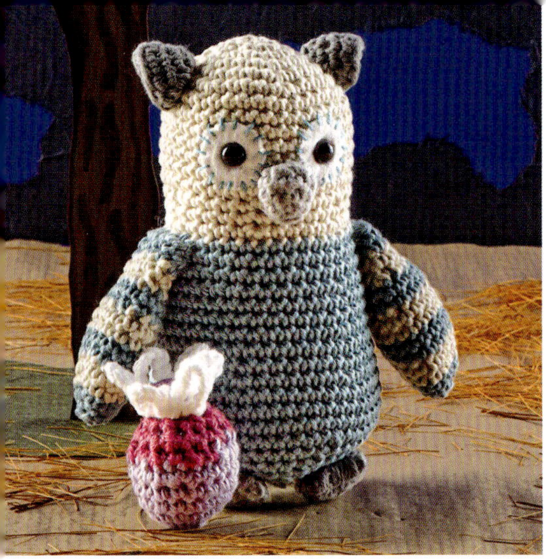

LEO

Leo ist eine lustige, aufgekratzte Eule, die manchmal auch ein bisschen ungeduldig sein kann. Die Eulen stehen erst spät am Nachmittag auf und ruhen sich aus, bis die Nacht anbricht und Leo über den Waldboden saust, um die herabfallenden Mitternachtsfrüchte aufzufangen. Er hofft, dass er bis zu den Baumwipfeln fliegen kann, wenn er älter ist, genau wie seine große Schwester Eugenie!

GARN

- Patons 100 % Cotton DK (100 % Baumwolle), DK-Garn (leichtes Kammgarn); ca. 210 m LL pro Knäuel (100 g): je 1/5 Knäuel Limestone 2716 (Steingrau, A), Orchard 2721 (Meeresblau, B)
- Stylecraft Classique Cotton DK (100 % Baumwolle), DK-Garn (leichtes Kammgarn); ca. 92 m LL pro Knäuel (50 g): eine kleine Menge Dove 3096 (Grau, C)
- Häkelnadel, 3 mm

ZUM RESTEVERHÄKELN

Wenn Sie auf Ihre Reste zurückgreifen, benötigen Sie:

- DK-Baumwollgarn (leichtes Kammgarn): je ca. 20 g Steingrau und Meeresblau sowie 5 g Grau

MATERIALIEN

- weißer Baumwollstoff, 6 x 3 cm
- Vlieseline, 6 x 3 cm
- Bügeleisen
- türkises Stickgarn im Strang
- 1 Paar schwarze Sicherheitsaugen (7 mm Durchmesser)
- Stofftierfüllung (Polyester)
- 1 grauer Knopf, ca. 1 cm Durchmesser
- steingraues Stoffquadrat, ca. 1,3 cm, für den Flicken mit dem Knopf
- Sticknadel mit stumpfer Spitze
- Garn in Kontrastfarbe als Maschenmarkierer
- Schere
- Stecknadeln, Nähnadel und Baumwollgarn

MASSE BEI FERTIGSTELLUNG

Leo ist ca. 15 cm hoch.

SPANNUNG

Die Spannung ist bei diesem Projekt nicht wesentlich, aber Sie brauchen ein engmaschiges Gewebe – passen Sie, wenn nötig, die Nadelstärke an, um dieses zu erhalten.

ABKÜRZUNGEN

[ ] Anweisungen in Klammern so oft, wie angegeben, häkeln
2 fM zus häkeln 2 feste Maschen zusammenhäkeln
fM feste Masche
Km Kettmasche
Lm Luftmasche
M Masche(n)
MM Maschenmarkierer
RS Rückseite

SPEZIELLE ABKÜRZUNG

AB asymmetrischer Beginn: Bei einem asymmetrischen Beginn wird Runde 2 begonnen, indem in die erste ungehäkelte Masche von Runde 1 gehäkelt wird – siehe Details auf Seite 107.

Kopf und Körper

Beginnen Sie oben am Kopf und arbeiten Sie in Runden; verwenden Sie dabei einen MM, um die 1. M jeder Runde zu markieren.

Runde 1: Mit Garn A 4 Lm häkeln, den Ring mit 1 Km schließen, 2 fM in jd der nächsten 2 Lm (ungehäkelte Lm zählen als 2 M). *(6 M)*
Runde 2 (AB): 2 fM in jd M. *(12 M)*
Runde 3: [1 fM in die nächste M, 2 fM in die nächste M] 6-mal. *(18 M)*
Runde 4: [1 fM in jd der nächsten 2 M, 2 fM in die nächste M] 6-mal. *(24 M)*
Runde 5: [1 fM in jd der nächsten 3 M, 2 fM in die nächste M] 6-mal. *(30 M)*
Runde 6: [1 fM in jd der nächsten 4 M, 2 fM in die nächste M] 6-mal. *(36 M)*
Runden 7–13: 1 fM in jd M. *(36 M)*
Runde 14: [1 fM in jd der nächsten 4 M, 2 fM zus häkeln] 6-mal. *(30 M)*
Runde 15: 1 fM in jd M. *(30 M)*
Bügeln Sie die RS des weißen Stoffs auf die klebende Seite der Vlieseline. Verwenden Sie die Schablone für das Auge (siehe Seite 111) und schneiden Sie zwei Kreise aus. Das Stoffauge vorsichtig horizontal und vertikal in der Mitte falten, um die Mitte zu finden, und einen kleinen Einschnitt in den Stoff schneiden. Das Sicherheitsauge erst durch den Stoff und dann durch den Kopf zwischen den Runden 10 und 11 stecken (auf der Seite des Kopfes ohne Farbwechsel) und befestigen. Mit drei Fäden des türkisen Stickgarns im Überwendlingsstich in regelmäßigen Abständen außen um den weißen Stoff des Auges nähen. Lose Garnenden im Inneren des Kopfs vernähen. Den Kopf fest füllen.
Runde 16: [1 fM in jd der nächsten 4 M, 2 fM in die nächste M] 6-mal, dabei in der letzten M zu Garn B wechseln. *(36 M)*

Runden 17–19: 1 fM in jd M. *(36 M)*
Runde 20: [1 fM in jd der nächsten 11 M, 2 fM in die nächste M] 3-mal. *(39 M)*
Runden 21 und 22: 1 fM in jd M. *(39 M)*
Runde 23: [1 fM in jd der nächsten 12 M, 2 fM in die nächste M] 3-mal. *(42 M)*
Runden 24 und 25: 1 fM in jd M. *(42 M)*
Runde 26: [1 fM in jd der nächsten 6 M, 2 fM in die nächste M] 6-mal. *(48 M)*
Runden 27–29: 1 fM in jd M. *(48 M)*
Am Ende von Runde 29 den Körper füllen.
Runde 30: [1 fM in jd der nächsten 6 M, 2 fM zus häkeln] 6-mal. *(42 M)*
Runde 31: [1 fM in jd der nächsten 5 M, 2 fM zus häkeln] 6-mal. *(36 M)*
Runde 32: [1 fM in jd der nächsten 4 M, 2 fM zus häkeln] 6-mal. *(30 M)*
Runde 33: [1 fM in jd der nächsten 3 M, 2 fM zus häkeln] 6-mal. *(24 M)*
Mehr Füllmaterial hinzufügen.
Runde 34: [1 fM in jd der nächsten 2 M, 2 fM zus häkeln] 6-mal. *(18 M)*
Runde 35: [1 fM in die nächste M, 2 fM zus häkeln] 6-mal. *(12 M)*
Mehr Füllmaterial hinzufügen.
Runde 36: [2 fM zus häkeln] 6-mal. *(6 M)*
Runde 37: [Die nächste M auslassen, 1 Km in die nächste M] 2-mal (die restl 2 M ungehäkelt lassen).
Den MM entfernen.
Das Garn befestigen und das lose Garnende im Körper vernähen.

Ohren (2-mal häkeln)

Beginnen Sie in der Mitte des Ohrs und arbeiten Sie in Runden; verwenden Sie dabei einen MM, um die 1. M jeder Runde zu markieren.
Runde 1: Mit Garn A 3 Lm häkeln, mit 1 Km zu einem Ring schließen.
Runde 2: 2 fM in jd Lm. *(6 M)*
Runde 3: [1 fM in die nächste M, 2 fM in die nächste M] 3-mal. *(9 M)*
Runde 4: [1 fM in jd der nächsten 2 M, 2 fM in die nächste M] 3-mal. *(12 M)*
Runde 5: [1 fM in jd der nächsten 3 M, 2 fM in die nächste M] 3-mal. *(15 M)*
2 M auslassen, 1 Km in die nächste M. Die Ohren müssen nicht gefüllt werden.
Den MM entfernen.
Das Garn befestigen, einen Faden zum Zusammennähen stehenlassen.

Flügel (2-mal häkeln)

Beginnen Sie an der Flügelspitze und arbeiten Sie in Runden; verwenden Sie dabei einen MM, um die 1. M jeder Runde zu markieren.
Runde 1: Mit Garn B 4 Lm häkeln, den Ring mit 1 Km schließen, 2 fM in jd der nächsten 2 Lm (ungehäkelte Lm zählen als 2 M). *(6 M)*
Runde 2 (AB): [1 fM in die nächste M, 2 fM in die nächste M] 3-mal. *(9 M)*
Runde 3: [1 fM in jd der nächsten 2 M, 2 fM in die nächste M] 3-mal, dabei in der letzten M zu Garn A wechseln. *(12 M)*
Runde 4: [1 fM in jd der nächsten 3 M, 2 fM in die nächste M] 3-mal. *(15 M)*
Runde 5: [1 fM in jd der nächsten 4 M, 2 fM in die nächste M] 3-mal, dabei in der letzten M zu Garn B wechseln. *(18 M)*
Runde 6: 1 fM in jd M. *(18 M)*
Runde 7: 1 fM in jd M, dabei in der letzten M zu Garn A wechseln. *(18 M)*
Runde 8: 1 fM in jd M. *(18 M)*
Runde 9: 1 fM in jd M, dabei in der letzten M zu Garn B wechseln. *(18 M)*
Runde 10: [1 fM in jd der nächsten 4 M, 2 fM zus häkeln] 3-mal. *(15 M)*
Runde 11: 1 fM in jd M, dabei in der letzten M zu Garn A wechseln. *(15 M)*
Runde 12: [1 fM in jd der nächsten 3 M, 2 fM zus häkeln] 3-mal. *(12 M)*
Runde 13: 1 fM in jd M, dabei in der letzten M zu Garn B wechseln. *(12 M)*
Runden 14 und 15: 1 fM in jd M. *(12 M)*
Den Flügel sehr locker füllen, sodass er seine flache, flügelige Form behält.
1 Km in die nächste M, den MM entfernen.
Das Garn befestigen, einen Faden zum Zusammennähen stehenlassen.

Füße (2-mal häkeln)

An der Rückseite des Fußes beginnen und in Runden arbeiten. Verwenden Sie dabei einen MM, um die 1. M jeder Runde zu markieren.
Runde 1: Mit Garn C 4 Lm häkeln, den Ring mit 1 Km schließen, 2 fM in jd der nächsten 2 Lm (ungehäkelte Lm zählen als 2 M). *(6 M)*
Runde 2 (AB): [1 fM in jd der nächsten 2 M, 2 fM in die nächste M] 2-mal. *(8 M)*
Runde 3: [1 fM in jd der nächsten 3 M, 2 fM in die nächste M] 2-mal. *(10 M)*
Runden 4–6: 1 fM in jd M. *(10 M)*
Den Fuß sehr leicht füllen. Den MM entfernen.
Den Fuß glätten, sodass die Schlinge auf der Nadel auf einer Seite liegt. Mit Km durch beide Schichten entlanghäkeln, um die Öffnung zu schließen.
Mit einer Sticknadel mit stumpfer Spitze die Rückseite des geschlossenen Fußes im Überwendlingsstich zunähen. Das Garn befestigen, einen Faden zum Zusammennähen stehenlassen.

Schnabel

Beginnen Sie an der Schnabelspitze und arbeiten Sie in Runden; verwenden Sie dabei einen MM, um die 1. M jeder Runde zu markieren.
Runde 1: Mit Garn C 3 Lm häkeln, mit 1 Km zu einem Ring schließen.
Runde 2: 2 fM in jd Lm. *(6 M)*
Runde 3: [1 fM in jd der nächsten 2 M, 2 fM in die nächste M] 2-mal. *(8 M)*
Runden 4 und 5: 1 fM in jd M. *(8 M)*
Den Schnabel leicht füllen. Den MM entfernen.
Den Schnabel glätten, sodass die Schlinge an der Nadel auf einer Seite ist. 1 fM in jd M entlang der Öffnung. Die geschlossene Kante des Schnabels falten, sodass der Schnabel vorsteht. Die gefaltete Seite ans Gesicht stecken, sodass sie leicht das Weiße der Augen überlappt. Mit dem Faden annähen. Das Garn befestigen.

Zusammennähen

Verwenden Sie die Garnenden zum Zusammennähen.

1 Im Überwendlingsstich über die Öffnung eines jeden Flügels nähen. Die Flügel seitlich am Körpers, wo die Farbe von A (Kopf) zu B (Körper) wechselt, feststecken und annähen.

2 Die Ohren oben am Kopf feststecken und annähen.

3 Die Füße vorne unten am Körper feststecken und annähen.

4 Alle restlichen losen Enden in Leos Innerem vernähen und abschneiden.

5 Nähen Sie den grauen Knopf Ihrer Wahl in die Mitte des weißen Stoffquadrats und nähen Sie dieses mit demselben Faden im Überwendlingsstich links an Leos Hinterteil an!

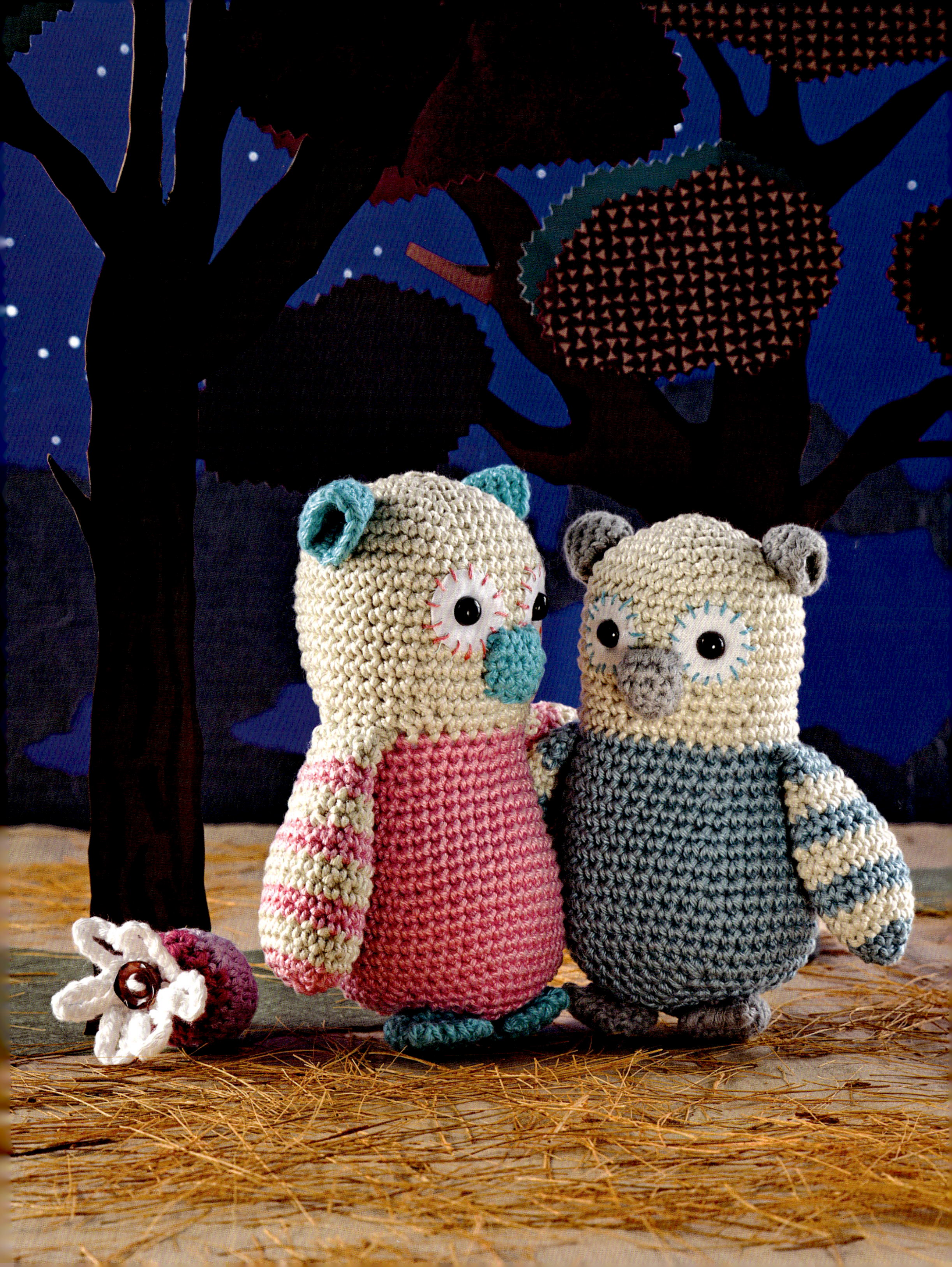

MITTERNACHTSFRUCHT

Eugenie und Leo liefern ihren Freunden auf der Insel die köstlichen Mitternachtsfrüchte, sobald sie sie gesammelt haben – eine perfekte Leckerei zur Frühstückszeit!

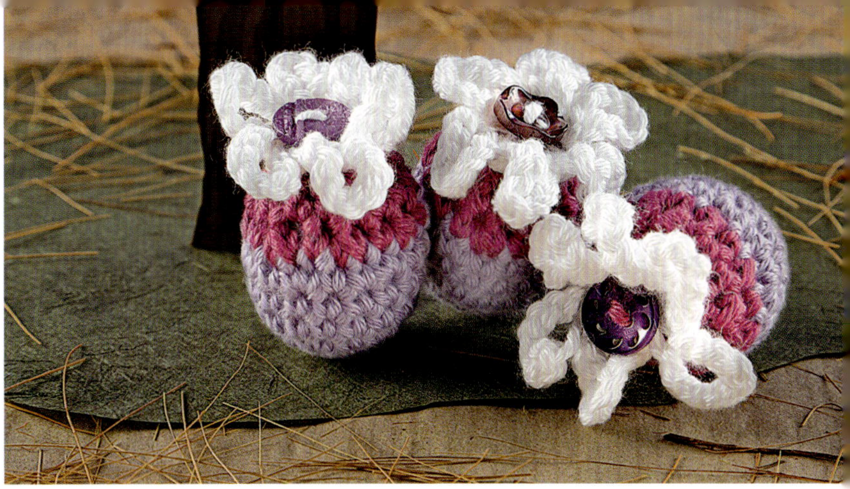

GARN

- King Cole Cottonsoft DK (100 % Baumwolle), DK-Garn (leichtes Kammgarn); ca. 210 m LL pro Knäuel (100 g):
  ¼ Knäuel Lavender 1849 (Lavendel, D)
  eine kleine Menge Raspberry 1604 (Himbeerrot, E) und
  White 710 (Weiß, F)
- Häkelnadel, 3 mm

ZUM RESTEVERHÄKELN

Wenn Sie auf Ihre Reste zurückgreifen, benötigen Sie:

- Baumwolle/Acryl-Gemisch oder 100 % Baumwolle DK-Garn (leichtes Kammgarn): ca. 10 g Lavendel sowie je 5 g Dunkelpink und Weiß

MATERIALIEN

- Garn in Kontrastfarbe als Maschenmarkierer
- eine kleine Menge Stofftierfüllung (Polyester)
- Sticknadel mit stumpfer Spitze
- 3 lavendelfarbene Knöpfe, ca. 1,2 cm Durchmesser

MASSE BEI FERTIGSTELLUNG

Die Mitternachtsfrucht misst ca. 5 cm von der Oberkante bis zum Boden.

SPANNUNG

Die Spannung ist bei diesem Projekt nicht wesentlich, aber Sie brauchen ein engmaschiges Gewebe – passen Sie, wenn nötig, die Nadelstärke an, um dieses zu erhalten.

ABKÜRZUNGEN

[ ] Anweisungen in Klammern so oft, wie angegeben, häkeln
2 fM zus häkeln 2 feste Maschen zusammenhäkeln
fM feste Masche
Km Kettmasche
Lm Luftmasche
M Masche(n)
MM Maschenmarkierer

Mitternachtsfrucht (3-mal häkeln)

Beginnen Sie unten an der Frucht und arbeiten Sie in Runden; verwenden Sie dabei einen MM, um die 1. M jeder Runde zu markieren.

Runde 1: Mit Garn D 3 Lm häkeln, die Runde mit 1 Km schließen.
Runde 2: 2 fM in jd Lm. *(6 M)*
Runde 3: 2 fM in jd M. *(12 M)*
Runde 4: [1 fM in die nächste M, 2 fM in die nächste M] 6-mal. *(18 M)*
Runden 5 und 6: 1 fM in jd M. *(18 M)*
Runde 7: [1 fM in jd der nächsten 2 M, 2 fM in die nächste M] 6-mal, dabei in der letzten M zu Garn E wechseln. *(24 M)*
Runde 8: [1 fM in die nächste M, 2 fM zus häkeln] 8-mal. *(16 M)*
Runde 9: [1 fM in jd der nächsten 2 M, 2 fM zus häkeln] 4-mal. *(12 M)*
Die Frucht füllen.
Runde 10: [2 fM zus häkeln] 6-mal, dabei in der letzten Abnahme zu Garn F wechseln. *(6 M)*

Oberseite der Frucht

Runde 11: [1 fM in die nächste M, 10 Lm, mit 1 Km in dieselbe M verbinden] 6-mal. *(6 Lm-Bögen aus 10 Lm)*
Den MM entfernen.
Das Garn befestigen, dabei einen Faden stehenlassen. Mit einer Sticknadel mit stumpfer Spitze einen violetten Knopf oben auf jede Frucht nähen.

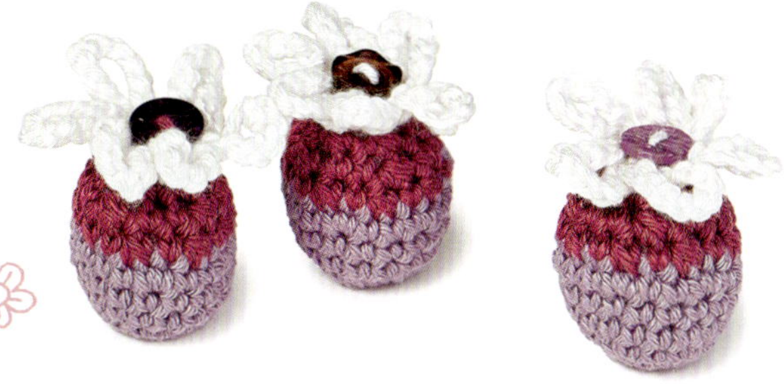

BRUNO und RALF

BRUNO

Bruno, der Bär, macht gerne lange Spaziergänge entlang des Ufers und wird oft von seinem treuen Gefährten Ralf begleitet. Wenn Ralf durch das Wasser springt, kommt Bruno ihm kaum hinterher! Dieser umsichtige kleine Bär ist immer damit beschäftigt, seinen Garten zu pflegen, und züchtet wundervolle Blaue Rüben. Er teilt das Gemüse, das er erntet, mit all seinen Freunden – immer darauf bedacht, ein großes Stück für seinen besten Freund Ralf aufzuheben!

GARN

- Rico Essentials Cotton DK (100 % Baumwolle), DK-Garn (leichtes Kammgarn); ca. 130 m LL pro Knäuel (50g):
  ¼ Knäuel Beige 91 (Beige, A)
  1 Knäuel Taupe 89 (Braun, B)
  eine kleine Menge Hay 65 (Grün, C)
- Patons 100 % Cotton DK (100 % Baumwolle), DK-Garn (leichtes Kammgarn); ca. 210 m LL pro Knäuel (100 g): eine kleine Menge Black 2712 (Schwarz, D)
- Häkelnadel, 3 mm

ZUM RESTEVERHÄKELN

Wenn Sie auf Ihre Reste zurückgreifen, benötigen Sie:

- Baumwoll- oder Baumwollmischgarn (DK-Garn/leichtes Kammgarn): ca. 50 g Braun, 10 g Beige sowie je eine kleine Menge Grün für die Tasche und Schwarz für die Nase

MATERIALIEN

- Garn in Kontrastfarbe als Maschenmarkierer
- 1 Paar schwarze Sicherheitsaugen (7 mm Durchmesser)
- Stofftierfüllung (Polyester)
- 2 zusammenpassende braune Knöpfe, ca. 1 cm Durchmesser
- cremefarbenes Stickgarn im Strang
- 1 brauner Knopf, ca. 1 cm Durchmesser
- grünes Stoffquadrat für den Flicken mit dem Stoff, 1,5 cm
- Schere
- Sticknadel mit stumpfer Spitze
- Stecknadeln, Nähnadel und Nähgarn

MASSE BEI FERTIGSTELLUNG

Bruno misst ca. 22 cm von Kopf bis Fuß.

SPANNUNG

Die Spannung ist bei diesem Projekt nicht wesentlich, aber Sie brauchen ein engmaschiges Gewebe – passen Sie, wenn nötig, die Nadelstärke an, um dieses zu erhalten.

ABKÜRZUNGEN

[ ] Anweisungen in Klammern so oft, wie angegeben, häkeln
abn abnehmen
2 fM zus häkeln 2 feste Maschen zusammenhäkeln
fM feste Masche
Km Kettmasche
Lm Luftmasche
M Masche(n)
MM Maschenmarkierer
RS Rückseite
VS Vorderseite

SPEZIELLE ABKÜRZUNG

AB asymmetrischer Beginn: Bei einem asymmetrischen Beginn wird Runde 2 begonnen, indem in die erste ungehäkelte Masche von Runde 1 gehäkelt wird – siehe Details auf Seite 107.

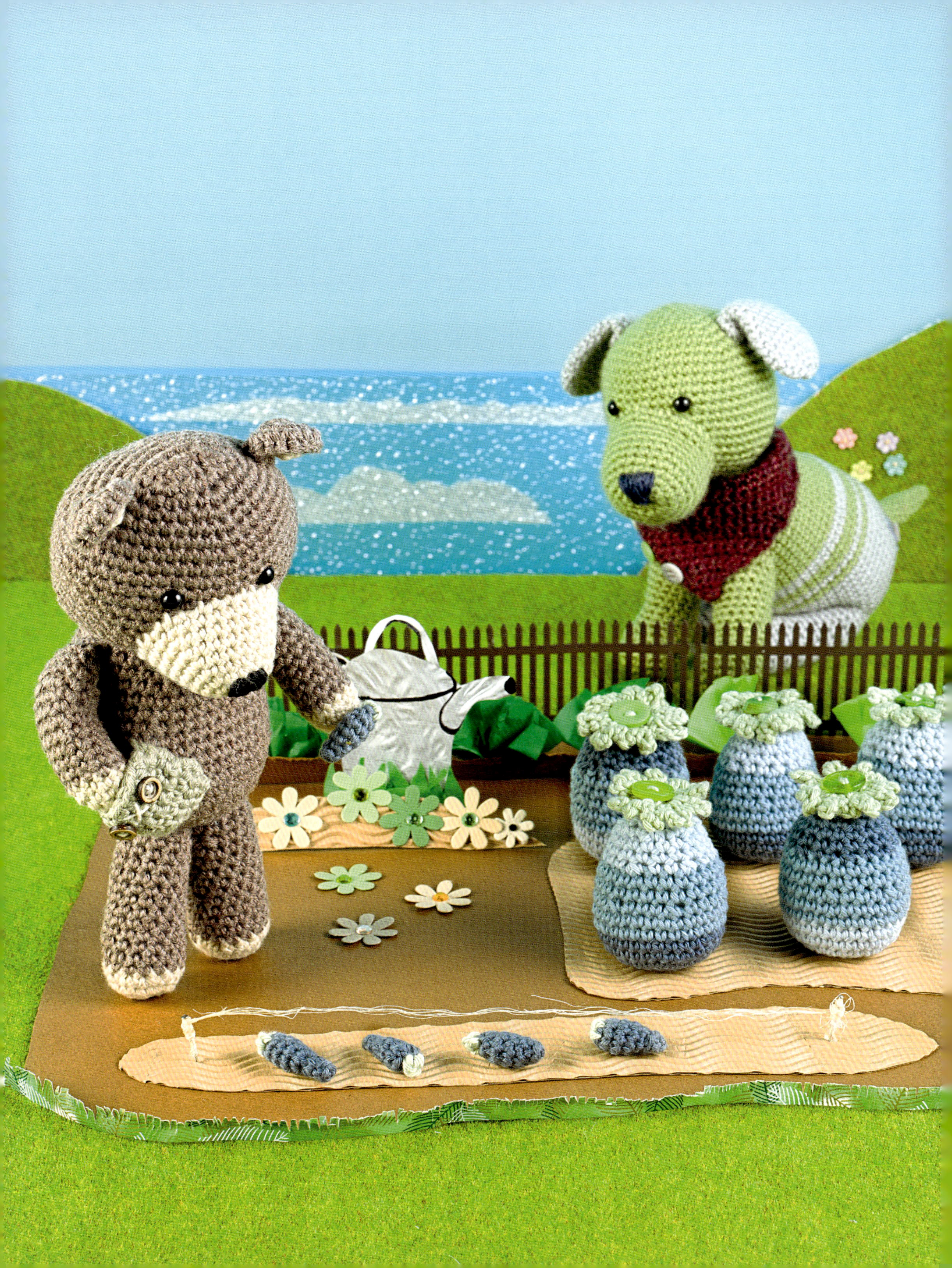

Schnauze

Beginnen Sie an der Nase und arbeiten Sie in Runden; verwenden Sie dabei einen MM, um die 1. M jeder Runde zu markieren.

Runde 1: Mit Garn A 4 Lm häkeln, mit 1 Km zu einem Ring schließen.

Runde 2: 2 fM in jd Lm. *(8 M)*

Runde 3: [1 fM in die nächste M, 2 fM in die nächste M] 4-mal. *(12 M)*

Runde 4: [1 fM in jd der nächsten 3 M, 2 fM in die nächste M] 3-mal. *(15 M)*

Runde 5: [1 fM in jd der nächsten 4 M, 2 fM in die nächste M] 3-mal. *(18 M)*

Runde 6: [1 fM in jd der nächsten 5 M, 2 fM in die nächste M] 3-mal. *(21 M)*

Runde 7: [1 fM in jd der nächsten 6 M, 2 fM in die nächste M] 3-mal. *(24 M)*

Runde 8: [1 fM in jd der nächsten 7 M, 2 fM in die nächste M] 3-mal. *(27 M)*

Runde 9: 1 fM in jd M. *(27 M)*

Die Schnauze füllen.

1 Km in die nächste M, den MM entfernen. Das Garn befestigen, einen Faden zum Zusammennähen stehenlassen

Kopf

Beginnen Sie oben, indem Sie oval um die Lm arbeiten, dann in Runden weiterarbeiten, dabei einen MM verwenden, um die 1. M jeder Runde zu markieren.

Runde 1: Mit Garn B 6 Lm häkeln, 2 fM in die 2. Lm von der Nadel, 1 fM in jd der nächsten 3 M, 2 fM in die nächste M, wenden und entlang der anderen Seite der Lm häkeln, 2 fM in die nächste M, 1 fM in jd der nächsten 3 M, 2 fM in die letzte M. *(14 M)*

Runde 2: 2 fM in die 1. M, 1 fM in jd der nächsten 4 M, 2 fM in jd der nächsten 2 M, 1 fM in jd der nächsten 6 M, 2 fM in die letzte M. *(18 M)*

Runde 3: [2 fM in die nächste M, 1 fM in jd der nächsten 3 M] 2-mal, 2 fM in jd der nächsten 2 M, [1 fM in jd der nächsten 3 M, 2 fM in die nächste M] 2-mal. *(24 M)*

Runde 4: 2 fM in die nächste M, 1 fM in jd der nächsten 5 M, 2 fM in die nächste M, 1 fM in jd der nächsten 4 M, 2 fM in jd der nächsten 2 M, 1 fM in jd der nächsten 5 M, 2 fM in die nächste M, 1 fM in jd der nächsten 4 M, 2 fM in die nächste M. *(30 M)*

Runde 5: [2 fM in die nächste M, 1 fM in jd der nächsten 6 M] 2-mal, 2 fM in jd der nächsten 2 M, [1 fM in jd der nächsten 6 M, 2 fM in die nächste M] 2-mal. *(36 M)*

Runde 6: 2 fM in die nächste M, 1 fM in jd der nächsten 7 M, 2 fM in die nächste M, 1 fM in jd der nächsten 8 M, 2 fM in jd der nächsten 2 M, 1 fM in jd der nächsten 7 M, 2 fM in die nächste M, 1 fM in jd der nächsten 8 M, 2 fM in die nächste M. *(42 M)*

Runde 7: [2 fM in die nächste M, 1 fM in jd der nächsten 9 M] 2-mal, 2 fM in jd der nächsten 2 M, [1 fM in jd der nächsten 9 M, 2 fM in die nächste M] 2-mal. *(48 M)*

Runden 8–15: 1 fM in jd M. *(48 M)*

Runde 16: [2 fM zus häkeln, 1 fM in jd der nächsten 9 M] 2-mal, [2 fM zus häkeln] 2-mal, [1 fM in jd der nächsten 9 M, 2 fM zus häkeln] 2-mal. *(42 M)*

Runde 17: 2 fM zus häkeln, 1 fM in jd der nächsten 8 M, 2 fM zus häkeln, 1 fM in jd der nächsten 7 M, [2 fM zus häkeln] 2-mal, 1 fM in jd der nächsten 8 M, 2 fM zus häkeln, 1 fM in jd der nächsten 7 M, 2 fM zus häkeln. *(36 M)*

Runde 18: [2 fM zus häkeln, 1 fM in jd der nächsten 6 M] 2-mal, [2 fM zus häkeln] 2-mal, [1 fM in jd der nächsten 6 M, 2 fM zus häkeln] 2-mal. *(30 M)*

Runde 19: 2 fM zus häkeln, 1 fM in jd der nächsten 5 M, 2 fM zus häkeln, 1 fM in jd der nächsten 4 M, [2 fM zus häkeln] 2-mal, 1 fM in jd der nächsten 5 M, 2 fM zus häkeln, 1 fM in jd der nächsten 4 M, 2 fM zus häkeln. *(24 M)*

Runde 20: [2 fM zus häkeln, 1 fM in jd der nächsten 3 M] 2-mal, [2 fM zus häkeln] 2-mal, [1 fM in jd der nächsten 3 M, 2 fM zus häkeln] 2-mal. *(18 M)*

Die Schnauze an die Vorderseite halten, um die Position der Augen leichter zu finden. Die Sicherheitsaugen zwischen den Runden 11 und 12 anbringen. Den Kopf fest füllen.

1 Km in die nächste M, den MM entfernen. Das Garn befestigen und das lose Garnende im Kopf vernähen.

Innenseite Ohr (2-mal häkeln)

Arbeiten Sie in Runden; verwenden Sie dabei einen MM, um die 1. M jeder Runde zu markieren.

Runde 1: Mit Garn A 4 Lm häkeln, mit 1 Km zu einem Ring schließen.

Runde 2: 2 fM in jd Lm. *(8 M)*

Runde 3: [1 fM in die nächste M, 2 fM in die nächste M] 4-mal. *(12 M)*

1 Km in die nächste M, den MM entfernen. Das Garn befestigen und dabei einen kurzen Faden zum Vernähen im Inneren des Ohrs stehenlassen.

Außenseite Ohr (2-mal häkeln)

Arbeiten Sie in Runden; verwenden Sie dabei einen MM, um die 1. M jeder Runde zu markieren.

Runde 1: Mit Garn B 4 Lm häkeln, mit 1 Km zu einem Ring schließen.

Runde 2: 2 fM in jd Lm. *(8 M)*

Runde 3: [1 fM in die nächste M, 2 fM in die nächste M] 4-mal. *(12 M)*

Das Garn nicht befestigen. Legen Sie das Innere des Ohrs mit der RS auf die VS des Äußeren des Ohrs. Arbeiten Sie durch beide Schichten, wobei das Innere des Ohrs Ihnen zugewandt ist.

Runde 4: Die 1. M ausl, [1 fM in die nächste M, 2 fM in die nächste M] 5-mal, die verbleibende 1 M ungehäkelt lassen. *(15 M)*

Den MM entfernen. Das Garn befestigen, dabei einen Faden in Farbe B zum Zusammennähen stehenlassen.

Die losen Garnenden zwischen den beiden Ohrteilen vernähen und abschneiden.

Körper

Beginnen Sie am Hinterteil und arbeiten Sie in Runden; verwenden Sie dabei einen MM, um die 1. M jeder Runde zu markieren.

Runde 1: Mit Garn B 4 Lm häkeln, den Ring mit 1 Km schließen, 2 fM in jd der nächsten 2 Lm (ungehäkelte Lm zählen als 2 M). *(6 M)*

Runde 2 (AB): 2 fM in jd M. *(12 M)*

Runde 3: [1 fM in die nächste M, 2 fM in die nächste M] 6-mal. *(18 M)*

Runde 4: [1 fM in jd der nächsten 2 M, 2 fM in die nächste M] 6-mal. *(24 M)*

Runde 5: [1 fM in jd der nächsten 3 M, 2 fM in die nächste M] 6-mal. *(30 M)*

Runde 6: [1 fM in jd der nächsten 4 M, 2 fM in die nächste M] 6-mal. *(36 M)*

Runde 7: [1 fM in jd der nächsten 5 M, 2 fM in die nächste M] 6-mal. *(42 M)*

Runden 8–14: 1 fM in jd M. *(42 M)*
Den Körper füllen.
Runde 15: [1 fM in jd der nächsten 5 M, 2 fM zus häkeln] 6-mal. *(36 M)*
Runden 16–17: 1 fM in jd M. *(36 M)*
Runde 18: [1 fM in jd der nächsten 10 M, 2 fM zus häkeln] 3-mal. *(33 M)*
Runde 19: [1 fM in jd der nächsten 9 M, 2 fM zus häkeln] 3-mal. *(30 M)*
Runde 20: [1 fM in jd der nächsten 8 M, 2 fM zus häkeln] 3-mal. *(27 M)*
Runde 21: [1 fM in jd der nächsten 7 M, 2 fM zus häkeln] 3-mal. *(24 M)*
Runde 22: [1 fM in jd der nächsten 2 M, 2 fM zus häkeln] 6-mal. *(18 M)*
Mehr Füllmaterial hinzufügen.
1 Km in die nächste M, den MM entfernen. Das Garn befestigen, einen Faden zum Zusammennähen stehenlassen.

Arme (2-mal häkeln)

Beginnen Sie an der Pfote und häkeln Sie in Runden; verwenden Sie dabei einen MM, um die 1. M jeder Runde zu markieren.
Runde 1: Mit Garn A 4 Lm häkeln, mit 1 Km zu einem Ring schließen.
Runde 2: 2 fM in jd Lm. *(8 M)*
Runde 3: [1 fM in die nächste M, 2 fM in die nächste M] 4-mal. *(12 M)*
Runde 4: 1 fM in jd M, dabei in der letzten M zu Garn B wechseln. *(12 M)*
Runden 5–13: 1 fM in jd M. *(12 M)*
Runde 14: [2 fM zus häkeln, 1 fM in jd der nächsten 4 M] 2-mal. *(10 M)*
Runden 15 und 16: 1 fM in jd M. *(10 M)*
Den Arm locker füllen, sodass Bruno seinen rechten Arm in die Tasche stecken kann.
1 Km in die nächste M, den MM entfernen. Das Garn befestigen, einen Faden zum Zusammennähen stehenlassen.

Beine (2-mal häkeln)

Beginnen Sie am Fuß und arbeiten Sie in Runden; verwenden Sie dabei einen MM, um die 1. M jeder Runde zu markieren.
Runde 1: Mit Garn A 5 Lm häkeln, die Runde mit 1 Km schließen.
Runde 2: 2 fM in jd Lm. *(10 M)*
Runde 3: 2 fM in jd M. *(20 M)*
Runde 4: [2 fM zus häkeln, 1 fM in jd der nächsten 2 M] 5-mal, dabei in der letzten M zu Garn B wechseln. *(15 M)*
Runden 5–8: 1 fM in jd M. *(15 M)*
Runde 9: 2 fM zus häkeln, 1 fM in jd der nächsten 13 M. *(14 M)*
Runden 10–15: 1 fM in jd M. *(14 M)*
Runde 16: 2 fM zus häkeln, 1 fM in jd der nächsten 12 M. *(13 M)*
Runde 17: 1 fM in jd M. *(13 M)*
Das Bein füllen.
1 Km in die nächste M, den MM entfernen. Das Garn befestigen, einen Faden zum Zusammennähen stehenlassen.

Tasche

Beginnen Sie unten an der Tasche und arbeiten Sie in Reihen.
Mit Garn C 10 Lm häkeln.
Reihe 1: 1 fM in die 2. Lm von der Nadel, 1 fM in jd M bis zum Ende der Reihe, wenden. *(9 M)*
Reihen 2–6: 1 Lm (zählt nicht als M), 1 fM in jd M bis zum Ende der Reihe. *(9 M)*
Das Garn befestigen, einen Faden zum Annähen an den Körper stehenlassen.
Verwenden Sie 3 Stränge des cremefarbenen Garns, um ein X oben in die Mitte der Tasche zu sticken, verwenden Sie dasselbe Garn, um ein Paar dazupassende Knöpfe an jede Seite des X anzunähen.

Zusammennähen

1 Bringen Sie die Schnauze am Kopf direkt unter den Augen in Position. Feststecken und mit dem Garnende der Schnauze annähen.
2 Platzieren Sie den Kopf auf dem Körper, stecken Sie ihn fest und nähen Sie ihn mit dem Garnende des Körpers an.
3 Stecken Sie die Ohren am Kopf fest und nähen Sie sie mit den Garnenden an.
4 Bringen Sie den rechten Arm so in Stellung, dass er an die Tasche reicht; verwenden Sie dies auch als Hilfe für die Position des linken Arms. Die Arme am Körper feststecken und mit den Garnenden annähen.
5 Bringen Sie die Beine unten vorne am Körper in Position. Feststecken und mit den Garnenden die Oberseiten der Beine an den Körper nähen und dabei die gefüllte Form an der Öffnung aufrechterhalten.

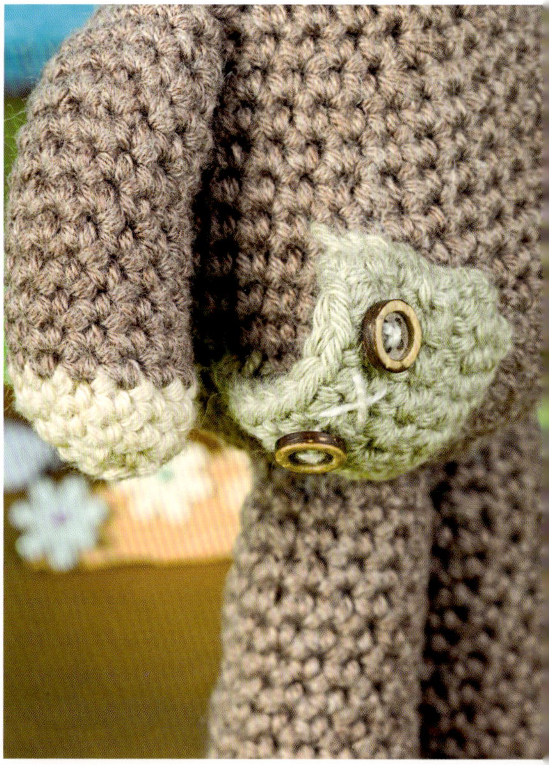

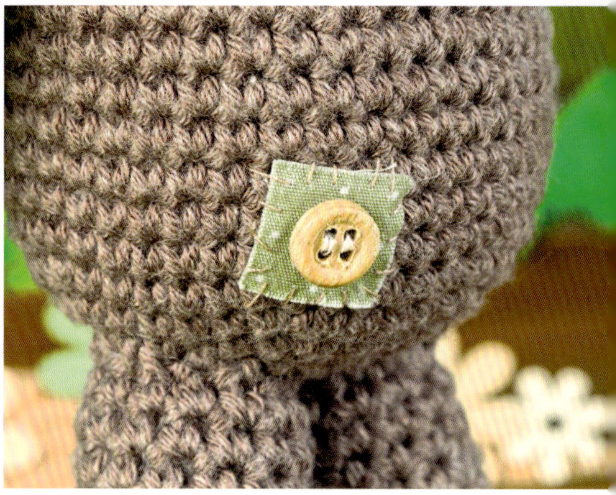

6 Mit Garn D eine rechteckige Nase mit dem Plattstich (siehe Seite 110) aufsticken, dann eine vertikale Linie zum Mund weitersticken und das Garn befestigen.
7 Alle restlichen losen Enden in Bruno vernähen und abschneiden.

Flicken mit dem Knopf

Nähen Sie den braunen Knopf Ihrer Wahl in die Mitte des grünen Stoffquadrats, arbeiten Sie dann mit demselben Faden weiter und nähen Sie den Stoffflicken mit dem Überwendlingsstich links an Brunos Hinterteil an.

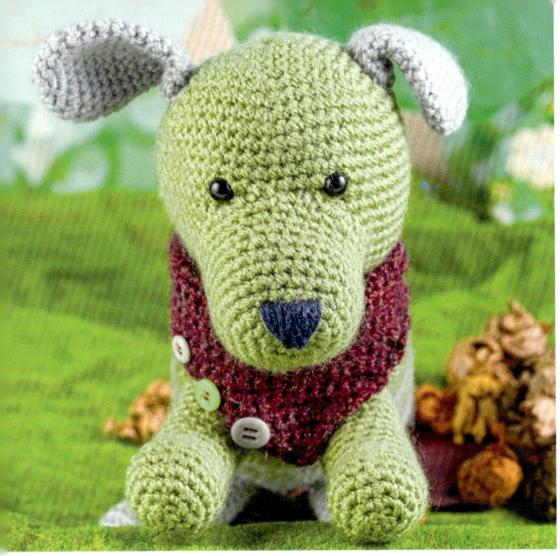

RALF

Ralf teilt sich sein Zuhause am Strand mit Bruno. Seine überschäumende Energie färbt auf alle seine Freunde ab und er liebt es, endlos lang mit den Schluderbienchen Fangen zu spielen! Seit er denken kann, liebt Ralf es zu graben. Manchmal kann er den ganzen Tag verschwinden – bei seinem eigenen kleinen Abenteuer gräbt er dabei Löcher auf der anderen Seite der Insel!

GARN

Ralf

- Stylecraft Special DK (100 % Acryl), DK-Garn (leichtes Kammgarn); ca. 295 m LL pro Knäuel (100 g): ½ Knäuel Meadow 1065 (Grün) (A) ⅓ Knäuel Silver 1203 (Silbergrau, B)
- Patons 100 % Cotton DK (100 % Baumwolle), DK-Garn (leichtes Kammgarn); ca. 210 m LL pro Knäuel (100 g): eine kleine Menge Navy 2124 (Marineblau, C)

Bandana

- Cygnet DK (100 % Acryl), DK-Garn (leichtes Kammgarn); ca. 298 m LL pro Knäuel (100 g): ⅛ Knäuel Mulberry Mix 3501 (Mauve, D)
- Häkelnadel, 3 mm

ZUM RESTEVERHÄKELN

Wenn Sie auf Ihre Reste zurückgreifen, benötigen Sie:

- **Ralf:** Wolle oder Acrylgarn (leichtes Kammgarn/DK-Garn): ca. 40 g Grün, 30 g Silbergrau und eine kleine Menge Marineblau für die Nase
- **Bandana:** Wolle oder Acrylgarn (leichtes Kammgarn/DK-Garn): ca. 10 g Mauve

MATERIALIEN

Ralf

- Garn in Kontrastfarbe als Maschenmarkierer
- 1 Paar schwarze Sicherheitsaugen (8 mm)
- Stofftierfüllung (Polyester)
- 1 hellgrauer Knopf, ca. 1 cm Durchmesser
- großes, jeansblaues Stoffquadrat, 1,3 cm, für den Flicken mit dem Knopf
- Schere
- Sticknadel mit stumpfer Spitze
- Stecknadeln, Nadel und Nähgarn

Bandana

- 1 hellgrauer Knopf, ca. 1 cm im Durchmesser
- 3 graue und grüne Knöpfe in verschiedenen Größen, ca. 0,8 cm, 1 cm, 1,2 cm Durchmesser
- Schere
- Sticknadel mit stumpfer Spitze
- Stecknadeln, Nähnadel und Baumwollgarn

MASSE BEI FERTIGSTELLUNG

Ralf ist ca. 23 cm lang.

SPANNUNG

Die Spannung ist bei diesem Projekt nicht wesentlich, aber Sie brauchen ein engmaschiges Gewebe – passen Sie, wenn nötig, die Nadelstärke an, um dieses zu erhalten.

ABKÜRZUNGEN

[ ] Anweisungen in Klammern so oft, wie angegeben, häkeln
2 fM zus häkeln 2 feste Maschen zusammenhäkeln
fM feste Masche
Km Kettmasche
Lm Luftmasche
M Masche(n)
MM Maschenmarkierer

SPEZIELLE ABKÜRZUNG

AB asymmetrischer Beginn: Bei einem asymmetrischen Beginn wird Runde 2 begonnen, indem in die erste ungehäkelte Masche von Runde 1 gehäkelt wird – siehe Details auf Seite 107.

Schnauze

Beginnen Sie an der Nase und arbeiten Sie in Runden; verwenden Sie dabei einen MM, um die 1. M jeder Runde zu markieren.

Runde 1: Mit Garn A 4 Lm häkeln, den Ring mit 1 Km schließen, 2 fM in jd der nächsten 2 Lm (ungehäkelte Lm zählen als 2 M). *(6 M)*
Runde 2 (AB): 2 fM in jd M. *(12 M)*
Runde 3: [1 fM in die nächste M, 2 fM in die nächste M] 6-mal. *(18 M)*
Runde 4: [1 fM in jd der nächsten 2 M, 2 fM in die nächste M] 6-mal. *(24 M)*
Runde 5: 1 fM in jd M. *(24 M)*
Runde 6: [1 fM in jd der nächsten 3 M, 2 fM in die nächste M] 6-mal. *(30 M)*
Runden 7–11: 1 fM in jd M. *(30 M)*
Runde 12: [1 fM in jd der nächsten 4 M, 2 fM in die nächste M] 6-mal. *(36 M)*
Die Schnauze füllen.
1 Km in die nächste M, den MM entfernen. Das Garn befestigen, einen Faden zum Zusammennähen stehenlassen.

Kopf

Beginnen Sie oben und arbeiten Sie in Runden, verwenden Sie dabei einen MM, um die 1. M jeder Runde zu markieren.

Runde 1: Mit Garn A 4 Lm häkeln, den Ring mit 1 Km schließen, 2 fM in jd der nächsten 2 Lm (ungehäkelte Lm zählen als 2 M). *(6 M)*
Runde 2 (AB): 2 fM in jd M. *(12 M)*
Runde 3: [1 fM in die nächste M, 2 fM in die nächste M] 6-mal. *(18 M)*
Runde 4: [1 fM in jd der nächsten 2 M, 2 fM in die nächste M] 6-mal. *(24 M)*
Runde 5: [1 fM in jd der nächsten 3 M, 2 fM in die nächste M] 6-mal. *(30 M)*
Runde 6: [1 fM in jd der nächsten 4 M, 2 fM in die nächste M] 6-mal. *(36 M)*
Runde 7: [1 fM in jd der nächsten 5 M, 2 fM in die nächste M] 6-mal. *(42 M)*
Runde 8: [1 fM in jd der nächsten 6 M, 2 fM in die nächste M] 6-mal. *(48 M)*
Runde 9: [1 fM in jd der nächsten 7 M, 2 fM in die nächste M] 6-mal. *(54 M)*
Runden 10–18: 1 fM in jd M. *(54 M)*
Runde 19: [1 fM in jd der nächsten 7 M, 2 fM zus häkeln] 6-mal. *(48 M)*
Runde 20: [1 fM in jd der nächsten 6 M, 2 fM zus häkeln] 6-mal. *(42 M)*
Runde 21: [1 fM in jd der nächsten 5 M, 2 fM zus häkeln] 6-mal. *(36 M)*
Runde 22: [1 fM in jd der nächsten 4 M, 2 fM zus häkeln] 6-mal. *(30 M)*
Runde 23: [1 fM in jd der nächsten 3 M, 2 fM zus häkeln] 6-mal. *(24 M)*
Platzieren Sie die Schnauze vorne im Gesicht, um die Position der Augen leichter zu finden. Bringen Sie die Sicherheitsaugen zwischen den Runden 14 und 15 an. Den Kopf fest füllen.
Runde 24: [1 fM in jd der nächsten 2 M, 2 fM zus häkeln] 6-mal. *(18 M)*
Runde 25: [1 fM in die nächste M, 2 fM zus häkeln] 6-mal. *(12 M)*
Mehr Füllmaterial hinzufügen.
Runde 26: [2 fM zus häkeln] 6-mal. *(6 M)*
Runde 27: [Die nächste M auslassen, 1 Km in die nächste M] 2-mal.
1 Km in die nächste M, den MM entfernen. Das Garn befestigen, das lose Garnende durch den Kopf vernähen.

Ohren (2-mal häkeln)

Beginnen Sie unten und arbeiten Sie in Runden; verwenden Sie dabei einen MM, um die 1. M jeder Runde zu markieren.

Runde 1: Mit Garn B 4 Lm häkeln, mit 1 Km zu einem Ring schließen.
Runde 2: 2 fM in jd Lm. *(8 M)*
Runde 3: 2 fM in jd M. *(16 M)*
Runde 4: [1 fM in jd der nächsten 3 M, 2 fM in die nächste M] 4-mal. *(20 M)*
Runden 5–8: 1 fM in jd M. *(20 M)*
Runde 9: [1 fM in jd der nächsten 8 M, 2 fM zus häkeln] 2-mal. *(18 M)*
Runde 10: 1 fM in jd M. *(18 M)*
Runde 11: [1 fM in jd der nächsten 7 M, 2 fM zus häkeln] 2-mal. *(16 M)*
Runden 12 und 13: 1 fM in jd M. *(16 M)*
Runde 14: [1 fM in jd der nächsten 6 M, 2 fM zus häkeln] 2-mal. *(14 M)*
Runden 15–17: 1 fM in jd M. *(14 M)*
1 Km in die nächste M, den MM entfernen. Die Ohren müssen nicht gefüllt werden. Das Garn befestigen, einen Faden zum Zusammennähen stehenlassen.

Körper

Beginnen Sie am Hinterteil und arbeiten Sie in Runden; verwenden Sie dabei einen MM, um die 1. M jeder Runde zu markieren.

Runde 1: Mit Garn B 4 Lm häkeln, den Ring mit 1 Km schließen, 2 fM in jd der nächsten 2 Lm (ungehäkelte Lm zählen als 2 M). *(6 M)*
Runde 2 (AB): 2 fM in jd M. *(12 M)*
Runde 3: [1 fM in die nächste M, 2 fM in die nächste M] 6-mal. *(18 M)*
Runde 4: [1 fM in jd der nächsten 2 M, 2 fM in die nächste M] 6-mal. *(24 M)*
Runde 5: [1 fM in jd der nächsten 3 M, 2 fM in die nächste M] 6-mal. *(30 M)*
Runde 6: [1 fM in jd der nächsten 4 M, 2 fM in die nächste M] 6-mal. *(36 M)*
Runde 7: [1 fM in jd der nächsten 5 M, 2 fM in die nächste M] 6-mal. *(42 M)*
Runde 8: [1 fM in jd der nächsten 6 M, 2 fM in die nächste M] 6-mal. *(48 M)*
Runde 9: 1 fM in jd M. *(48 M)*
Runde 10: [1 fM in jd der nächsten 7 M, 2 fM in die nächste M] 6-mal. *(54 M)*
Runden 11–17: 1 fM in jd M. *(54 M)*
Runde 18: 1 fM in jd M, dabei in der letzten M zu Garn A wechseln. *(54 M)*
Runde 19: 1 fM in jd M, dabei in der letzten M zu Garn B wechseln. *(54 M)*
Runde 20: 1 fM in jd M, dabei in der letzten M zu Garn A wechseln. *(54 M)*
Runde 21: 1 fM in jd M. *(54 M)*
Runde 22: 1 fM in jd M, dabei in der letzten M zu Garn B wechseln. *(54 M)*
Runde 23: 1 fM in jd M. *(54 M)*
Runde 24: 1 fM in jd M, dabei in der letzten M zu Garn A wechseln. *(54 M)*
Runden 25–28: 1 fM in jd M. *(54 M)*
Runde 29: [1 fM in jd der nächsten 16 M, 2 fM zus häkeln] 3-mal. *(51 M)*
Runden 30–33: 1 fM in jd M. *(51 M)*
Runde 34: [1 fM in jd der nächsten 15 M, 2 fM zus häkeln] 3-mal. *(48 M)*
Runde 35: [1 fM in jd der nächsten 6 M, 2 fM zus häkeln] 6-mal. *(42 M)*
Den Körper fest füllen.
Runde 36: [1 fM in jd der nächsten 5 M, 2 fM zus häkeln] 6-mal. *(36 M)*
Runde 37: [1 fM in jd der nächsten 4 M, 2 fM zus häkeln] 6-mal. *(30 M)*
Runde 38: [1 fM in jd der nächsten 3 M, 2 fM zus häkeln] 6-mal. *(24 M)*
Runde 39: [1 fM in jd der nächsten 2 M, 2 fM zus häkeln] 6-mal. *(18 M)*
Mehr Füllmaterial hinzufügen.
Runde 40: [1 fM in die nächste M, 2 fM zus häkeln] 6-mal. *(12 M)*
Runde 41: [2 fM zus häkeln] 6-mal. *(6 M)*
Runde 42: [Die nächste M auslassen, 1 Km in die nächste M] 2-mal.
1 Km in die nächste M, den MM entfernen. Das Garn befestigen, einen Faden zum Zusammennähen stehenlassen.

Vorderbeine (2-mal häkeln)

Beginnen Sie an der Pfote und häkeln Sie in Runden; verwenden Sie dabei einen MM, um die 1. M jeder Runde zu markieren.

Runde 1: Mit Garn A 5 Lm häkeln, mit 1 Km zu einem Ring schließen.

Runde 2: 2 fM in jd Lm. *(10 M)*

Runde 3: [1 fM in die nächste M, 2 fM in die nächste M] 5-mal. *(15 M)*

Runde 4: [1 fM in jd der nächsten 2 M, 2 fM in die nächste M] 5-mal. *(20 M)*

Runde 5: 1 fM in jd M. *(20 M)*

Runde 6: 1 fM in jd der nächsten 18 M, 2 fM zus häkeln. *(19 M)*

Runde 7: 1 fM in jd der nächsten 15 M, [2 fM zus häkeln] 2-mal. *(17 M)*

Runde 8: 1 fM in jd der nächsten 13 M, [2 fM zus häkeln] 2-mal. *(15 M)*

Runden 9–13: 1 fM in jd M. *(15 M)*

Runde 14: 1 fM in jd der nächsten 12 M, 2 fM in die nächste M, 1 fM in jd der letzten 2 M. *(16 M)*

Runde 15: 1 fM in jd der nächsten 5 M, 2 fM in die nächste M, 1 fM in jd der nächsten 10 M. *(17 M)*

Runden 16 und 17: 1 fM in jd M. *(17 M)*

Runde 18: 1 fM in jd der nächsten 8 M, 2 fM in die nächste M, 1 fM in jd der nächsten 8 M. *(18 M)*

Runde 19: 1 fM in jd M. *(18 M)*

Das Bein fest füllen.

1 Km in die nächste M, den MM entfernen. Das Garn befestigen, einen Faden zum Zusammennähen stehenlassen.

Hinterbeine (2-mal häkeln)

Beginnen Sie an der Pfote und häkeln Sie in Runden; verwenden Sie dabei einen MM, um die 1. M jeder Runde zu markieren. Mit Garn B die Runden 1–19 wie für die Vorderbeine häkeln.

Runde 20: 1 fM in jd M. *(18 M)*

Das Bein fest füllen.

1 Km in die nächste M, den MM entfernen. Das Garn befestigen, einen Faden zum Zusammennähen stehenlassen.

Schwanz

Beginnen Sie an der Spitze und arbeiten Sie in Runden; verwenden Sie dabei einen MM, um die 1. M jeder Runde zu markieren.

Runde 1: Mit Garn A 3 Lm häkeln, die Runde mit 1 Km in den Ring schließen.

Runde 2: 1 fM in die 1. Lm, 2 fM in die nächste Lm, 1 fM in die nächste Lm. *(4 M)*

Runde 3: [1 fM in die nächste M, 2 fM in die nächste M] 2-mal. *(6 M)*

Runde 4: 1 fM in jd M. *(6 M)*

Runde 5: [1 fM in jd der nächsten 2 M, 2 fM in die nächste M] 2-mal. *(8 M)*

Runde 6: 1 fM in jd M. *(8 M)*

Runde 7: [1 fM in jd der nächsten 3 M, 2 fM in die nächste M] 2-mal. *(10 M)*

Runden 8 und 9: 1 fM in jd M. *(10 M)*

Runde 10: 1 fM in jd der nächsten 9 M, 2 fM in die letzte M. *(11 M)*

Runden 11–14: 1 fM in jd M. *(11 M)*

Runde 15: 1 fM in jd der nächsten 10 M, 2 fM in die letzte M. *(12 M)*

Den Schwanz locker füllen und die Füllung zur Schwanzspitze hin reduzieren.

1 Km in die nächste M, den MM entfernen. Das Garn befestigen, einen Faden zum Zusammennähen stehenlassen.

Zusammennähen

1 Die Schnauze am Kopf direkt unter den Augen in Position bringen, feststecken und mit dem Garnende annähen.

2 Den Kopf auf dem Körper feststecken, sodass die Schnauze leicht nach unten zeigt. Mit dem Faden des Körpers annähen.

3 Die Ohren oben etwa 1 cm mit der Öffnung nach unten einschlagen. An der Öffnung feststecken und mit dem Garnende entlang dieser und über den Knick im Ohr festnähen.

4 Vergewissern Sie sich, dass alle vier Beine richtig fest gefüllt sind, damit Ralf besser stehen kann. Die Vorderbeine vorne und die Hinterbeine hinten an ihren Platz bringen und feststecken. Die Oberseite der Beine mit den Garnenden an den Körper annähen und die Form der Füllung an der Öffnung aufrechterhalten.

5 Den Ansatz des Schwanzes annähen.

6 Mit Garn A ein Dreieck für die Nasenform aufsticken, dann mit dem Plattstich füllen (siehe Seite 110).

7 Alle restlichen losen Enden in das Innere von Ralf nähen und abschneiden.

Bandana

Beginnen Sie an der Spitze und arbeiten Sie in Reihen.

Reihe 1: Mit Garn D 2 Lm häkeln, 2 fM in die 2. Lm von der Nadel, wenden. *(2 M)*

Reihe 2: 1 Lm (zählt durchgehend nicht als M), 2 fM in jd der nächsten 2 M, wenden. *(4 M)*

Reihe 3: 1 Lm, 2 fM in jd der nächsten 2 M, 1 fM in jd der nächsten 2 M, 2 fM in die letzte M, wenden. *(6 M)*

Reihe 4: 1 Lm, 2 fM in jd der nächsten 2 M, 1 fM in jd der nächsten 4 M, 2 fM in die letzte M, wenden. *(8 M)*

Reihe 5: 1 Lm, 2 fM in jd der nächsten 2 M, 1 fM in jd der nächsten 6 M, 2 fM in die letzte M, wenden. *(10 M)*

Reihe 6: 1 Lm, 2 fM in jd der nächsten 2 M, 1 fM in jd der nächsten 8 M, 2 fM in die letzte M, wenden. *(12 M)*

Reihe 7: 1 Lm, 2 fM in jd der nächsten 2 M, 1 fM in jd der nächsten 10 M, 2 fM in die letzte M, wenden. *(14 M)*

Reihe 8: 1 Lm, 2 fM in jd der nächsten 2 M, 1 fM in jd der nächsten 12 M, 2 fM in die letzte M, wenden. *(16 M)*

Reihe 9: 1 Lm, 2 fM in jd der nächsten 2 M, 1 fM in jd der nächsten 14 M, 2 fM in die letzte M, wenden. *(18 M)*

Reihe 10: 1 Lm, 2 fM in jd der nächsten 2 M, 1 fM in jd der nächsten 16 M, 2 fM in die letzte M, wenden. *(20 M)*

Reihe 11: 1 Lm, 2 fM in jd der nächsten 2 M, 1 fM in jd der nächsten 18 M, 2 fM in die letzte M, wenden. *(22 M)*

Reihe 12: 1 Lm, 2 fM in jd der nächsten 2 M, 1 fM in jd der nächsten 20 M, 2 fM in die letzte M, wenden. *(24 M)*

Reihe 13: 1 Lm, 2 fM in jd der nächsten 2 M, 1 fM in jd der nächsten 22 M, 2 fM in die letzte M, wenden. *(26 M)*

Reihe 14: 1 Lm, 2 fM in jd der nächsten 2 M, 1 fM in jd der nächsten 24 M, 2 fM in die letzte M, wenden. *(28 M)*

Reihe 15: 1 Lm, 2 fM in jd der nächsten 2 M, 1 fM in jd der nächsten 26 M, 2 fM in die letzte M, wenden. *(30 M)*

Reihe 16: 1 Lm, 2 fM in jd der nächsten 2 M, 1 fM in jd der nächsten 28 M, 2 fM in die letzte M, wenden. *(32 M)*

Reihe 17: 1 Lm, 2 fM in jd der nächsten 2 M, 1 fM in jd der nächsten 30 M, 2 fM in die letzte M, wenden. *(34 M)*

Reihe 18: 1 Lm, 2 fM in jd der nächsten 2 M, 1 fM in jd der nächsten 32 M, 2 fM in die letzte M, wenden. *(36 M)*

Reihe 19: 1 Lm, 2 fM in jd der nächsten 2 M, 1 fM in jd der nächsten 34 M, 2 fM in die letzte M, wenden. *(38 M)*

Reihe 20: 1 Lm, 2 fM in jd der nächsten 2 M, 1 fM in jd der nächsten 36 M, 2 fM in die letzte M, wenden. *(40 M)*

Reihe 21: 1 Lm, 2 fM in jd der nächsten 2 M, 1 fM in jd der nächsten 38 M, 2 fM in die letzte M, wenden. *(42 M)*

Reihe 22: 1 Lm, 2 fM in jd der nächsten

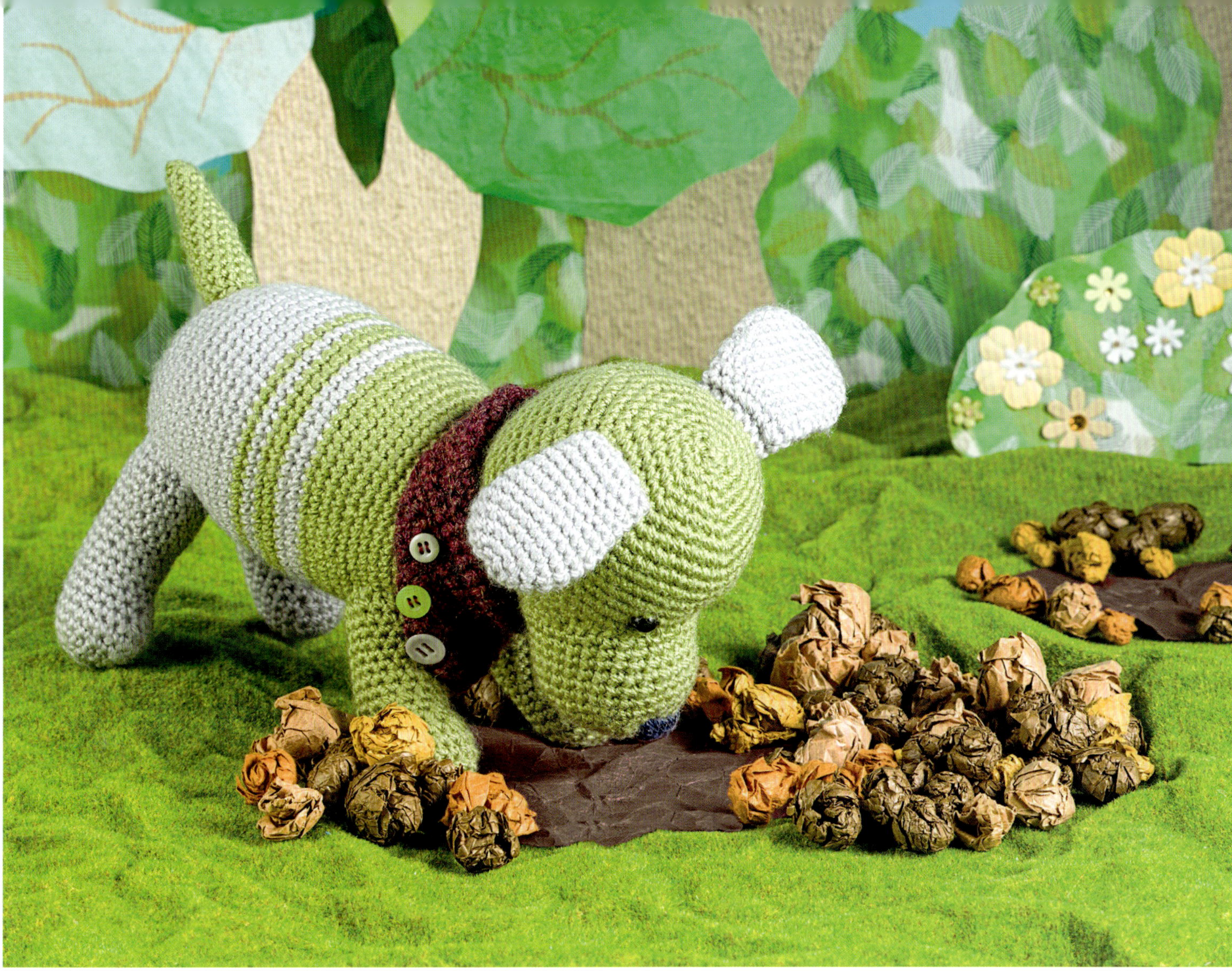

2 M, 1 fM in jd der nächsten 40 M, 2 fM in die letzte M, wenden. *(44 M)*

Reihe 23: 1 Lm, 2 fM in jd der nächsten 2 M, 1 fM in jd der nächsten 42 M, 2 fM in die letzte M, wenden. *(46 M)*

Knopfloch

7 Lm, 1 Km in die Ecke der Bandana (neben der Stelle, an der das Knopfloch begonnen hat).

Das Garn befestigen, lose Garnenden entlang des Randes der Bandana vernähen.

Zusammennähen

1 An der längsten Kante (mit dem Knopfloch) etwa 2 cm umschlagen.

2 Die Bandana (mit der gefalteten Kante nach unten) um Ralfs Hals binden. Die Enden mit dem Knopfloch auf der Oberseite überlappen lassen und den Knopf durch die Schlinge stecken, feststecken. Die Bandana abnehmen und den Knopf annähen.

3 Die Bandana erneut um Ralfs Hals legen. Die drei verschieden großen Knöpfe auf seiner rechten Seite feststecken, wobei der größte Knopf der Spitze der Bandana am nächsten ist. Mit Nähgarn annähen.

Flicken mit dem Knopf

Nähen Sie den hellgrauen Knopf Ihrer Wahl in die Mitte des jeansblauen Stoffquadrats, arbeiten Sie dann mit demselben Faden weiter und nähen Sie den Stoffflicken mit dem Überwendlingsstich links an Ralfs Hinterteil an.

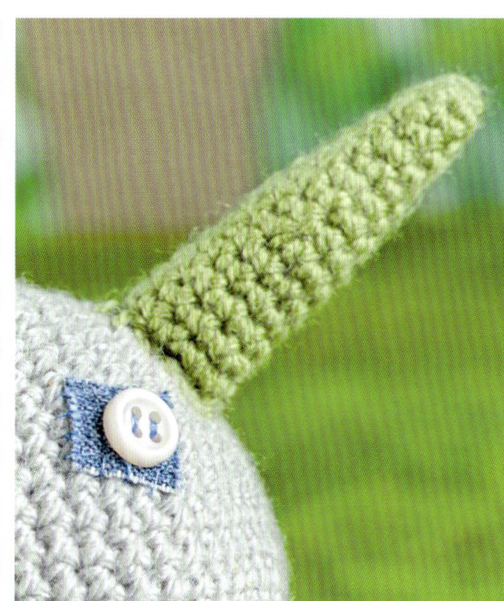

BLAUE RÜBEN UND IHRE SAMEN

Bruno züchtet seine schmackhaften Blauen Rüben aus speziellen Samen und dank seiner sorgfältigen Pflege wird auch jede einzelne ganz schön groß!

GARN

- Rico Baby Cotton Soft DK (50 % Baumwolle, 50 % Acryl), DK-Garn (leichtes Kammgarn); ca. 125 m LL pro Knäuel (50 g):
  je ¼ Knäuel Jeans 023 (Dunkelblau, E) und Light Blue 003 (Hellblau, F)
- Rico Essentials Cotton DK (100 % Baumwolle), DK-Garn (leichtes Kammgarn); ca. 130 m LL pro Knäuel (50 g):
  ⅓ Knäuel Medium Blue 34 (Mittelblau, G)
  ¼ Knäuel Hay 65 (Grün, C)
- Häkelnadel, 3 mm

ZUM RESTEVERHÄKELN

Wenn Sie auf Ihre Reste zurückgreifen, benötigen Sie:

- **Samen der Blauen Rübe:** Baumwoll-/Acrylmischung oder 100 % Baumwollgarn (leichtes Kammgarn/DK-Garn): ca. 10 g Dunkelblau und eine kleine Menge Grün
- **Blaue Rübe:** Baumwolle oder Baumwollmischgarn (leichtes Kammgarn/DK-Garn) Garn: je ca. 10 g Dunkelblau, Hellblau und Grün sowie 15 g Mittelblau

TIPP

Versuchen Sie, das Rübengemüse auch in anderen Farbvarianten zu häkeln: Beginnen Sie mit hellblauem Garn, wechseln Sie zu Mittelblau und enden Sie mit Dunkelblau.

MATERIALIEN

- Garn in Kontrastfarbe als Maschenmarkierer
- eine kleine Menge Stofftierfüllung (Polyester)
- 5 grüne Knöpfe, ca. 1,3 cm Durchmesser, für die Oberseiten
- Sticknadel mit stumpfer Spitze

MASSE BEI FERTIGSTELLUNG

Die Blauen Rüben sind ca. 7 cm hoch. Die Samen der Blauen Rüben sind ca. 2,5 cm lang.

SPANNUNG

Die Spannung ist bei diesem Projekt nicht wesentlich, aber Sie brauchen ein engmaschiges Gewebe – passen Sie, wenn nötig, die Nadelstärke an, um dieses zu erhalten.

ABKÜRZUNGEN

[ ] Anweisungen in Klammern so oft, wie angegeben, häkeln
2 fM zus häkeln 2 feste Maschen zusammenhäkeln
fM feste Masche
Km Kettmasche
Lm Luftmasche
M Masche(n)
MM Maschenmarkierer
RS Rückseite

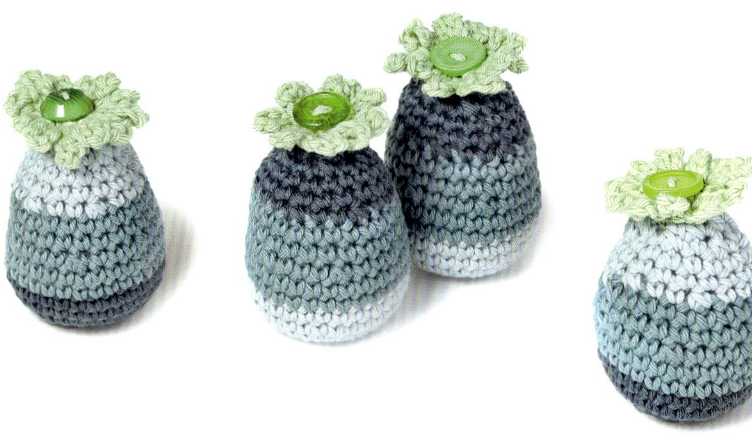

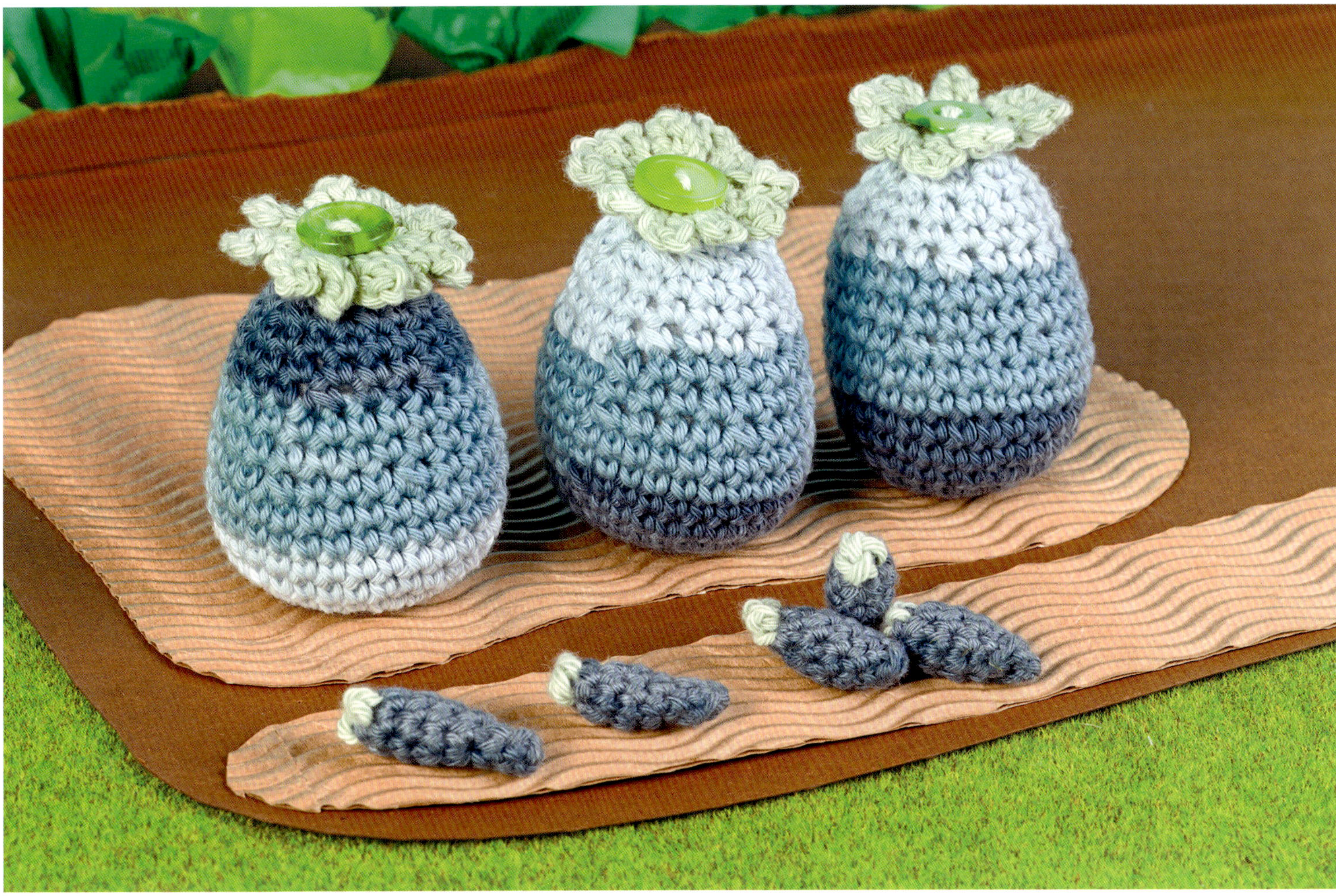

Samen der Blauen Rübe (5-mal häkeln)

Beginnen Sie an der Spitze und arbeiten Sie in Runden; verwenden Sie dabei einen MM, um die 1. M jeder Runde zu markieren.

Runde 1: Mit Garn E 4 Lm häkeln, die Runde mit 1 Km schließen. *(4 M)*

Runde 2: 1 fM in jd Lm. *(4 M)*

Runde 3: [1 fM in die nächste M, 2 fM in die nächste M] 2-mal. *(6 M)*

Runde 4: [1 fM in jd der nächsten 2 M, 2 fM in die nächste M] 2-mal. *(8 M)*

Runde 5: 1 fM in jd M. *(8 M)*

Runde 6: [1 fM in jd der nächsten 2 M, 2 fM zus häkeln] 2-mal, dabei in der letzten Abnahme zu Garn C wechseln. *(6 M)*

Den Samen füllen, das Loch dann mit 1 Km schließen und das Garn durch die letzte M ziehen. Mit einem Faden in Farbe C und einer Sticknadel mit stumpfer Spitze 5 lose M zu Schlingen auf der Oberseite des Samens sticken. Das Garn befestigen und lose Enden im Inneren des Samens vernähen.

Blaue Rübe (5-mal häkeln)

Beginnen Sie an der Basis und arbeiten Sie in Runden; verwenden Sie dabei einen MM, um die 1. M jeder Runde zu markieren.

Runde 1: Mit Garn E 4 Lm häkeln, die Runde mit 1 Km schließen. *(4 M)*

Runde 2: 2 fM in jd Lm. *(8 M)*

Runde 3: 2 fM in jd M. *(16 M)*

Runde 4: [1 fM in die nächste M, 2 fM in die nächste M] 8-mal. *(24 M)*

Runde 5: [1 fM in jd der nächsten 3 M, 2 fM in die nächste M] 6-mal. *(30 M)*

Runden 6 und 7: 1 fM in jd M, dabei in der letzten M von Runde 7 zu Garn G wechseln. *(30 M)*

Runden 8 und 9: 1 fM in jd M. *(30 M)*

Runde 10: [1 fM in jd der nächsten 3 M, 2 fM zus häkeln] 6-mal. *(24 M)*

Runden 11 und 12: 1 fM in jd M, dabei in der letzten M von Runde 12 zu Garn F wechseln. *(24 M)*

Runde 13: [1 fM in jd der nächsten 2 M, 2 fM zus häkeln] 6-mal. *(18 M)*

Runden 14 und 15: 1 fM in jd M. *(18 M)*

Die Blaue Rübe füllen.

Runde 16: [1 fM in die nächste M, 2 fM zus häkeln] 6-mal. *(12 M)*

Runde 17: [2 fM zus häkeln] 6-mal, dabei in der letzten Abnahme zu Garn C wechseln. *(6 M)*

Runde 18: 2 fM in jd M. *(12 M)*

Runde 19: [6 Lm, 1 Km in die nächste M] 12-mal.

Den MM entfernen.

Zusammennähen

1 Nähen Sie den Knopf Ihrer Wahl mit dem Garnende oben auf das Gemüse. Verwenden Sie die Maschen rund um das Loch, um den Knopf zu befestigen – er wird das Loch bedecken.

2 Vernähen Sie die losen Enden des Garns im Inneren der Rübe. Das Garn befestigen.

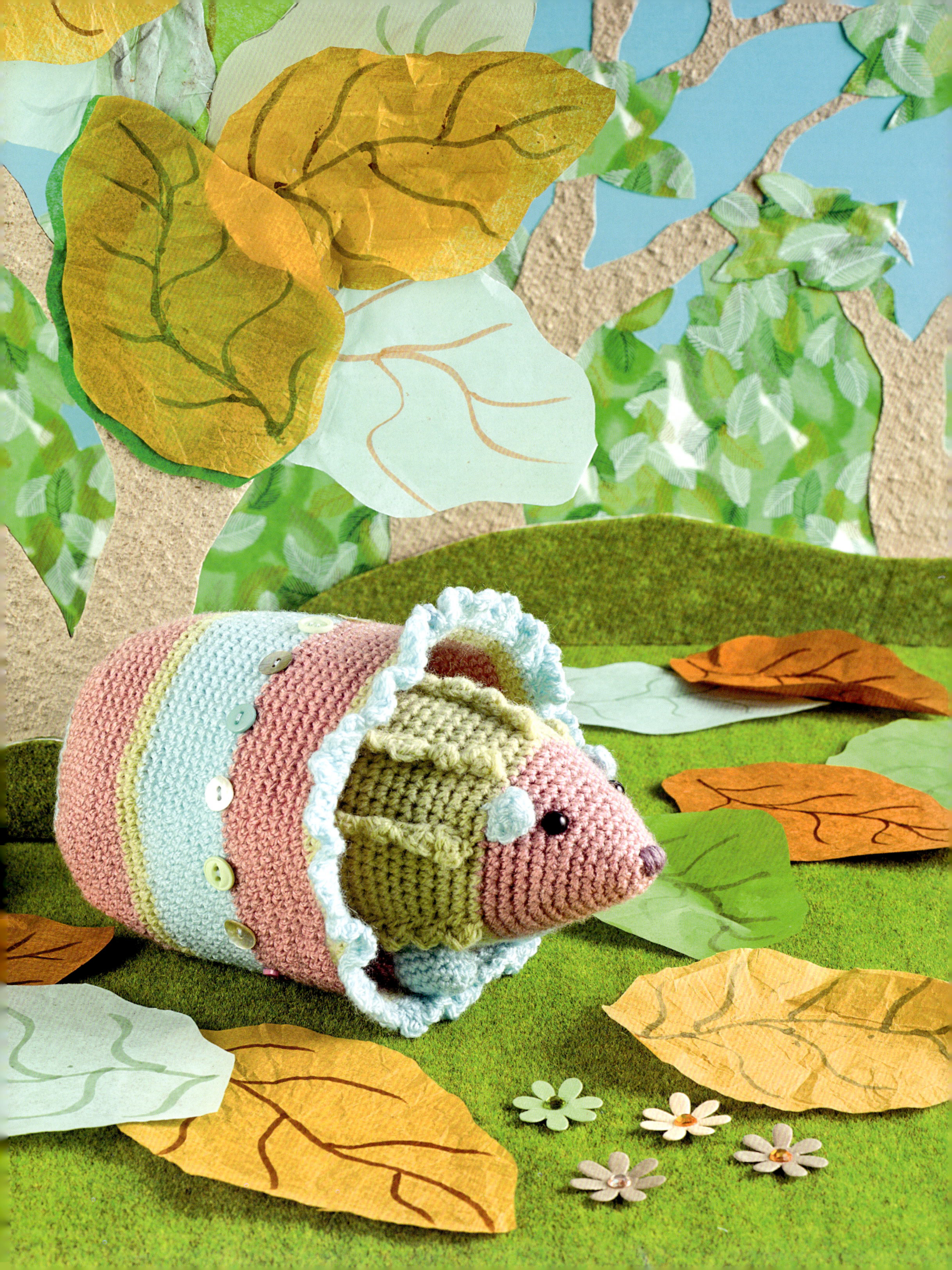

TINI und IHR ZUHAUSE

TINI

Tini ist ein stiller, kleiner Igel – die einzigen Geräusche macht sie, wenn sie durch die Blätter am Waldboden raschelt. Tini hält inne, um dem Summen der Schluderbienchen zu lauschen, die sich an den Sommerblumen erfreuen, während sie sich ihren Weg durch die Blätter der Insel bahnt.

GARN

- Sirdar Country Style DK (40 % Nylon, 30 % Wolle, 30 % Acryl), DK-Garn (leichtes Kammgarn);
  ca. 155 LL m pro Knäuel (50 g)
  ½ Knäuel Tana 390 (Limettengrün, A)
- Stylecraft Special DK (100 % Acryl), DK-Garn (leichtes Kammgarn);
  ca. 295 m LL pro Knäuel (100 g):
  je ¼ Knäuel Pale Rose 1080 (Rosa, B) und Sherbet 1034 (Türkis, C)
- Wendy Merino DK (100 % Merinowolle), DK-Garn (leichtes Kammgarn);
  ca. 116 m LL pro Knäuel (50 g):
  eine kleine Menge Wood Violet 2363 (Violett, D)
- Häkelnadel, 3 mm

ZUM RESTEVERHÄKELN

Wenn Sie auf Ihre Reste zurückgreifen, benötigen Sie:

- Acryl oder Wollgarn (leichtes Kammgarn/DK-Garn): ca. 25 g Limettengrün, je 10 g Türkis und Pink sowie eine kleine Menge Violett für die Nase

MATERIALIEN

- Garn in Kontrastfarbe als Maschenmarkierer
- 1 Paar schwarze Sicherheitsaugen (7 mm Durchmesser)
- Stofftierfüllung (Polyester)
- 1 rosafarbener Knopf, ca. 1 cm Durchmesser
- Stoffquadrat im floralen Muster, 1,3 cm
- Schere
- Sticknadel mit stumpfer Spitze
- Stecknadeln, Nadel und Nähgarn

MASSE BEI FERTIGSTELLUNG

Tini ist ca. 16 cm lang.

SPANNUNG

Die Spannung ist bei diesem Projekt nicht wesentlich, aber Sie brauchen ein engmaschiges Gewebe – passen Sie, wenn nötig, die Nadelstärke an, um dieses zu erhalten.

ABKÜRZUNGEN

[ ] Anweisungen in Klammern so oft, wie angegeben, häkeln
2 fM zus häkeln 2 feste Maschen zusammenhäkeln
fM feste Masche
hStb halbes Stäbchen
Km Kettmasche
Lm Luftmasche
M Masche(n)
MM Maschenmarkierer
Stb Stäbchen

SPEZIELLE ABKÜRZUNG

AB asymmetrischer Beginn: Bei einem asymmetrischen Beginn wird Runde 2 begonnen, indem in die erste ungehäkelte Masche von Runde 1 gehäkelt wird – siehe Details auf Seite 107.

Kopf und Körper

Beginnen Sie an der Nasenspitze und arbeiten Sie in Runden; verwenden Sie dabei einen MM, um die 1. M jeder Runde zu markieren.

Runde 1: Mit Garn B 4 Lm häkeln, den Ring mit 1 Km schließen, 2 fM in jd der nächsten 2 Lm (ungehäkelte Lm zählen als 2 M). *(6 M)*

Runde 2 (AB): 2 fM in jd M. *(12 M)*

Runde 3: 1 fM in jd M. *(12 M)*

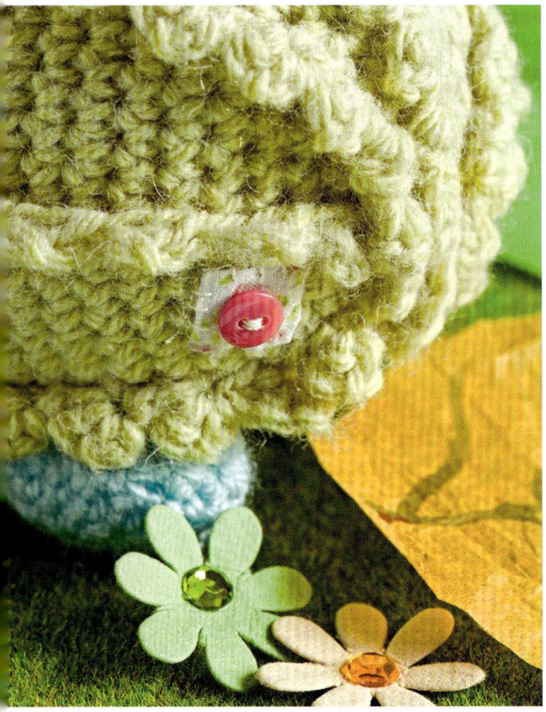

Runde 4: [1 fM in die nächste M, 2 fM in die nächste M] 6-mal. *(18 M)*
Runde 5: 1 fM in jd M. *(18 M)*
Runde 6: [1 fM in jd der nächsten 2 M, 2 fM in die nächste M] 6-mal. *(24 M)*
Runde 7: 1 fM in jd M. *(24 M)*
Runde 8: [1 fM in jd der nächsten 3 M, 2 fM in die nächste M] 6-mal. *(30 M)*
Runde 9: 1 fM in jd M. *(30 M)*
Runde 10: [1 fM in jd der nächsten 4 M, 2 fM in die nächste M] 6-mal. *(36 M)*
Runde 11: 1 fM in jd M. *(36 M)*
Runde 12: [1 fM in jd der nächsten 5 M, 2 fM in die nächste M] 6-mal. *(42 M)*
Runde 13: 1 fM in jd M, dabei in der letzten M zu Garn A wechseln. *(42 M)*
Runde 14: [1 fM in jd der nächsten 6 M, 2 fM in die nächste M] 6-mal. *(48 M)*
Runden 15–22: 1 fM in jd M. *(48 M)*
Die Sicherheitsaugen zwischen den Runden 9 und 10 anbringen. Den Kopf fest füllen.
Runden 23–32: 1 fM in jd M. *(48 M)*
Mehr Füllmaterial hinzufügen.
Runde 33: [1 fM in jd der nächsten 6 M, 2 fM zus häkeln] 6-mal. *(42 M)*
Runde 34: [1 fM in jd der nächsten 5 M, 2 fM zus häkeln] 6-mal. *(36 M)*
Runde 35: [1 fM in jd der nächsten 4 M, 2 fM zus häkeln] 6-mal. *(30 M)*
Runde 36: [1 fM in jd der nächsten 3 M, 2 fM zus häkeln] 6-mal. *(24 M)*
Runde 37: [1 fM in jd der nächsten 2 M, 2 fM zus häkeln] 6-mal. *(18 M)*
Mehr Füllmaterial hinzufügen.
Runde 38: [1 fM in die nächste M, 2 fM zus häkeln] 6-mal. *(12 M)*
Runde 39: [2 fM zus häkeln] 6-mal. *(6 M)*
Runde 40: [Die nächste M auslassen, 1 Km in die nächste M] 2-mal.
Den MM entfernen.
Das Garn befestigen und das lose Garnende im Inneren des Körpers vernähen.

Ohren (2-mal häkeln)

Die Ohren werden aus einer Häkelreihe gemacht.
Mit Garn C 4 Lm häkeln.
Reihe 1: [1 fM, 1 hStb] in die 2. Lm von der Nadel, 1 Stb in die nächste M, [1 hStb, 1 fM] in die letzte M. *(5 M)*
Das Garn befestigen, einen Faden zum Zusammennähen stehenlassen.

Füße (4-mal häkeln)

Arbeiten Sie in Runden; verwenden Sie dabei einen MM, um die 1. M jeder Runde zu markieren.
Runde 1: Mit Garn C 4 Lm häkeln, mit 1 Km zu einem Ring schließen.
Runde 2: 2 fM in jd Lm. *(8 M)*
Runde 3: 2 fM in jd M. *(16 M)*
Runden 4 und 5: 1 fM in jd M. *(16 M)*
Runde 6: [2 fM zus häkeln] 3-mal, 1 fM in jd der nächsten 4 M, [2 fM zus häkeln] 3-mal. *(10 M)*
Die Füße füllen.
Runde 7: [2 fM zus häkeln] 2-mal, 1 fM in jd der nächsten 2 M, [2 fM zus häkeln] 2-mal. *(6 M)*
1 Km in die nächste M, den MM entfernen.
Das Garn befestigen, einen Faden zum Zusammennähen stehenlassen.

Streifen mit 13 Stacheln (1-mal häkeln)

Reihe 1: Mit Garn A [3 Lm, 2 fM in die 3. Lm von der Nadel] 13-mal.
Das Garn durch die Schlinge auf der Nadel ziehen.
Das Garn befestigen, einen Faden zum Zusammennähen stehenlassen.

Streifen mit 12 Stacheln (2-mal häkeln)

Reihe 1: Mit Garn A [3 Lm, 2 fM in die 3. Lm von der Nadel] 12-mal.
Das Garn durch die Schlinge auf der Nadel ziehen.
Das Garn befestigen, einen Faden zum Zusammennähen stehenlassen.

Streifen mit 11 Stacheln (2-mal häkeln)

Reihe 1: Mit Garn A [3 Lm, 2 fM in die 3. Lm von der Nadel] 11-mal.
Das Garn durch die Schlinge auf der Nadel ziehen.
Das Garn befestigen, einen Faden zum Zusammennähen stehenlassen.

Streifen mit 10 Stacheln (2-mal häkeln)

Reihe 1: Mit Garn A [3 Lm, 2 fM in die 3. Lm von der Nadel] 10-mal.
Das Garn durch die Schlinge auf der Nadel ziehen.
Das Garn befestigen, einen Faden zum Zusammennähen stehenlassen.

Zusammennähen

1 Am Kopf beginnen und den längsten Streifen mit den 13 Stacheln entlang der Mitte von Tinis Rücken feststecken und an ihrem Hinterteil enden. Die nächsten beiden Streifen mit den 12 Stacheln je an einer Seite des ersten Streifens feststecken, gefolgt von dem Streifen mit 11 Stacheln auf jeder Seite und zum Schluss dem mit 10 Stacheln. Alle Streifen sollten an Tinis Hinterteil aufeinandertreffen. Alle Streifen annähen.
2 Die Füße außen am Rand des Körpers feststecken und annähen.
3 Mit Garn D eine oval geformte Nase genau auf die Nasenspitze sticken; dabei den Plattstich (siehe Seite 110) verwenden. Das Garnende im Kopf vernähen.
4 Alle restlichen losen Enden in Tinis Innerem vernähen und abschneiden.

Flicken mit dem Knopf

Nähen Sie den rosafarbenen Knopf Ihrer Wahl in die Mitte des Stoffquadrats mit floralen Mustern, arbeiten Sie dann mit demselben Faden weiter und nähen Sie den Stoffflicken mit dem Überwendlingsstich links an Tinis Hinterteil an!

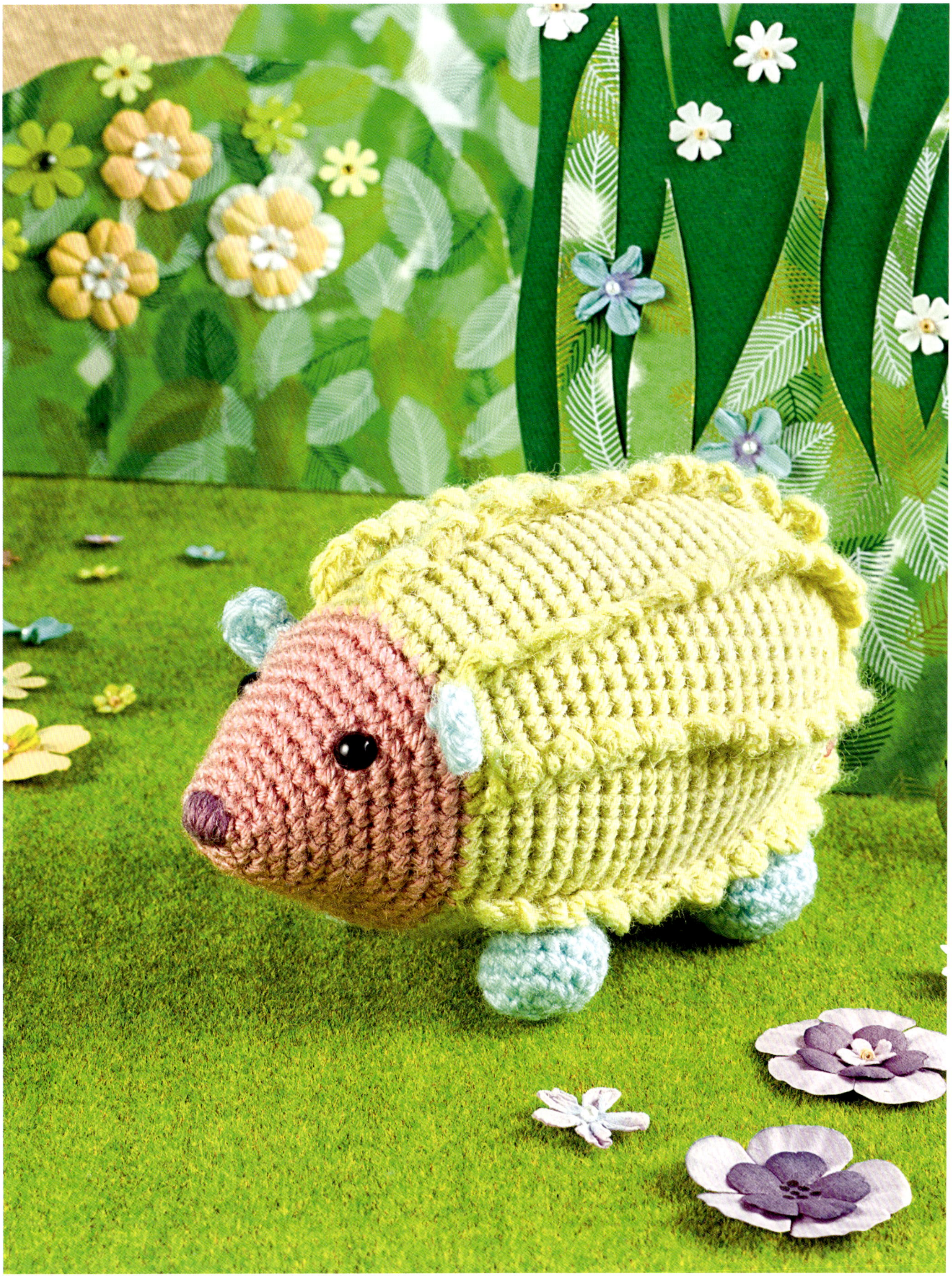

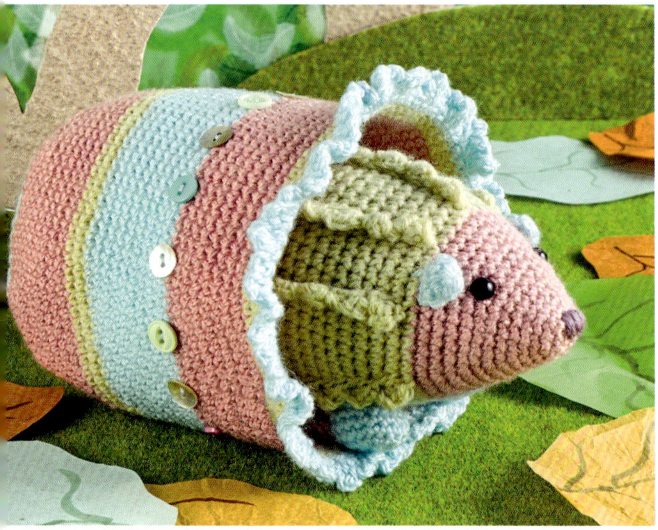

TINIS ZUHAUSE

Tini liebt nichts mehr, als sich in ihrem eigenen kuscheligen, weichen Zuhause zusammenzurollen, das genau die richtige Größe hat, um sie warm und sicher zu halten. Für ein paar Monate im Jahr werden die Tage kürzer und die Luft wird ein bisschen kälter – das ist dann, wenn Tini sich in ihrem Zuhause verkriecht und friedlich schlummert, bis die scheue Igeldame davon geweckt wird, dass die warme Frühlingssonne sie an der Nase kitzelt.

GARN

- Stylecraft Special DK (100 % Acryl), DK-Garn (leichtes Kammgarn); ca. 295 m LL pro Knäuel (100 g): je ¼ Knäuel Sherbet 1034 (Türkis, A) und Pale Rose 1080 (Rosa, B)
- Sirdar Country Style DK (40 % Nylon, 30 % Wolle, 30 % Acryl), DK-Garn (leichtes Kammgarn); ca. 155 m pro Knäuel (50 g): ¼ Knäuel Tana 390 (Limettengrün, C)
- Häkelnadel, 3 mm

ZUM RESTEVERHÄKELN

Wenn Sie auf Ihre Reste zurückgreifen, benötigen Sie:

- Acryl- oder Wollgarn (leichtes Kammgarn/DK-Garn): ca. je 25 g Rosa und Türkis sowie 10 g Limettengrün

MATERIALIEN

- Garn in Kontrastfarbe als Maschenmarkierer
- 8 Perlmuttknöpfe, 4 hellgrüne, 2 türkise und 2 rosafarbene Knöpfe, je ca. 1 cm Durchmesser
- buntes Baumwollgarn
- Schere
- Sticknadel mit stumpfer Spitze
- Stecknadeln, Nähnadel und Baumwollgarn

MASSE BEI FERTIGSTELLUNG

Tinis Zuhause ist ca. 16 cm lang.

SPANNUNG

Die Spannung ist bei diesem Projekt nicht wesentlich, aber Sie brauchen ein engmaschiges Gewebe – passen Sie, wenn nötig, die Nadelstärke an, um dieses zu erhalten.

ABKÜRZUNGEN

[ ] Anweisungen in Klammern so oft, wie angegeben, häkeln
2 fM zus häkeln 2 feste Maschen zusammenhäkeln
fM feste Masche
hStb halbes Stäbchen
Km Kettmasche
Lm Luftmasche
M Masche(n)
MM Maschenmarkierer
Stb Stäbchen

Tinis Zuhause

Beginnen Sie am Ende und arbeiten Sie in Runden; verwenden Sie dabei einen MM, um die 1. M jeder Runde zu markieren.

Runde 1: Mit Garn A 4 Lm häkeln, mit 1 Km zu einem Ring schließen.

Runde 2: 2 fM in jd Lm. *(8 M)*

Runde 3: 2 fM in jd M. *(16 M)*

Runde 4: [1 fM in die nächste M, 2 fM in die nächste M] 8-mal. *(24 M)*

Runde 5: [1 fM in jd der nächsten 3 M, 2 fM in die nächste M] 6-mal. *(30 M)*

Runde 6: [1 fM in jd der nächsten 4 M, 2 fM in die nächste M] 6-mal. *(36 M)*

Runde 7: [1 fM in jd der nächsten 5 M, 2 fM in die nächste M] 6-mal. *(42 M)*

Runde 8: [1 fM in jd der nächsten 6 M, 2 fM in die nächste M] 6-mal. *(48 M)*

Runde 9: [1 fM in jd der nächsten 7 M, 2 fM in die nächste M] 6-mal. *(54 M)*

Runde 10: [1 fM in jd der nächsten 8 M, 2 fM in die nächste M] 6-mal. *(60 M)*

Runde 11: [1 fM in jd der nächsten 9 M, 2 fM in die nächste M] 6-mal, dabei in der letzten M zu Garn B wechseln. *(66 M)*

Runde 12: [1 fM in jd der nächsten 10 M, 2 fM in die nächste M] 6-mal. *(72 M)*

Runde 13: [1 fM in jd der nächsten 11 M, 2 fM in die nächste M] 6-mal. *(78 M)*

Runden 14–21: 1 fM in jd M. *(78 M)*

Runde 22: 1 fM in jd M, dabei in der 2. M zu Garn C wechseln. *(78 M)*

Runde 23: 1 fM in jd M. *(78 M)*

Runde 24: 1 fM in jd M, dabei in der 2. M zu Garn A wechseln. *(78 M)*

Runden 25–32: 1 fM in jd M. *(78 M)*

Runde 33: 1 fM in jd M, dabei in der 4. M zu Garn B wechseln. *(78 M)*

Runden 34–40: 1 fM in jd M. *(78 M)*

Runde 41: 1 fM in jd M, dabei in der 7. M zu Garn C wechseln. *(78 M)*

Runde 42: 1 fM in jd M. *(78 M)*

Runde 43: 1 fM in jd M, dabei in der 8. M zu Garn A wechseln. *(78 M)*

Krause Borte

Runde 44: 1 fM in jd der nächsten 8 M, [3 Lm, 1 fM in die nächste M] 70-mal.

Runde 45: [3 Lm, 1 fM in die nächste M] 70-mal.

1 Km in die nächste M, den MM entfernen. Das Garn befestigen, die losen Enden im Inneren vernähen.

Fertigstellung

Ordnen Sie die 16 Knöpfe mit gleichen Abständen rund um Tinis Zuhause an (zwischen dem Streifen des Farbwechsels von Farbe B zu Farbe A in der Nähe der Öffnung). Feststecken und mit Nähgarn annähen.

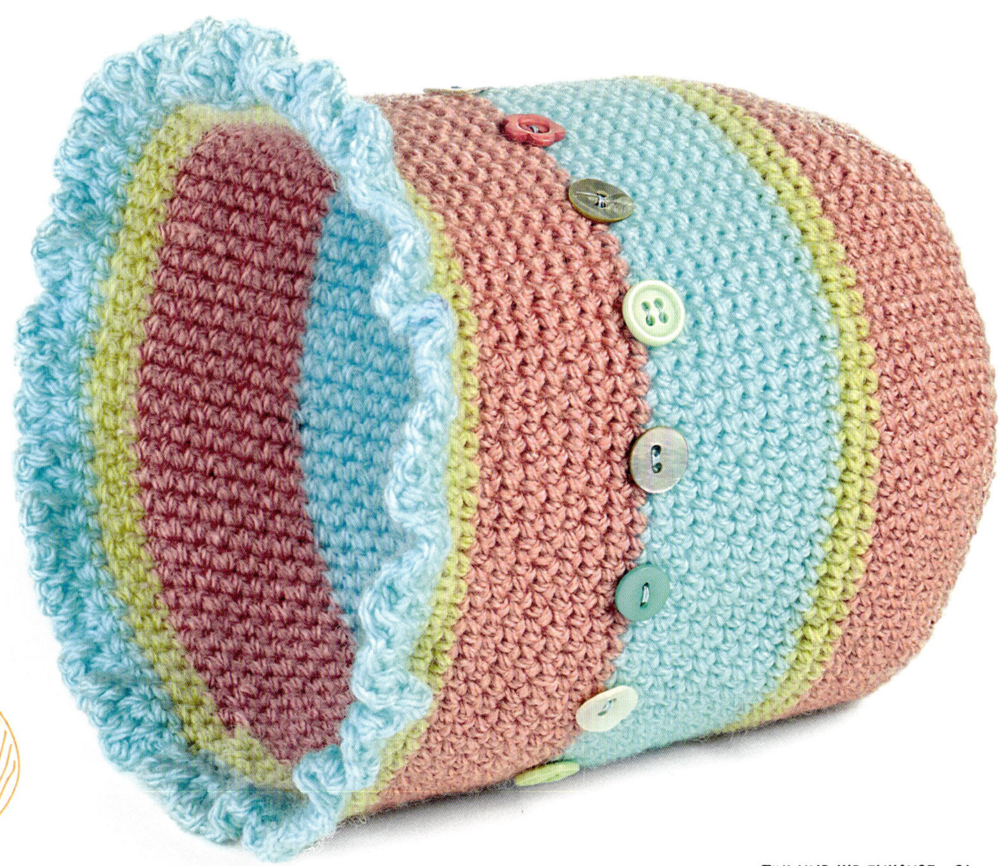

LISSY und DIE SCHLUDERBIENCHEN

LISSY

Bei einem Blick auf die Wiese sieht man Lissy fröhlich durch das hohe Gras wandern, Blumen pflücken und sich mit ihren Freunden, den Schluderbienchen, unterhalten. Lissy ist eine süße und liebevolle Bärendame mit einem guten Herz und treuem Naturell. Wo auch immer sie hingeht, hat sie ihre kleine Tasche dabei und sie liebt es, ihre Zeit an der frischen Luft der Sonnenscheinbucht zu verbringen.

GARN

Lissy

- King Cole Cottonsoft DK (100 % Baumwolle), DK-Garn (leichtes Kammgarn); ca. 210 m LL pro Knäuel (100 g):
  ½ Knäuel Buttercup 1600 (Gelb, A)
  je ⅛ Knäuel Mint 715 (Mintgrün, B) und Lime 1601 (Grün, C)
  kleine Mengen Cloud 1575 (Hellblau, D) und Jade 781 (Dunkeltürkis, F)
- Rico Essentials Cotton DK (100 % Baumwolle), DK-Garn (leichtes Kammgarn); ca. 130 m LL pro Knäuel (50 g): eine kleine Menge White 80 (Weiß, G)

Lissys Tasche

- King Cole Cottonsoft DK (100 % Baumwolle), DK-Garn (leichtes Kammgarn); ca. 210 m LL pro Knäuel (100 g):
  ⅛ Knäuel Coral 1574 (Korallenrot, E)
- Häkelnadel, 3 mm
- Häkelnadel, 4 mm

ZUM RESTEVERHÄKELN

Wenn Sie auf Ihre Reste zurückgreifen, benötigen Sie:

- **Lissy:** Baumwolle oder Baumwollmischgarn (leichtes Kammgarn/ DK-Garn): ca. 40 g Gelb, je 10 g Türkis und Grün, kleine Mengen Hellblau und Weiß für die Socken, kleine Menge dunkeltürkises DK-Garn (leichtes Kammgarn) oder Stickgarn für Nase und Mund
- **Lissys Tasche:** DK-Baumwollgarn (leichtes Kammgarn): ca. 10 g Korallenrot

MATERIALIEN

Lissy

- Garn in Kontrastfarbe als Maschenmarkierer
- 1 Paar schwarze Sicherheitsaugen (7 mm Durchmesser)
- Stofftierfüllung (Polyester)
- 40 cm langes grünes Band für die Schleife, 1 cm breit
- 1 grüner, quadratischer Knopf, ca. 1 cm Durchmesser
- 1 türkiser Knopf in Blumenform, ca. 1 cm Durchmesser
- grün kariertes Stoffquadrat, 1,5 cm, für den Flicken mit dem Knopf
- Schere
- Sticknadel mit stumpfer Spitze
- Stecknadeln, Nadel und Nähgarn

Lissys Tasche

- 1 grüner Knopf, ca. 2 cm Durchmesser
- lange Nadel

SPANNUNG

22 M x 22 Runden ergeben 10 cm in festen Maschen mit der Häkelnadel in der Stärke 3 mm.

MASSE BEI FERTIGSTELLUNG

Lissy misst ca. 22 cm von Kopf bis Fuß.

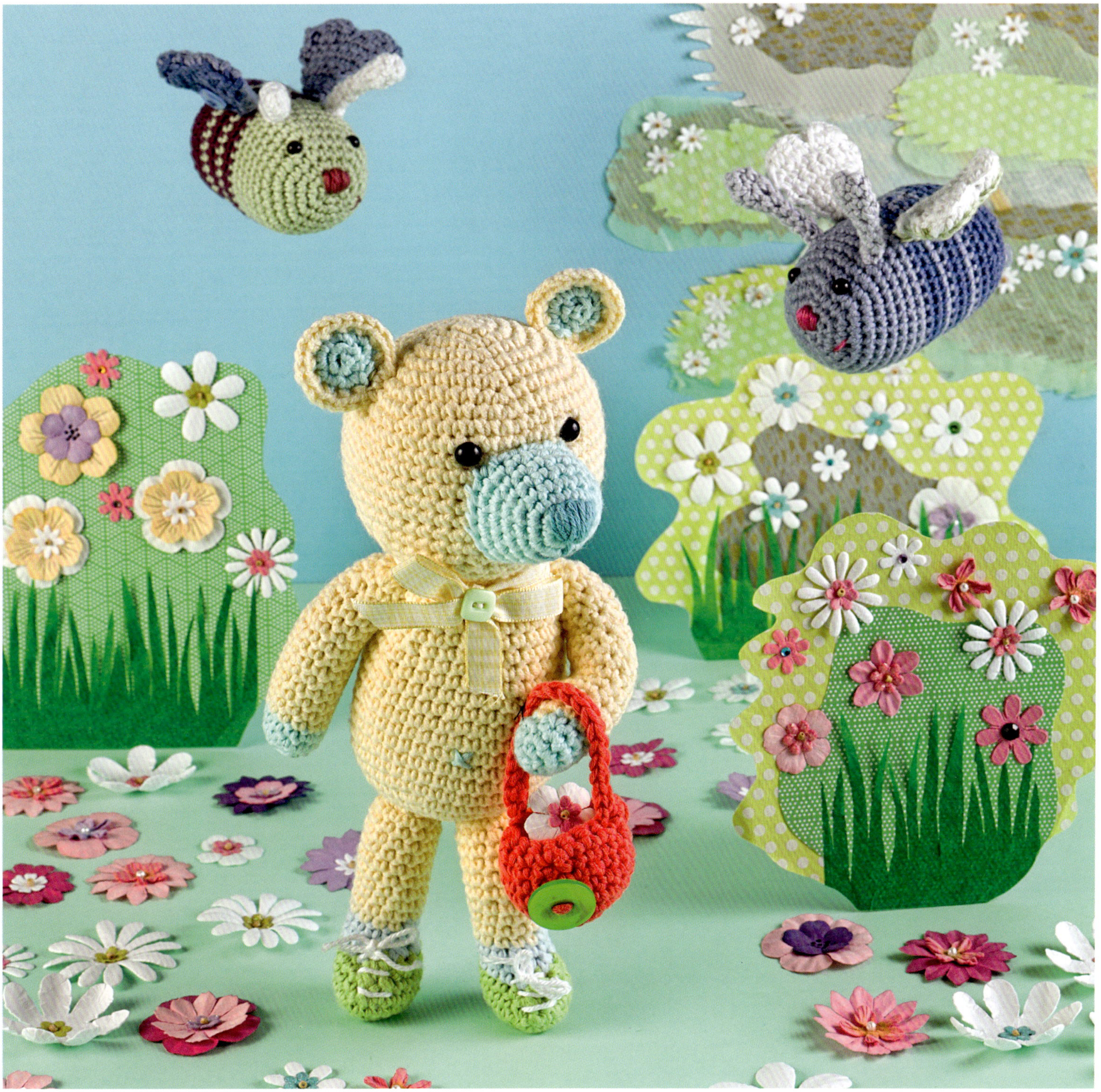

ABKÜRZUNGEN

[ ] Anweisungen in Klammern so oft, wie angegeben, häkeln
2 fM zus häkeln 2 feste Maschen zusammenhäkeln
fM feste Masche
Km Kettmasche
Lm Luftmasche
M Masche(n)
MM Maschenmarkierer
RS Rückseite
VS Vorderseite

SPEZIELLE ABKÜRZUNG

AB asymmetrischer Beginn: Bei einem asymmetrischen Beginn wird Runde 2 begonnen, indem in die erste ungehäkelte Masche von Runde 1 gehäkelt wird – siehe Details auf Seite 107.

Schnauze

Beginnen Sie an der Nase und arbeiten Sie in Runden; verwenden Sie dabei einen MM, um die 1. M jeder Runde zu markieren.

Runde 1: Mit Garn B und der kleineren Häkelnadel (3 mm) 4 Lm häkeln, den Ring mit 1 Km schließen, 2 fM in jd der nächsten 2 Lm (ungehäkelte Lm zählen als 2 M). *(6 M)*

Runde 2 (AB): 2 fM in jd M. *(12 M)*

Runde 3: [1 fM in jd der nächsten 3 M, 2 fM in die nächste M] 3-mal. *(15 M)*

Runde 4: [1 fM in jd der nächsten 4 M, 2 fM in die nächste M] 3-mal. *(18 M)*

Runde 5: 1 fM in jd M. *(18 M)*

Runde 6: [1 fM in jd der nächsten 5 M, 2 fM in die nächste M] 3-mal. *(21 M)*

Runde 7: 1 fM in jd M. *(21 M)*

Die Schnauze füllen.

1 Km in die nächste M, den MM entfernen. Das Garn befestigen, einen Faden zum Zusammennähen stehenlassen.

Kopf

Beginnen Sie an der Oberseite und arbeiten Sie in Runden; verwenden Sie dabei einen MM, um die 1. M jeder Runde zu markieren.

Runde 1: Mit Garn A und der kleineren Häkelnadel (3 mm) 4 Lm häkeln, den Ring mit 1 Km schließen, 2 fM in jd der nächsten 2 Lm (ungehäkelte Lm zählen als 2 M). *(6 M)*

Runde 2 (AB): 2 fM in jd M. *(12 M)*

Runde 3: [1 fM in die nächste M, 2 fM in die nächste M] 6-mal. *(18 M)*

Runde 4: [1 fM in jd der nächsten 2 M, 2 fM in die nächste M] 6-mal. *(24 M)*

Runde 5: [1 fM in jd der nächsten 3 M, 2 fM in die nächste M] 6-mal. *(30 M)*

Runde 6: [1 fM in jd der nächsten 4 M, 2 fM in die nächste M] 6-mal. *(36 M)*

Runde 7: [1 fM in jd der nächsten 5 M, 2 fM in die nächste M] 6-mal. *(42 M)*

Runde 8: [1 fM in jd der nächsten 6 M, 2 fM in die nächste M] 6-mal. *(48 M)*

Runden 9–16: 1 fM in jd M. *(48 M)*

Runde 17: [1 fM in jd der nächsten 6 M, 2 fM zus häkeln] 6-mal. *(42 M)*

Runde 18: [1 fM in jd der nächsten 5 M, 2 fM zus häkeln] 6-mal. *(36 M)*

Runde 19: [1 fM in jd der nächsten 4 M, 2 fM zus häkeln] 6-mal. *(30 M)*

Runde 20: [1 fM in jd der nächsten 3 M, 2 fM zus häkeln] 6-mal. *(24 M)*

Platzieren Sie die Schnauze vorne im Gesicht, um die Position der Augen leichter zu finden. Die Sicherheitsaugen zwischen den Runden 10 und 11 anbringen.

Runde 21: [1 fM in jd der nächsten 2 M, 2 fM zus häkeln] 6-mal. *(18 M)*

Den Kopf fest füllen.

1 Km in die nächste M, den MM entfernen. Das Garn befestigen, einen Faden zum Zusammennähen stehenlassen.

Innenseite des Ohrs (2-mal häkeln)

Arbeiten Sie in Runden; verwenden Sie dabei einen MM, um die 1. M jeder Runde zu markieren.

Runde 1: Mit Garn B und der kleineren Häkelnadel (3 mm) 4 Lm häkeln, den Ring mit 1 Km schließen, 2 fM in jd der nächsten 2 Lm (ungehäkelte Lm zählen als 2 M). *(6 M)*

Runde 2 (AB): 2 fM in jd M. *(12 M)*

1 Km in die nächste M, den MM entfernen. Das Garn befestigen.

Außenseite des Ohrs (2-mal häkeln)

Arbeiten Sie in Runden; verwenden Sie dabei einen MM, um die 1. M jeder Runde zu markieren.

Runde 1: Mit Garn A und der kleineren Häkelnadel (3 mm) 4 Lm häkeln, den Ring mit 1 Km schließen, 2 fM in jd der nächsten 2 Lm (ungehäkelte Lm zählen als 2 M). *(6 M)*

Runde 2: 2 fM in jd M. *(12 M)*

Das Garn nicht befestigen. Die RS der Ohrinnenseite auf die VS der Ohraußenseite legen. Mit dem Inneren des Ohrs nach oben mit Garn A weiterarbeiten und durch beide Schichten rund ums Ohr häkeln.

Runde 3: 1 Lm (zählt nicht als M), 2 fM in jd der nächsten 11 M, die letzte M ungehäkelt lassen. *(22 M)*

Den MM entfernen. Das Garn befestigen und ein Stück von Garn B zum Zusammennähen stehenlassen.

Körper

Beginnen Sie am Hinterteil und arbeiten Sie in Runden; verwenden Sie dabei einen MM, um die 1. M jeder Runde zu markieren.

Runde 1: Mit Garn A und der kleineren Häkelnadel (3 mm) 4 Lm häkeln, den Ring mit 1 Km schließen, 2 fM in jd der nächsten 2 Lm (ungehäkelte Lm zählen als 2 M). *(6 M)*

Runde 2 (AB): 2 fM in jd M. *(12 M)*

Runde 3: [1 fM in die nächste M, 2 fM in die nächste M] 6-mal. *(18 M)*

Runde 4: [1 fM in jd der nächsten 2 M, 2 fM in die nächste M] 6-mal. *(24 M)*

Runde 5: [1 fM in jd der nächsten 3 M, 2 fM in die nächste M] 6-mal. *(30 M)*

Runde 6: [1 fM in jd der nächsten 4 M, 2 fM in die nächste M] 6-mal. *(36 M)*

Runde 7: [1 fM in jd der nächsten 5 M, 2 fM in die nächste M] 6-mal. *(42 M)*

Runden 8–10: 1 fM in jd M. *(42 M)*

Runde 11: [1 fM in jd der nächsten 12 M, 2 fM zus häkeln] 3-mal. *(39 M)*

Runden 12 und 13: 1 fM in jd M. *(39 M)*

Runde 14: [1 fM in jd der nächsten 11 M, 2 fM zus häkeln] 3-mal. *(36 M)*

Runde 15 und 16: 1 fM in jd M. *(36 M)*

Runde 17: [1 fM in jd der nächsten 10 M, 2 fM zus häkeln] 3-mal. *(33 M)*

Runde 18: 1 fM in jd M. *(33 M)*

Runde 19: [1 fM in jd der nächsten 9 M, 2 fM zus häkeln] 3-mal. *(30 M)*

Runde 20: 1 fM in jd M. *(30 M)*

Runde 21: [1 fM in jd der nächsten 8 M, 2 fM zus häkeln] 3-mal. *(27 M)*

Runde 22: 1 fM in jd M. *(27 M)*

Den Körper füllen.

Runde 23: [1 fM in jd der nächsten 7 M, 2 fM zus häkeln] 3-mal. *(24 M)*

Runde 24: [1 fM in jd der nächsten 2 M, 2 fM zus häkeln] 6-mal. *(18 M)*

Mehr Füllmaterial hinzufügen.

1 Km in die nächste M, den MM entfernen. Das Garn befestigen, einen Faden zum Zusammennähen stehenlassen.

Arme (2-mal häkeln)

Beginnen Sie an der Pfote und häkeln Sie in Runden; verwenden Sie dabei einen MM, um die 1. M jeder Runde zu markieren.

Runde 1: Mit Garn B und der kleineren Häkelnadel (3 mm) 4 Lm häkeln, den Ring mit 1 Km schließen, 2 fM in jd der nächsten 2 Lm (ungehäkelte Lm zählen als 2 M). *(6 M)*

Runde 2 (AB): 2 fM in jd M. *(12 M)*

Runde 3: 1 fM in jd M. *(12 M)*

Runde 4: 1 fM in jd M, dabei in der letzten M zu Garn B wechseln. *(12 M)*

Runden 5–13: 1 fM in jd M. *(12 M)*

Den Arm füllen.

Runde 14: 2 fM zus häkeln, 1 fM in jd der nächsten 10 M. *(11 M)*

Runde 15: 1 fM in jd M. *(11 M)*

Runde 16: 2 fM zus häkeln, 1 fM in jd der nächsten 9 M. *(10 M)*
Runde 17: 1 fM in jd M. *(10 M)*
Runde 18: 2 fM zus häkeln, 1 fM in jd der nächsten 8 M. *(9 M)*
Runde 19: 1 fM in jd der nächsten 4 M, 2 fM zus häkeln, 1 fM in jd der nächsten 3 M. *(8 M)*
Mehr Füllmaterial hinzufügen.
1 Km in die nächste M, den MM entfernen. Das Garn befestigen, einen Faden zum Zusammennähen stehenlassen.

Beine (2-mal häkeln)

Beginnen Sie am Fuß und arbeiten Sie in Runden; verwenden Sie dabei einen MM, um die 1. M jeder Runde zu markieren.
Runde 1: Mit Garn C und der kleineren Häkelnadel (3 mm) 4 Lm häkeln, die Runde mit 1 Km schließen.
Runde 2: 2 fM in jd Lm. *(8 M)*
Runde 3: 2 fM in jd M. *(16 M)*
Runde 4: [1 fM in jd der nächsten 3 M, 2 fM in die nächste M] 4-mal. *(20 M)*
Runde 5: 1 fM in jd der nächsten 16 M, [2 fM zus häkeln] 2-mal. *(18 M)*
Runde 6: 1 fM in jd der nächsten 14 M, [2 fM zus häkeln] 2-mal. *(16 M)*
Runde 7: 1 fM in jd der nächsten 12 M, [2 fM zus häkeln] 2-mal, dabei in der letzten M zu Garn D wechseln. *(14 M)*
Runde 8: 1 fM in jd der nächsten 10 M, [2 fM zus häkeln] 2-mal. *(12 M)*
Runde 9: 1 fM in jd der nächsten 12 M. *(12 M)*
Runde 10: 1 fM in jd der nächsten 12 M, dabei in der letzten M zu Garn B wechseln. *(12 M)*
Runden 11–20: 1 fM in jd M. *(12 M)*
Das Bein füllen.
1 Km in die nächste M, den MM entfernen. Das Garn befestigen, einen Faden zum Zusammennähen stehenlassen.

Lissys Tasche

Beginnen Sie an der Unterseite und arbeiten Sie in Runden; verwenden Sie dabei einen MM, um die 1. M jeder Runde zu markieren.
Runde 1: Mit Garn E und der größeren Häkelnadel (4 mm) 4 Lm häkeln, den Ring mit 1 Km schließen, 2 fM in die nächste Lm (ungehäkelte Lm zählen als 3 M). *(5 M)*
Runde 2 (AB): 2 fM in jd M. *(10 M)*
Runde 3: [1 fM in die nächste M, 2 fM in die nächste M] 5-mal. *(15 M)*
Runde 4: [1 fM in jd der nächsten 2 M, 2 fM in die nächste M] 5-mal. *(20 M)*
Runden 5–7: 1 fM in jd M. *(20 M)*
Runde 8: [1 fM in jd der nächsten 2 M, 2 fM zus häkeln] 5-mal, wenden. *(15 M)*
Runde 9: 1 Lm, 1 fM in jd der nächsten 15 M. *(15 M)*
1 Km in die nächste M. Das Garn nicht befestigen.

Riemen

20 Lm, das Ende des Riemens und den Taschenrand mit 1 Km auf der anderen Seite der Tasche verbinden. 1 Km in jd M entlang des Riemens, dabei mit 1 Km enden, um den Riemen an der Tasche zu verstärken. Das Garn befestigen, einen Faden zum Zusammennähen stehenlassen. Den Faden durch das Innere der Tasche zur Mitte der einen Seite nähen und diesen Faden verwenden, um den grünen Zierknopf anzunähen.
Den MM entfernen. Das lose Garnende durch die Tasche vernähen und abschneiden.

Zusammennähen

1 Bringen Sie die Schnauze am Kopf direkt unter den Augen in Position. Feststecken und annähen.
2 Platzieren Sie den Kopf auf dem Körper, stecken Sie ihn fest und nähen Sie ihn mit dem Garnende des Körpers an.
3 Stecken Sie die Ohren am Kopf fest und nähen Sie sie mit dem Garnende in Farbe A an.
4 Die Arme am Körper feststecken und annähen.
5 Mit Garn A einen x-förmigen Bauchnabel auf Lissys Bauch sticken. Das Garn aus dem Körper herausführen, wo eines der Beine angenäht werden soll und es dort verknoten (das Bein wird den Knoten verstecken).
6 Bringen Sie die Beine vorne unten am Körper in Position. Feststecken und die Oberseiten der Beine an den Körper nähen und dabei die gefüllte Form an der Öffnung aufrechterhalten.
7 Mit Garn F eine dreieckige Nase mit dem Plattstich (siehe Seite 110) aufsticken. Weiter hinuntersticken zum Mund und das Garn befestigen.
8 Alle restlichen losen Enden in Lissy vernähen und abschneiden.

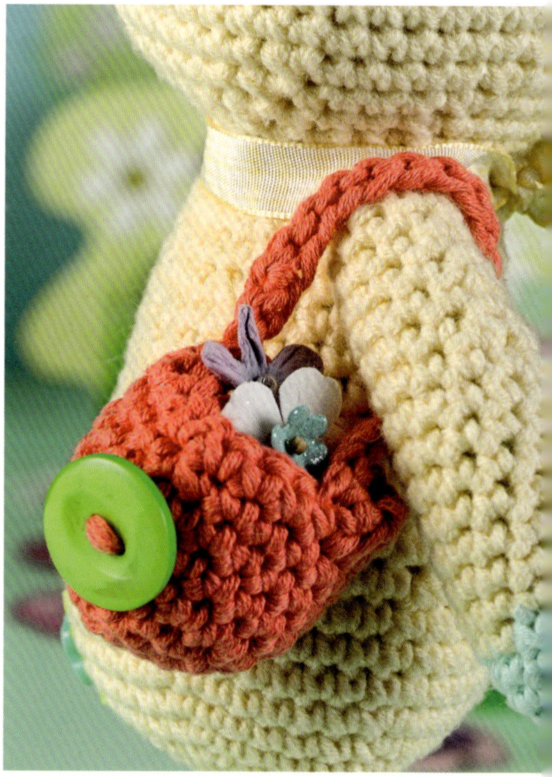

Flicken mit dem Knopf

Nähen Sie den türkisen Knopf Ihrer Wahl in die Mitte des grünkarierten Stoffquadrats, arbeiten Sie dann mit demselben Faden weiter und nähen Sie den Stofflicken mit dem Überwendlingsstich links an Lissys Hinterteil an!

Fertigstellung

1 Binden Sie ein Stück gelbes Band um Lissys Hals und schließen Sie es mit einer Schleife. Fertigstellen mit einem grünen Knopf, der mit Nähgarn auf die Schleife genäht wird.
2 Nehmen Sie ein Stück von Garn G und nähen Sie für die Schnürsenkel durch jeden Schuh, dann zum Beenden eine Schleife binden.

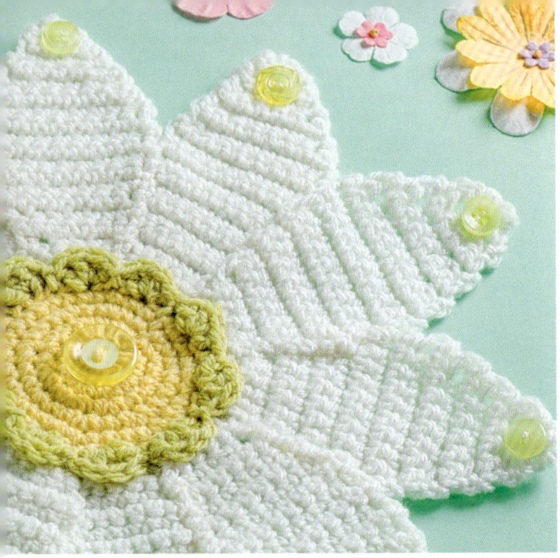

LISSYS BLÜTENTEPPICH

Am Ende eines herrlichen Tages in der Sonnenscheinbucht freut sich Lissy darauf, zuhause am Strand zu entspannen. Wenn sie sich auf ihrem bequemen Blütenteppich ausruht, erinnert dieser sie an all ihre Lieblingsblumen, die auf der Wiese wachsen.

GARN

- Patons Fab DK (100 % Acryl), DK-Garn (leichtes Kammgarn); ca. 274 m LL pro Knäuel (100 g): ⅓ Knäuel White 2306 (Weiß, A)
- Sirdar Country Style DK (40 % Nylon, 30 % Wolle, 30 % Acryl), DK-Garn (leichtes Kammgarn); ca. 155 m LL pro Knäuel (50 g): je ⅛ Knäuel Summer Bella 629 (Gelb, B) und Tana 390 (Limettengrün, C)
- Häkelnadel, 3 mm

ZUM RESTEVERHÄKELN

Wenn Sie auf Ihre Reste zurückgreifen, benötigen Sie:

- Acryl oder Wolle (leichtes Kammgarn/DK-Garn): ca. 30 g Weiß und je 5 g Gelb und Grün

MATERIALIEN

- Garn in Kontrastfarbe als Maschenmarkierer
- 1 großer gelber Knopf, ca. 2 cm Durchmesser
- 10 kleine gelbe Knöpfe, ca. 1,2 cm Durchmesser
- Schere
- Sticknadel mit stumpfer Spitze
- Stecknadeln, Nähnadel und weißes Nähgarn

MASSE BEI FERTIGSTELLUNG

Der Teppich misst ca. 24 cm im Durchmesser.

SPANNUNG

20 M x 20 Runden ergeben 10 cm in festen Maschen mit einer Häkelnadel der Stärke 3 mm.

ABKÜRZUNGEN

[ ] Anweisungen in Klammern so oft, wie angegeben, häkeln
2 fM zus häkeln 2 feste Maschen zusammenhäkeln
fM feste Masche
hMg hinteres Maschenglied
Km Kettmasche
Lm Luftmasche
M Masche(n)
MM Maschenmarkierer
Stb Stäbchen
vMg vorderes Maschenglied

Blumenteppich

Blütenmitte

Beginnen Sie in der Mitte und arbeiten Sie in Runden; verwenden Sie dabei einen MM, um die 1. M jeder Runde zu markieren.

Runde 1: Mit Garn B beginnen und einen langen Faden am Anfang stehenlassen, 2 Lm, 8 fM in die 2. Lm von der Nadel. *(8 M)*

Runde 2: 2 fM in jd der nächsten 8 M. *(16 M)*

Runde 3: [2 fM in die nächste M, 1 fM in die nächste M] 8-mal. *(24 M)*

Runde 4: [1 fM in jd der nächsten 2 M, 2 fM in die nächste M] 8-mal. *(32 M)*

Runde 5: [1 fM in jd der nächsten 3 M, 2 fM in die nächste M] 8-mal, dabei in der letzten M zu Garn C wechseln. *(40 M)*

Für die Rüschen in Garn C weiterarbeiten.

Runde 6: Nur in die vMg häkeln, dabei [1 M ausl, 4 Stb in die nächste M, die nächste M auslassen, 1 Km in die nächste M] 10-mal. *(50 M)*

Runde 7: Nur in die hMg aus Rd 5 häkeln, dabei 1 fM in jd M rundherum, zu Garn A wechseln und die Runde mit 1 Km in die 1. fM beenden.

Garn C befestigen und einen langen Faden stehenlassen, um die grünen Rüschen an die Blütenblätter anzunähen.

Blütenblätter (10-mal häkeln)

Mit Garn A weiterarbeiten und in Reihen häkeln wie folgt:

Reihe 1: 1 fM in jd der nächsten 3 M, wenden. *(3 M)*

Reihe 2: 1 Lm (zählt durchgehend nicht als M), 2 fM in die 1. M, 1 fM in die nächste M, 2 fM in die nächste M, wenden. *(5 M)*

Reihe 3: 1 Lm, 1 fM in jd M bis zum Ende der Reihe, wenden. *(5 M)*

Reihe 4: 1 Lm, 2 fM in die 1. M, 1 fM in jd der nächsten 3 M, 2 fM in die nächste M, wenden. *(7 M)*

Reihen 5 und 6: 1 Lm, 1 fM in jd M bis zum Ende der Reihe, wenden. *(7 M)*

Reihe 7: 1 Lm, 2 fM in die 1. M, 1 fM in jd der nächsten 5 M, 2 fM in die nächste M, wenden. *(9 M)*

Reihen 8–13: 1 Lm, 1 fM in jd M bis zum Ende der Reihe, wenden. *(9 M)*
Reihe 14: 1 Lm, 2 fM zus häkeln, 1 fM in jd der nächsten 5 M, 2 fM zus häkeln, wenden. *(7 M)*
Reihe 15: 1 Lm, 1 fM in jd M bis zum Ende der Reihe, wenden. *(7 M)*
Reihe 16: 1 Lm, 2 fM zus häkeln, 1 fM in jd der nächsten 3 M, 2 fM zus häkeln, wenden. *(5 M)*
Reihe 17: 1 Lm, 1 fM in jd M bis zum Ende der Reihe, wenden. *(5 M)*
Reihe 18: 1 Lm, 2 fM zus häkeln, 1 fM in die nächste M, 2 fM zus häkeln, wenden. *(3 M)*
Reihe 19: 1 Lm, 1 fM in jd M bis zum Ende der Reihe, wenden. *(3 M)*
Reihe 20: Die 1. M ausl, 2 fM zus häkeln. Das Garn befestigen.
Die Reihen 1–20 wiederholen, um 9 weitere Blütenblätter zu häkeln. Jedes Blütenblatt beginnen, indem Sie zuerst Garn A mit 1 Km in die nächste M des vorigen Blütenblatts einhäkeln. Zum Zusammennähen einen Faden in Farbe A vor dem Häkeln eines jeden Blütenblatts stehenlassen. Den MM aus der Mitte des Blütenteppichs entfernen.

Zusammennähen

1 Mit einem Blütenblatt beginnen und die Kanten jedes nächsten Blatts leicht überlappen lassen und feststecken. Verwenden Sie den losen Faden in Farbe A von dem angehäkelten Ende des Blütenblatts und nähen Sie die Ränder der Blütenblätter im Überwendlingsstich zusammen, wo sie einander berühren. Mit allen Blütenblättern wiederholen. Das Garn befestigen.

2 Mit dem Faden in Farbe C die Rüschen nach unten nähen, wo die Blütenblätter herauskommen. Das Garn befestigen und die losen Enden vernähen.

Fertigstellung

Auf der Vorderseite des Blumenteppichs den großen gelben Knopf mit dem Faden in Farbe B in der Mitte der Blume annähen. Je einen kleinen gelben Knopf an die Spitze jedes Blütenblatts stecken und mit weißem Nähgarn annähen.

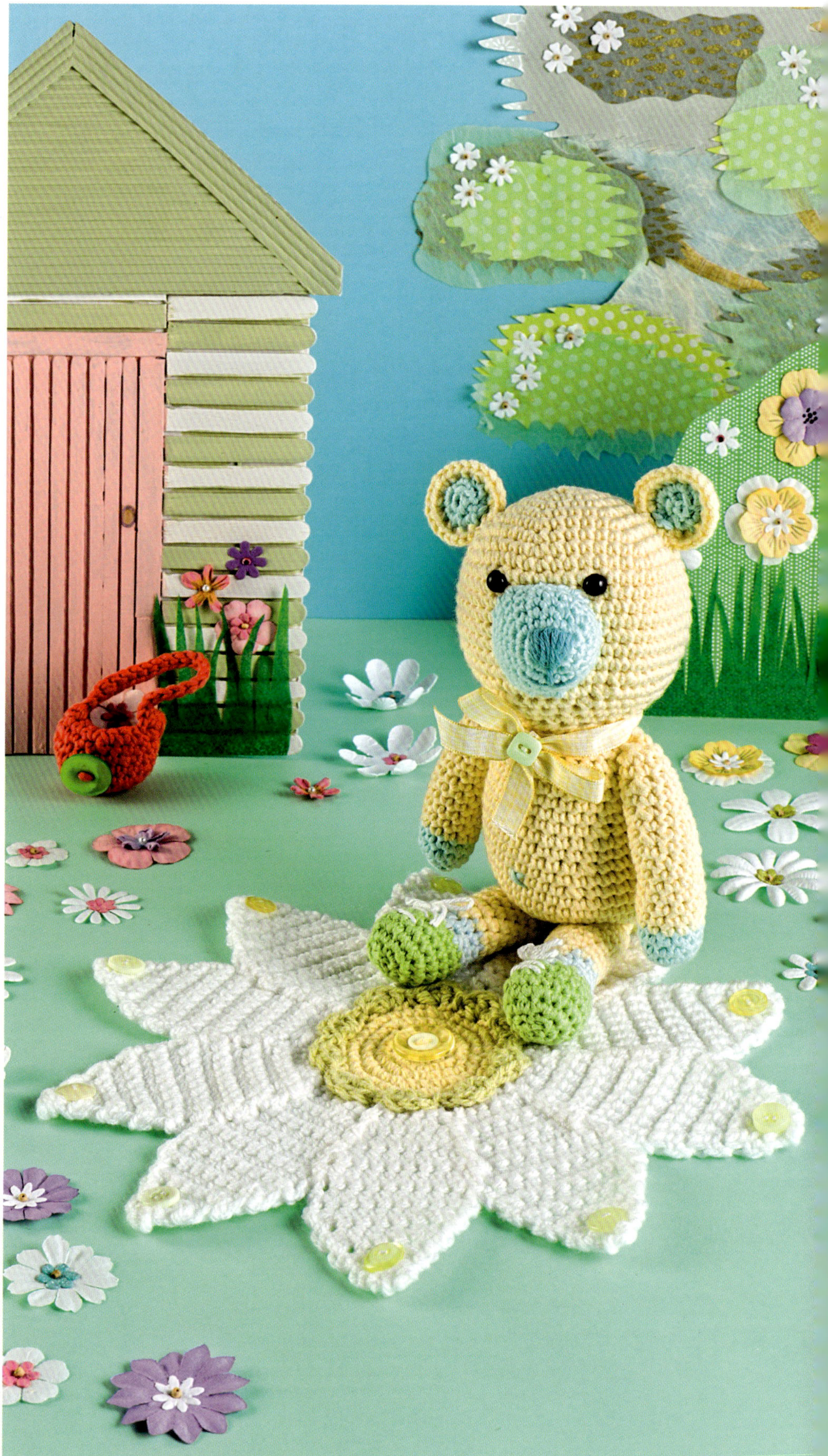

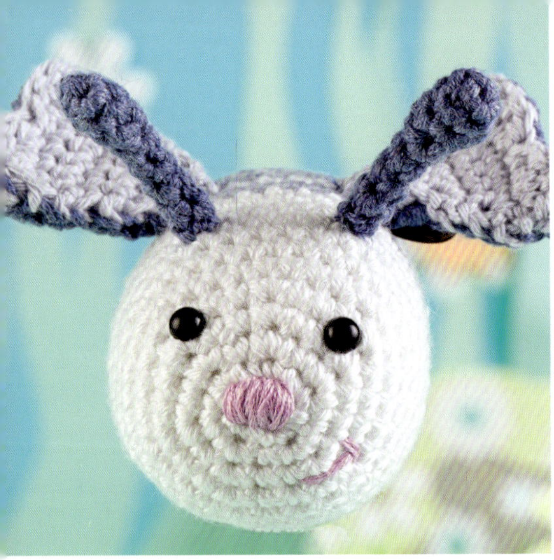

BABY-SCHLUDERBIENCHEN

Das Lieblingsspiel der Babybienchen ist das Versteckspiel mit Ralf. Er versteckt sich tief in dem Blumengestöber und versucht immer, leise zu sein – muss dann aber doch kichern und verrät sich so!

GARN

- Rico Essentials Cotton DK (100 % Baumwolle), DK-Garn (leichtes Kammgarn); ca. 130 m LL pro Knäuel (50 g): ¼ Knäuel White 80 (Weiß, A)
  je ⅛ Knäuel Pigeon Blue 35 (Mittelblau, B) und Dark Jeans 85 (Dunkelblau, C)
- Stylecraft Classique Cotton DK (100 % Baumwolle), DK-Garn (leichtes Kammgarn); ca. 92 m LL pro Knäuel (50 g): kleine Menge Heather 3565 (Hellviolett, D)
- Häkelnadel, 3 mm

ZUM RESTEVERHÄKELN

Wenn Sie auf Ihre Reste zurückgreifen, benötigen Sie:

- Baumwoll- oder Baumwollmischgarn (leichtes Kammgarn/DK-Garn) Garn: ca. 10 g Weiß, je 5 g Mittelblau und Dunkelblau sowie eine kleine Menge Hellviolett.

TIPP

Probieren Sie auch, die Babybienen in alternativen Farbvarianten zu häkeln:
Variante 1: Grüner Kopf mit dunkelviolett gestreiftem Körper, weiße Fühler, mittelblaues Flügelinneres, dunkelblaues Flügeläußeres, pinke Nase und Mund.
Variante 2: Mittelblauer Kopf mit dunkelblau gestreiftem Körper, hellviolette Fühler, weißes Flügelinneres, grünes Flügeläußeres, pinke Nase und Mund.

MATERIALIEN

- Garn in Kontrastfarbe als Maschenmarkierer
- 1 Paar schwarze Sicherheitsaugen (6 mm)
- Stofftierfüllung (Polyester)
- 2 herzförmige, zusammenpassende Knöpfe, ca. 1,2 cm Durchmesser
- Schere
- Sticknadel mit stumpfer Spitze
- Stecknadeln, Nähnadel und Nähgarn
- hellrosa Stickgarn für Nase und Mund
- 1 wasserblauer Knopf, ca. 0,7 cm Durchmesser
- violett gemustertes Stoffquadrat, 1 cm, für den Flicken mit dem Knopf

MASSE BEI FERTIGSTELLUNG

Ein Baby-Schluderbienchen ist ca. 9 cm lang.

SPANNUNG

Die Spannung ist bei diesem Projekt nicht wesentlich, aber Sie brauchen ein engmaschiges Gewebe – passen Sie, wenn nötig, die Nadelstärke an, um dieses zu erhalten.

ABKÜRZUNGEN

[ ] Anweisungen in Klammern so oft, wie angegeben, häkeln
2 fM zus häkeln 2 feste Maschen zusammenhäkeln
fM feste Masche
hStb halbes Stäbchen
Km Kettmasche
Lm Luftmasche
M Masche(n)
MM Maschenmarkierer
RS Rückseite
Stb Stäbchen

SPEZIELLE ABKÜRZUNG

AB asymmetrischer Beginn: Bei einem asymmetrischen Beginn wird Runde 2 begonnen, indem in die erste ungehäkelte Masche von Runde 1 gehäkelt wird – siehe Details auf Seite 107.

Kopf und Körper

Beginnen Sie an der Nase und arbeiten Sie in Runden; verwenden Sie dabei einen MM, um die 1. M jeder Runde zu markieren.
Runde 1: Mit Garn A 4 Lm häkeln, den Ring mit 1 Km schließen, 2 fM in jd der nächsten 2 Lm (ungehäkelte Lm zählen als 2 M). *(6 M)*
Runde 2 (AB): 2 fM in jd M. *(12 M)*
Runde 3: [1 fM in die nächste M, 2 fM in die nächste M] 6-mal. *(18 M)*
Runde 4: [1 fM in jd der nächsten 2 M, 2 fM in die nächste M] 6-mal. *(24 M)*
Runde 5: [1 fM in jd der nächsten 3 M, 2 fM in die nächste M] 6-mal. *(30 M)*
Runde 6: [1 fM in jd der nächsten 9 M, 2 fM in die nächste M] 3-mal. *(33 M)*

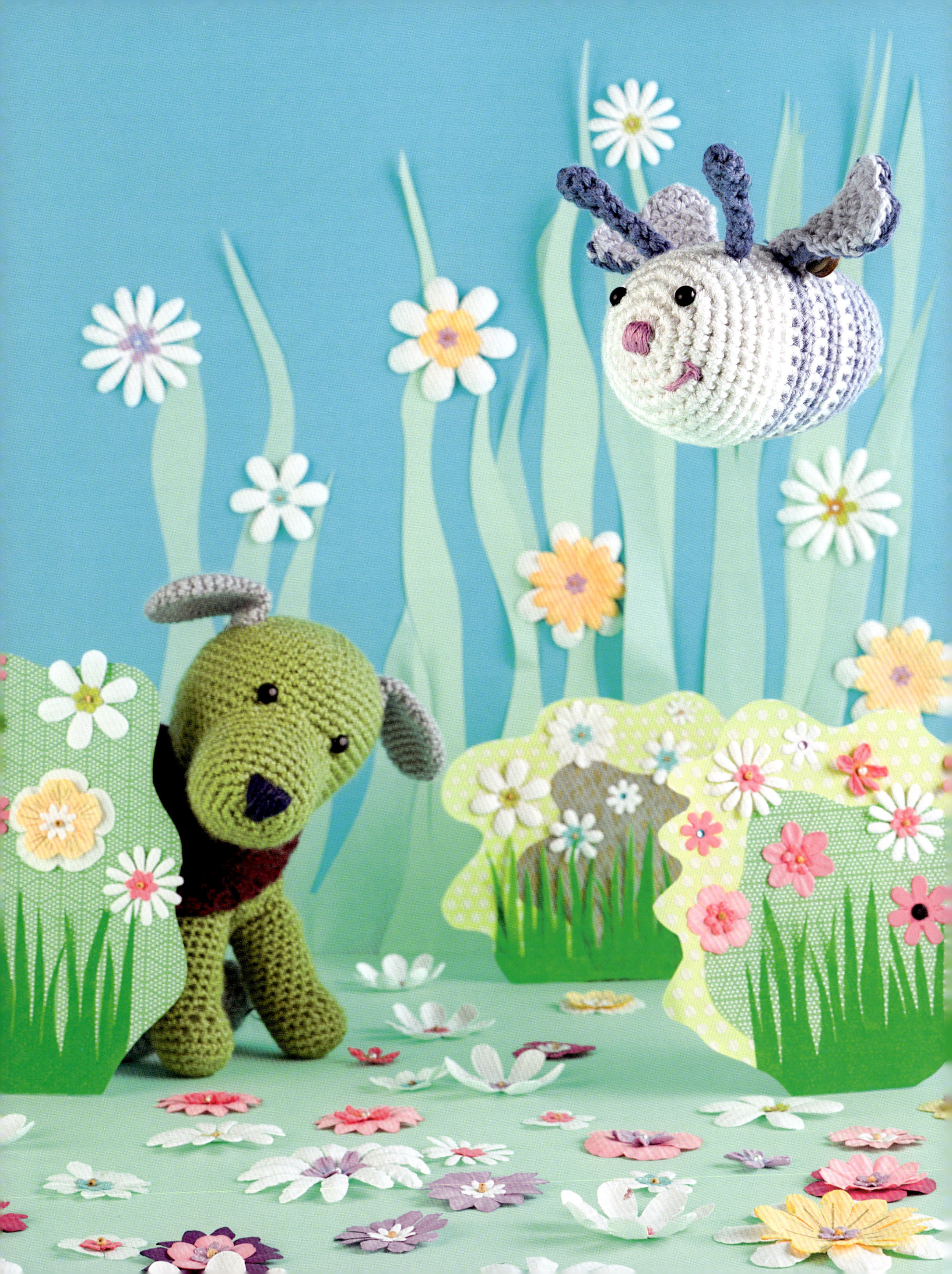

Runden 7–10: 1 fM in jd M. *(33 M)*
Runde 11: 1 fM in jd M, dabei in der letzten M zu Garn B wechseln. *(33 M)*
Runde 12: 1 fM in jd M. *(33 M)*
Runde 13: 1 fM in jd M, dabei in der letzten M zu Garn A wechseln. *(33 M)*
Runde 14: 1 fM in jd M, dabei in der letzten M zu Garn B wechseln. *(33 M)*
Runde 15: 1 fM in jd M. *(33 M)*
Runde 16: 1 fM in jd M, dabei in der letzten M zu Garn A wechseln. *(33 M)*
Die Sicherheitsaugen zwischen den Runden 4 und 5 anbringen, dabei sichergehen, dass die Farbwechsel auf der Unterseite der Biene sind. Kopf und Körper fest füllen.
Runde 17: 1 fM in jd M, dabei in der letzten M zu Garn B wechseln. *(33 M)*
Runden 18 und 19: 1 fM in jd M. *(33 M)*
Runde 20: [1 fM in jd der nächsten 9 M, 2 fM zus häkeln] 3-mal. *(30 M)*
Runde 21: [1 fM in jd der nächsten 8 M, 2 fM zus häkeln] 3-mal. *(27 M)*
Runde 22: [1 fM in jd der nächsten 7 M, 2 fM zus häkeln] 3-mal. *(24 M)*
Runde 23: [1 fM in jd der nächsten 2 M, 2 fM zus häkeln] 6-mal. *(18 M)*
Mehr Füllmaterial hinzufügen.
Runde 24: [1 fM in die nächste M, 2 fM zus häkeln] 6-mal. *(12 M)*
Runde 25: [2 fM zus häkeln] 6-mal. *(6 M)*
Runde 26: [Die nächste M auslassen, 1 Km in die nächste M] 2-mal, dabei die restlichen 2 M ungehäkelt lassen.
Den MM entfernen.

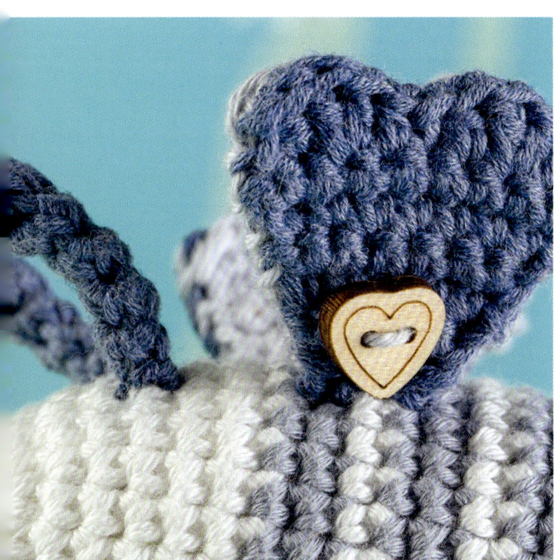

Das Garn befestigen und den losen Faden im Körper vernähen.

Fühler (2-mal häkeln)

Beginnen Sie an der Spitze und arbeiten Sie in Runden; verwenden Sie einen MM, um die 1. M jeder Runde zu markieren.
Runde 1: Mit Garn C 4 Lm häkeln, die Runde mit 1 Km schließen.
Runde 2: [1 fM in die nächste Lm, 2 fM in die nächste Lm] 2-mal. *(6 M)*
Runde 3: 1 fM in jd M. *(6 M)*
Runde 4: [1 fM in die nächste M, 2 fM zus häkeln] 2-mal. *(4 M)*
Runden 5–8: 1 fM in jd M. *(4 M)*
1 Km in die nächste M, den MM entfernen.
Die Fühler müssen nicht gefüllt werden.
Das Garn befestigen und einen Faden zum Zusammennähen stehenlassen.

Flügel (2-mal mit Garn C, 2-mal mit Garn D häkeln)

Beginnen Sie von unten und arbeiten Sie in Reihen. Lassen Sie einen langen Faden zum Annähen des Knopfs stehen, 4 Lm häkeln.
Reihe 1: 1 fM in die 2. Lm von der Nadel, 1 fM in jd Lm bis zum Ende der Reihe, wenden. *(3 M)*
Reihe 2: 1 Lm (zählt durchgehend nicht als M), 2 fM in die 1. M, 1 fM in die nächste M, 2 fM in die letzte M, wenden. *(5 M)*
Reihe 3: 1 Lm, 1 fM in jd M bis zum Ende der Reihe, wenden. *(5 M)*
Reihe 4: 1 Lm, 2 fM in die 1. M, 1 fM in jd der nächsten 3 M, 2 fM in die letzte M, wenden. *(7 M)*
Reihe 5: 1 Lm, 1 fM in jd M bis zum Ende, wenden. *(7 M)*
Reihe 6: 1 Lm, 2 fM in die 1. M, 1 fM in jd der nächsten 5 M, 2 fM in die letzte M, wenden. *(9 M)*
Reihe 7: Die 1. M ausl, 1 hStb in die nächste M, 2 Stb in die nächste M, 1 hStb in die nächste M, 1 Km in die nächste M, 1 hStb in die nächste M, 2 Stb in die nächste M, 1 hStb in die nächste M, 1 Km in die letzte M. *(10 M)*
Die Flügel müssen nicht gefüllt werden.
Das Garn befestigen, einen Faden zum Zusammennähen stehenlassen.

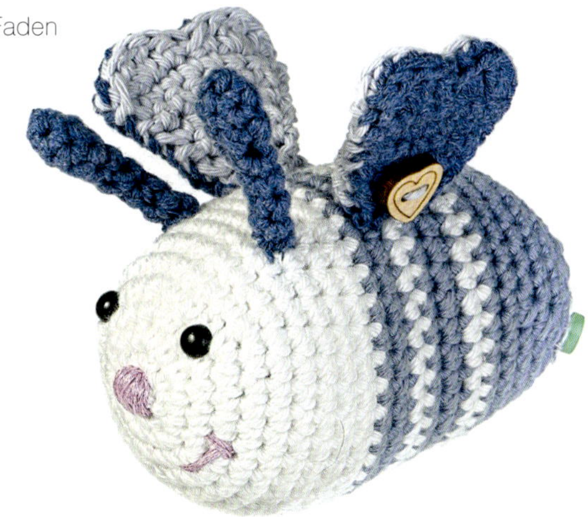

Zusammennähen

1 Mit dem Faden des Flügels in Farbe C den herzförmigen Knopf unten an die VS jedes Flügels in Farbe C nähen. Die VS des Flügels in Farbe D auf die RS des Flügels in Farbe C legen. Mit dem restlichen Garn entlang der drei Seiten an den Außenkanten der Flügel zusammennähen (restliche Garnenden zwischen die Flügel stecken), die Unterseite offen lassen. Nicht füllen.
2 Die Fühler am Kopf platzieren und feststecken. Die Flügel feststecken, sodass der Flügel in Farbe C unten zu liegen kommt. Fühler und Flügel an die Biene annähen, dabei die passenden Fäden für jeden Flügel verwenden.
3 Sticken Sie mit dem hellrosa Stickgarn eine ovale Nase im Plattstich (siehe Seite 110), dann hinunter zum Mund nähen – und ihn nur auf einer Seite aufsticken, damit die Biene einen kecken Gesichtsausdruck bekommt!
4 Alle restlichen Fäden im Inneren des Baby-Schluderbienchens vernähen und abschneiden.

Flicken mit dem Knopf

Nähen Sie den wasserblauen Knopf Ihrer Wahl in die Mitte des violetten Stoffquadrats, arbeiten Sie dann mit demselben Faden weiter und nähen Sie den Stoffflicken mit dem Überwendlingsstich links auf das Hinterteil des Schluderbienchens!

GROSSES SCHLUDERBIENCHEN

Das große Schluderbienchen kann den duftendsten Blumen auf der Wiese nicht wiederstehen. Manchmal hat es Glück und findet eine Blume, die groß genug ist, dass es hineinklettern und ein kleines Nickerchen in der Geborgenheit der weichen Blütenblätter machen kann.

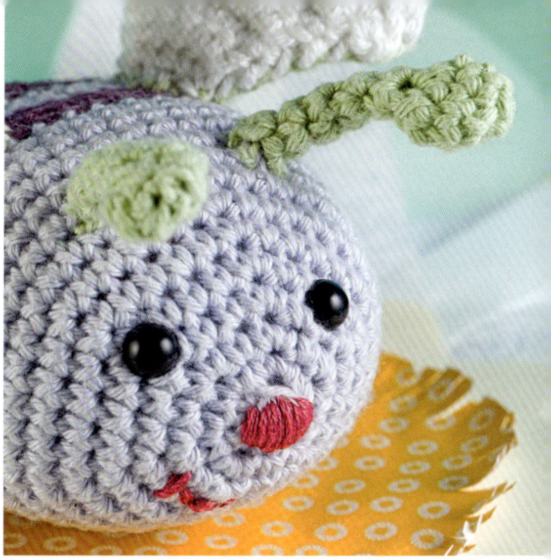

GARN

- Stylecraft Classique Cotton DK (100 % Baumwolle), DK-Garn (leichtes Kammgarn); ca. 92 m LL pro Knäuel (50 g): ¼ Knäuel Heather 3565 (Hellviolett, A)
- Rico Essentials Cotton DK (100 % Baumwolle), DK-Garn (leichtes Kammgarn); ca. 130 m LL pro Knäuel (50 g): je ⅛ Knäuel Plum 21 (Dunkelviolett, B) und Hay 65 (Hellgrün, C) eine kleine Menge White 80 (Weiß, D)
- Häkelnadel, 3 mm

ZUM RESTEVERHÄKELN

Wenn Sie auf Ihre Reste zurückgreifen, benötigen Sie:

- Baumwoll- oder Baumwollmischgarn (leichtes Kammgarn/DK-Garn) Garn: ca. 10 g Hellviolett, je 5 g Dunkelviolett und Hellgrün sowie eine kleine Menge Weiß

TIPP

Probieren Sie auch, die große Biene in alternativen Farbvarianten zu häkeln: Grüner Kopf mit weiß gestreiftem Körper, dunkelviolette Fühler, hellviolettes Flügelinneres, dunkelviolettes Flügeläußeres, pinke Nase und Mund.

MATERIALIEN

- Garn in Kontrastfarbe als Maschenmarkierer
- 1 Paar schwarze Sicherheitsaugen (7 mm Durchmesser)
- Stofftierfüllung (Polyester)
- 2 herzförmige, zusammenpassende Knöpfe, ca. 1,5 cm Durchmesser
- 1 grauer Knopf, ca. 0,8 cm Durchmesser
- violett gemustertes Stoffquadrat für den Flicken mit dem Knopf, 1 cm
- Schere
- Sticknadel mit stumpfer Spitze
- Stecknadeln, Nadel und Nähgarn
- dunkelpinkes Stickgarn für Nase und Mund

MASSE BEI FERTIGSTELLUNG

Das große Schluderbienchen ist ca. 11 cm lang.

SPANNUNG

Die Spannung ist bei diesem Projekt nicht wesentlich, aber Sie brauchen ein engmaschiges Gewebe – passen Sie, wenn nötig, die Nadelstärke an, um dieses zu erhalten.

ABKÜRZUNGEN

[ ] Anweisungen in Klammern so oft, wie angegeben, häkeln
2 fM zus häkeln 2 feste Maschen zusammenhäkeln
abn abnehmen
fM feste Masche
hStb halbes Stäbchen
Km Kettmasche
Lm Luftmasche
M Masche(n)
MM Maschenmarkierer
Stb Stäbchen

SPEZIELLE ABKÜRZUNG

AB asymmetrischer Beginn: Bei einem asymmetrischen Beginn wird Runde 2 begonnen, indem in die erste ungehäkelte Masche von Runde 1 gehäkelt wird – siehe Details auf Seite 107.

Kopf und Körper

Beginnen Sie an der Nase und arbeiten Sie in Runden; verwenden Sie dabei einen MM, um die 1. M jeder Runde zu markieren.

Runde 1: Mit Garn A 4 Lm häkeln, den Ring mit 1 Km schließen, 2 fM in jd der nächsten 2 Lm (ungehäkelte Lm zählen als 2 M). *(6 M)*
Runde 2 (AB): 2 fM in jd M. *(12 M)*
Runde 3: [1 fM in die nächste M, 2 fM in die nächste M] 6-mal. *(18 M)*
Runde 4: [1 fM in jd der nächsten 2 M, 2 fM in die nächste M] 6-mal. *(24 M)*
Runde 5: [1 fM in jd der nächsten 3 M, 2 fM in die nächste M] 6-mal. *(30 M)*

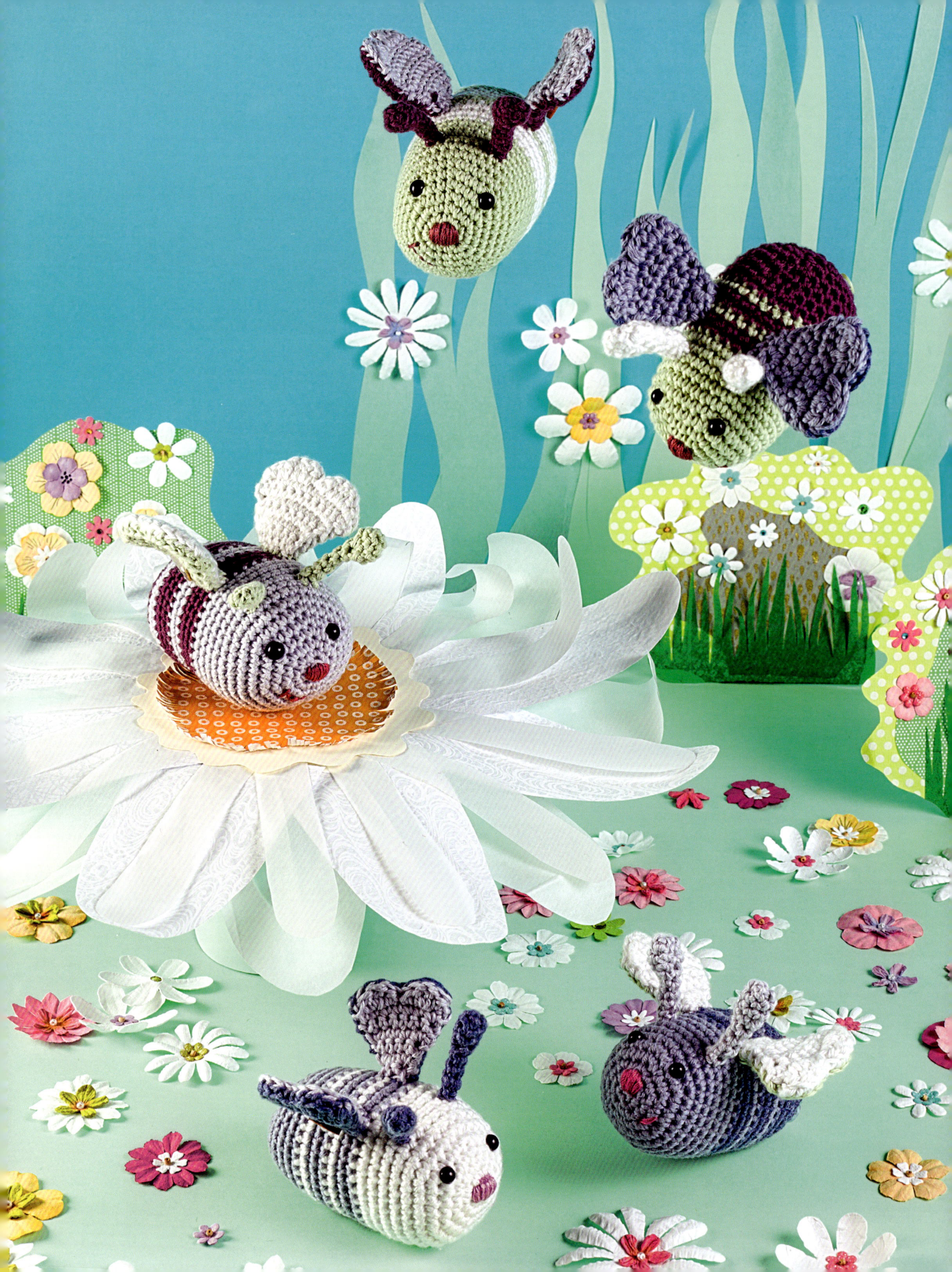

Runde 6: [1 fM in jd der nächsten 4 M, 2 fM in die nächste M] 6-mal. *(36 M)*
Runde 7: [1 fM in jd der nächsten 5 M, 2 fM in die nächste M] 6-mal. *(42 M)*
Runden 8–12: 1 fM in jd M. *(42 M)*
Runde 13: 1 fM in jd M, dabei in der letzten M zu Garn B wechseln. *(42 M)*
Runden 14 und 15: 1 fM in jd M. *(42 M)*
Runde 16: 1 fM in jd M, dabei in der letzten M zu Garn A wechseln. *(42 M)*
Runde 17: 1 fM in jd M. *(42 M)*
Runde 18: 1 fM in jd M, dabei in der letzten M zu Garn B wechseln. *(42 M)*
Runden 19 und 20: 1 fM in jd M. *(42 M)*
Die Sicherheitsaugen zwischen den Runden 4 und 5 anbringen, dabei sichergehen, dass die Farbwechsel auf der Unterseite der Biene sind. Kopf und Körper fest füllen.
Runde 21: 1 fM in jd M, dabei in der letzten M zu Garn A wechseln. *(42 M)*
Runde 22: 1 fM in jd M. *(42 M)*
Runde 23: 1 fM in jd M, dabei in der letzten M zu Garn B wechseln. *(42 M)*
Runde 24: [1 fM in jd der nächsten 5 M, 2 fM zus häkeln] 6-mal. *(36 M)*
Runde 25: [1 fM in jd der nächsten 10 M, 2 fM zus häkeln] 3-mal. *(33 M)*
Runde 26: [1 fM in jd der nächsten 9 M, 2 fM zus häkeln] 3-mal, dabei in der letzten Abnahme zu Garn A wechseln. *(30 M)*
Runde 27: [1 fM in jd der nächsten 3 M, 2 fM zus häkeln] 6-mal. *(24 M)*
Runde 28: [1 fM in jd der nächsten 2 M, 2 fM zus häkeln] 6-mal. *(18 M)*
Mehr Füllmaterial hinzufügen.
Runde 29: [1 fM in die nächste M, 2 fM zus häkeln] 6-mal. *(12 M)*
Runde 30: [2 fM zus häkeln] 6-mal. *(6 M)*
Runde 31: [Die nächste M auslassen, 1 Km in die nächste M] 2-mal, die restl 2 M ungehäkelt lassen.
Den MM entfernen.
Das Garn befestigen und im Inneren des Körpers vernähen.

Fühler (2-mal häkeln)

Beginnen Sie an der Spitze und arbeiten Sie in Runden; verwenden Sie dabei einen MM, um die 1. M jeder Runde zu markieren.
Runde 1: Mit Garn C 4 Lm häkeln, mit 1 Km zu einem Ring schließen.
Runde 2: 2 fM in jd Lm. *(8 M)*
Runde 3: 1 fM in jd M. *(8 M)*
Runde 4: [2 fM zus häkeln] 4-mal. *(4 M)*
Runden 5–9: 1 fM in jd M. *(4 M)*
1 Km in die nächste M, den MM entfernen.
Die Fühler müssen nicht gefüllt werden.
Das Garn befestigen, einen Faden zum Zusammennähen stehenlassen.

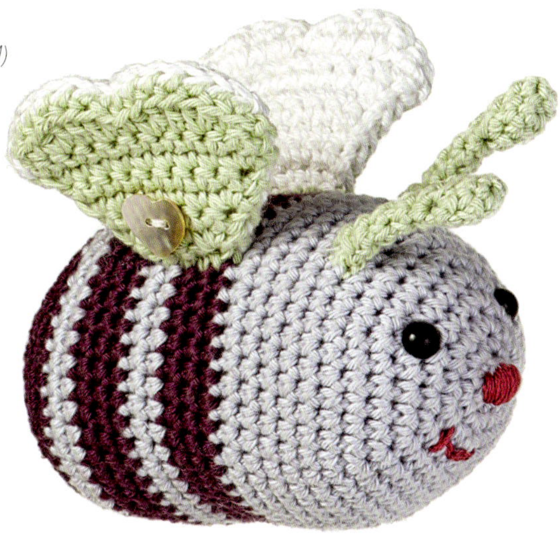

Flügel (2-mal in Garn C, 2-mal in Garn D häkeln)

Beginnen Sie unten und arbeiten Sie in Reihen.
Einen langen Faden zum Annähen des Knopfs stehenlassen und 6 Lm häkeln.
Reihe 1: 1 fM in die 2. Lm von der Nadel, 1 fM in jd M bis zum Ende der Reihe, wenden. *(5 M)*
Reihe 2: 1 Lm (zählt durchgehend nicht als M), 2 fM in die 1. M, 1 fM in jd der nächsten 3 M, 2 fM in die letzte M, wenden. *(7 M)*
Reihe 3: 1 Lm, 1 fM in jd M bis zum Ende der Reihe, wenden. *(7 M)*
Reihe 4: 1 Lm, 2 fM in die 1. M, 1 fM in jd der nächsten 5 M, 2 fM in die letzte M, wenden. *(9 M)*
Reihe 5: 1 Lm, 1 fM in jd M bis zum Ende der Reihe, wenden. *(9 M)*
Reihe 6: 1 Lm, 2 fM in die 1. M, 1 fM in jd der nächsten 7 M, 2 fM in die letzte M, wenden. *(11 M)*
Reihe 7: 1 Lm, 1 fM in jd M bis zum Ende der Reihe, wenden. *(11 M)*
Reihe 8: Die 1. M ausl, 1 fM in die nächste M, [1 hStb, 1 Stb] in die nächste M, 1 Stb in die nächste M, [1 Stb, 1 hStb] in die nächste M, 1 Km in die nächste M, [1 hStb, 1 Stb] in die nächste M, 1 Stb in die nächste M, [1 Stb, 1 hStb] in die nächste M, 1 fM in die nächste M, 1 Km in die letzte M. *(14 M)*
Die Flügel müssen nicht gefüllt werden.
Das Garn befestigen, einen Faden zum Zusammennähen stehenlassen.

Zusammennähen

1 Mit dem Faden des Flügels in Farbe C den herzförmigen Knopf unten an die VS jedes Flügels in Farbe C nähen. Die VS des Flügels in Farbe D auf die RS des Flügels in Farbe C legen. Mit dem restlichen Garn entlang der drei Seiten an den Außenkanten der Flügel zusammennähen (restliche Garnenden zwischen die Flügel stecken), die Unterseite offen lassen. Muss nicht gefüllt werden.
2 Die Fühler am Kopf platzieren und feststecken. Die Flügel feststecken, sodass der Flügel in Farbe C unten zu liegen kommt. Fühler und Flügel an die Biene annähen, dabei die passenden Fäden für jeden Flügel verwenden.
3 Sticken Sie mit dem dunkelrosa Stickgarn eine ovale Nase im Plattstich (siehe Seite 110), dann hinunter zum Mund nähen – und ihn nur auf einer Seite aufsticken, damit die Biene einen kecken Gesichtsausdruck bekommt!
4 Alle restlichen Fäden im Inneren des Schluderbienchens vernähen und abschneiden.

Flicken mit dem Knopf

Nähen Sie den grauen Knopf Ihrer Wahl in die Mitte des violetten Stoffquadrats, arbeiten Sie dann mit demselben Faden weiter und nähen Sie den Stoffflicken mit dem Überwendlingsstich links am Hinterteil des Schluderbienchens an!

TESSA und BELLA

TESSA

Tessa ist eine ziemlich selbstständige Katzendame und Besitzerin des Cupcake Cafés. Sie verbringt ihren Tag damit, köstliche selbstgemachte Torten zu backen, und macht mit viel Liebe Kirschcupcakes, für die sie weithin bekannt ist. Die sind auch die liebste Leckerei ihrer besten Freundin Bella, die gerne für einen kleinen Tratsch vorbeischaut. Am Ende eines hektischen Tages im Café macht Tessa auf ihrem Heimweg einen Abstecher zum Strand – immer bedacht, ihre hübsche Schürze nicht nasszuspritzen, während sie zwischen den Wellen hin und hertanzt.

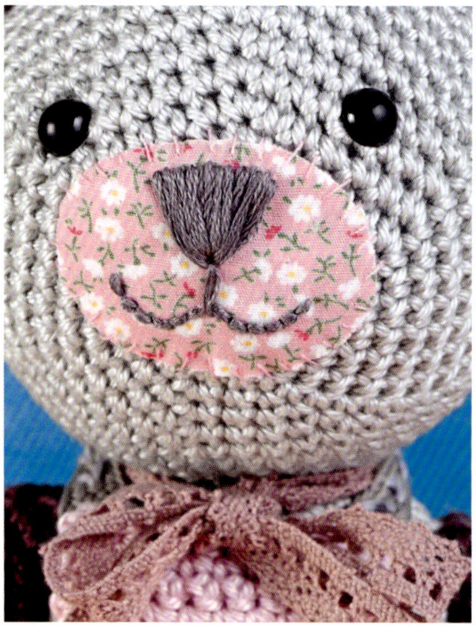

GARN

Tessa

- Rico Baby Cotton Soft DK (50 % Acryl, 50 % Baumwolle), DK-Garn (leichtes Kammgarn); ca. 125 m LL pro Knäuel (50 g): ⅓ Knäuel Purple 014 (Aubergine, A) ½ Knäuel Silver 025 (Hellgrau, B)

Schürze

- Patons 100 % Cotton DK (100 % Baumwolle), DK-Garn (leichtes Kammgarn); ca. 210 m LL pro Knäuel (100 g): eine kleine Menge Nougat 2715 (Hellrosa, C)
- Häkelnadel, 3 mm

ZUM RESTEVERHÄKELN

Wenn Sie auf Ihre Reste zurückgreifen, benötigen Sie:

- **Tessa:** 100 % DK-Baumwollgarn (leichtes Kammgarn): ca. 40 g Hellgrau und 30 g Aubergine
- **Schürze:** 100 % DK-Baumwollgarn (leichtes Kammgarn): ca. 10 g Hellrosa

MATERIALIEN

Tessa

- 1 Paar schwarze Sicherheitsaugen (8 mm)
- Stofftierfüllung (Polyester)
- rosa Baumwollstoff mit floralem Muster, 6 x 5 cm
- Vlieseline, 6 x 5 cm
- 1 weißer Knopf, ca. 1 cm Durchmesser
- Stoffquadrat aus rosa Baumwollstoff mit floralem Muster für den Flicken mit dem Knopf, ca. 1,5 cm
- rosa Band für die Schleife, 45 cm
- graues Stickgarn für Nase und Mund

Schürze

- weißer Baumwollstoff, 6 x 4 cm
- Vlieseline, 6 x 4 cm
- rosa gemusterter Baumwollstoff, 5 x 4 cm
- Vlieseline, 5 x 4 cm
- 1 dunkelrosafarbener oder roter Knopf, ca. 1,3 cm Durchmesser
- graues Band, 80 cm
- Klettband, ca. 1 cm im Quadrat

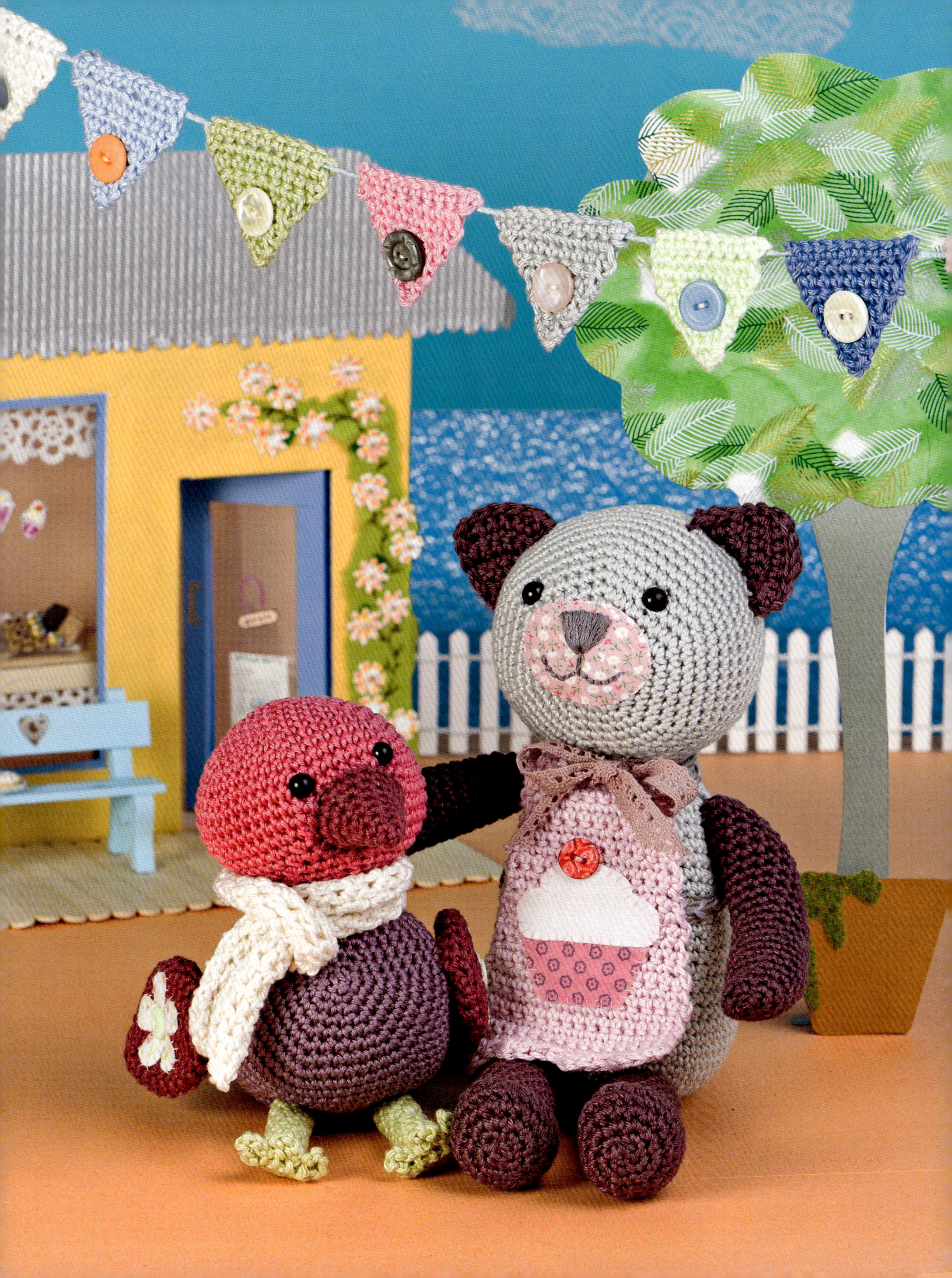

Alle Teile

- Garn in Kontrastfarbe als Maschenmarkierer
- Schere
- Sticknadel mit stumpfer Spitze
- Stecknadeln, Nähnadel und Baumwollgarn

MASSE BEI FERTIGSTELLUNG

Tessa misst ca. 30 cm von Kopf bis Fuß.

SPANNUNG

Die Spannung ist bei diesem Projekt nicht wesentlich, aber Sie brauchen ein engmaschiges Gewebe – passen Sie, wenn nötig, die Nadelstärke an, um dieses zu erhalten.

ABKÜRZUNGEN

[ ] Anweisungen in Klammern so oft, wie angegeben, häkeln
2 fM zus häkeln 2 feste Maschen zusammenhäkeln
fM feste Masche
hStb halbes Stäbchen
Km Kettmasche
Lm Luftmasche
M Masche(n)
MM Maschenmarkierer
Stb Stäbchen

SPEZIELLE ABKÜRZUNG

AB asymmetrischer Beginn:
Bei einem asymmetrischen Beginn wird Runde 2 begonnen, indem in die erste ungehäkelte Masche von Runde 1 gehäkelt wird – siehe Details auf Seite 107.

Kopf

Beginnen Sie vorne im Gesicht und arbeiten Sie in Runden; verwenden Sie dabei einen MM, um die 1. M jeder Runde zu markieren.
Runde 1: Mit Garn B 4 Lm häkeln, den Ring mit 1 Km schließen, 2 fM in jd der nächsten 2 Lm (ungehäkelte Lm zählen als 2 M). *(6 M)*
Runde 2 (AB): 2 fM in jd M. *(12 M)*
Runde 3: [1 fM in die nächste M, 2 fM in die nächste M] 6-mal. *(18 M)*
Runde 4: [1 fM in jd der nächsten 2 M, 2 fM in die nächste M] 6-mal. *(24 M)*
Runde 5: [1 fM in jd der nächsten 3 M, 2 fM in die nächste M] 6-mal. *(30 M)*
Runde 6: [1 fM in jd der nächsten 4 M, 2 fM in die nächste M] 6-mal. *(36 M)*
Runde 7: [1 fM in jd der nächsten 5 M, 2 fM in die nächste M] 6-mal. *(42 M)*
Runde 8: [1 fM in jd der nächsten 6 M, 2 fM in die nächste M] 6-mal. *(48 M)*
Runde 9: [1 fM in jd der nächsten 7 M, 2 fM in die nächste M] 6-mal. *(54 M)*
Runde 10: [1 fM in jd der nächsten 8 M, 2 fM in die nächste M] 6-mal. *(60 M)*
Runden 11–18: 1 fM in jd M. *(60 M)*
Die Sicherheitsaugen zwischen den Runden 8 und 9 anbringen. Den Kopf fest füllen.
Runde 19: [1 fM in jd der nächsten 8 M, 2 fM zus häkeln] 6-mal. *(54 M)*
Runde 20: [1 fM in jd der nächsten 7 M, 2 fM zus häkeln] 6-mal. *(48 M)*
Runde 21: [1 fM in jd der nächsten 4 M, 2 fM zus häkeln] 8-mal. *(40 M)*
Runde 22: [1 fM in jd der nächsten 3 M, 2 fM zus häkeln] 8-mal. *(32 M)*
Runde 23: [1 fM in jd der nächsten 2 M, 2 fM zus häkeln] 8-mal. *(24 M)*
Runde 24: [1 fM in jd der nächsten 2 M, 2 fM zus häkeln] 6-mal. *(18 M)*
Mehr Füllmaterial hinzufügen.
Runde 25: [1 fM in die nächste M, 2 fM zus häkeln] 6-mal. *(12 M)*
Runde 26: [2 fM zus häkeln] 6-mal. *(6 M)*
Runde 27: [Die nächste M auslassen, 1 Km in die nächste M] 2-mal.
Den MM entfernen.
Das Garn befestigen. Das lose Garnende in das Innere des Kopfs nähen.

Ohren (2-mal häkeln)

In Reihen häkeln.
Mit Garn A 8 Lm häkeln.
Reihe 1: 1 fM in die 2. Lm von der Nadel, 1 fM in jd der restl Lm, wenden. *(7 M)*
Reihen 2–8: 1 Lm, 1 fM in jd M. *(7 M)*
Mit der Schlinge auf der Nadel an einer Ecke das Quadrat in der Mitte falten, um ein Dreieck zu erhalten, durch beide Schichten fM häkeln, um die Öffnung zu schließen.
Das Garn befestigen, einen Faden zum Zusammennähen stehenlassen.

Körper

Beginnen Sie am Hinterteil und arbeiten Sie in Runden; verwenden Sie dabei einen MM, um die 1. M jeder Runde zu markieren.
Runde 1: Mit Garn B 4 Lm häkeln, den Ring mit 1 Km schließen, 2 fM in jd der nächsten 2 Lm (ungehäkelte Lm zählen als 2 M). *(6 M)*
Runde 2 (AB): 2 fM in jd M. *(12 M)*
Runde 3: [1 fM in die nächste M, 2 fM in die nächste M] 6-mal. *(18 M)*
Runde 4: [1 fM in jd der nächsten 2 M, 2 fM in die nächste M] 6-mal. *(24 M)*
Runde 5: [1 fM in jd der nächsten 3 M, 2 fM in die nächste M] 6-mal. *(30 M)*
Runde 6: [1 fM in jd der nächsten 4 M, 2 fM in die nächste M] 6-mal. *(36 M)*
Runde 7: [1 fM in jd der nächsten 5 M, 2 fM in die nächste M] 6-mal. *(42 M)*
Runde 8: [1 fM in jd der nächsten 6 M, 2 fM in die nächste M] 6-mal. *(48 M)*
Runde 9: [1 fM in jd der nächsten 7 M, 2 fM in die nächste M] 6-mal. *(54 M)*
Runden 10–13: 1 fM in jd M. *(54 M)*
Runde 14: [1 fM in jd der nächsten 16 M, 2 fM zus häkeln] 3-mal. *(51 M)*
Runden 15 und 16: 1 fM in jd M. *(51 M)*
Runde 17: [1 fM in jd der nächsten 15 M, 2 fM zus häkeln] 3-mal. *(48 M)*
Runden 18–20: 1 fM in jd M. *(48 M)*
Runde 21: [1 fM in jd der nächsten 14 M, 2 fM zus häkeln] 3-mal. *(45 M)*
Runden 22 und 23: 1 fM in jd M. *(45 M)*
Runde 24: [1 fM in jd der nächsten 13 M, 2 fM zus häkeln] 3-mal. *(42 M)*
Runde 25: 1 fM in jd M. *(42 M)*
Runde 26: [1 fM in jd der nächsten 12 M, 2 fM zus häkeln] 3-mal. *(39 M)*
Den Körper fest füllen.
Runde 27: 1 fM in jd M. *(39 M)*
Runde 28: [1 fM in jd der nächsten 11 M, 2 fM zus häkeln] 3-mal. *(36 M)*
Runde 29: 1 fM in jd M. *(36 M)*

Runde 30: [1 fM in jd der nächsten 2 M, 2 fM zus häkeln, 1 fM in jd der nächsten 3 M, 2 fM zus häkeln] 4-mal. *(28 M)*
Runde 31: 1 fM in jd M. *(28 M)*
Runde 32: [1 fM in die nächste M, 2 fM zus häkeln, 1 fM in jd der nächsten 2 M, 2 fM zus häkeln] 4-mal. *(20 M)*
Runde 33: 1 fM in jd M. *(20 M)*
Mehr Füllmaterial hinzufügen.
Runde 34: [2 fM zus häkeln, 1 fM in die nächste M, 2 fM zus häkeln] 4-mal. *(12 M)*
Runde 35: [2 fM zus häkeln] 6-mal. *(6 M)*
Runde 36: [Die nächste M auslassen, 1 Km in die nächste M] 2-mal.
Den MM entfernen.
Das Garn befestigen, einen Faden zum Zusammennähen stehenlassen.

Arme (2-mal häkeln)

Beginnen Sie an der Pfote und arbeiten Sie in Runden; verwenden Sie dabei einen MM, um die 1. M jeder Runde zu markieren.
Runde 1: Mit Garn A 4 Lm häkeln, den Ring mit 1 Km schließen, 2 fM in jd der nächsten 2 Lm (ungehäkelte Lm zählen als 2 M). *(6 M)*
Runde 2 (AB): 2 fM in jd M. *(12 M)*
Runde 3: 2 fM in die nächste M, 1 fM in jd der nächsten 11 M. *(13 M)*
Runden 4–19: 1 fM in jd M. *(13 M)*
Nach der 19. Runde füllen.
Runde 20: 2 fM zus häkeln, 1 fM in jd der nächsten 4 M, 2 fM zus häkeln, 1 fM in jd der nächsten 5 M. *(11 M)*
Runden 21 und 22: 1 fM in jd M. *(11 M)*
Runde 23: 2 fM zus häkeln, 1 fM in jd der nächsten 3 M, 2 fM zus häkeln, 1 fM in jd der nächsten 4 M. *(9 M)*
Die Arme füllen.
1 Km in die nächste M, den MM entfernen.
Das Garn befestigen, einen Faden zum Zusammennähen stehenlassen.

Beine (2-mal häkeln)

Beginnen Sie am Fuß und arbeiten Sie in Runden; verwenden Sie dabei einen MM, um die 1. M jeder Runde zu markieren.
Runde 1: Mit Garn A 4 Lm häkeln, den Ring mit 1 Km schließen.
Runde 2: 2 fM in jd Lm. *(8 M)*
Runde 3: 2 fM in jd M. *(16 M)*
Runde 4: [1 fM in die nächste M, 2 fM in die nächste M] 8-mal. *(24 M)*
Runde 5: 1 fM in jd M. *(24 M)*
Runde 6: 1 fM in jd der nächsten 20 M, [2 fM zus häkeln] 2-mal. *(22 M)*

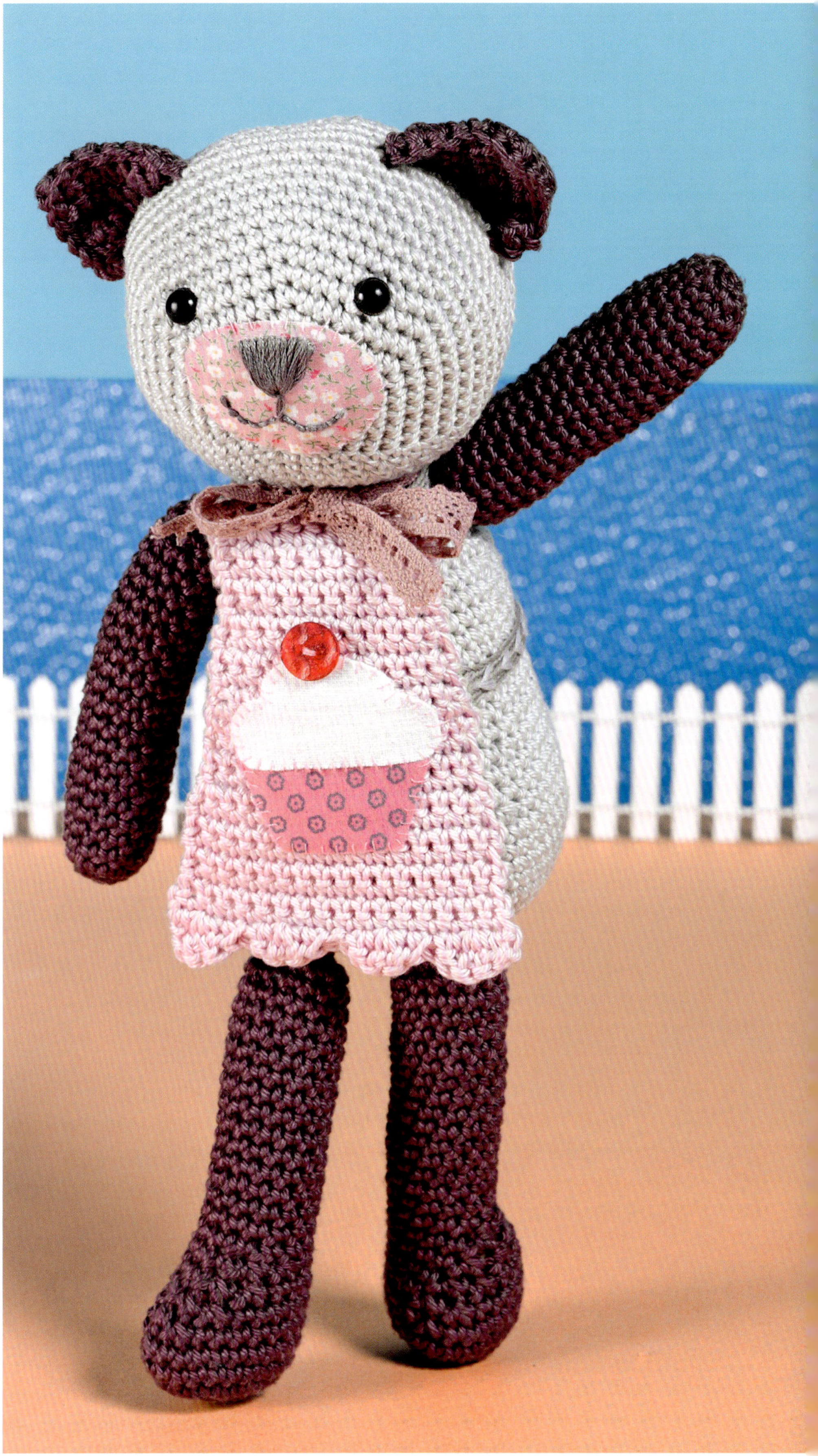

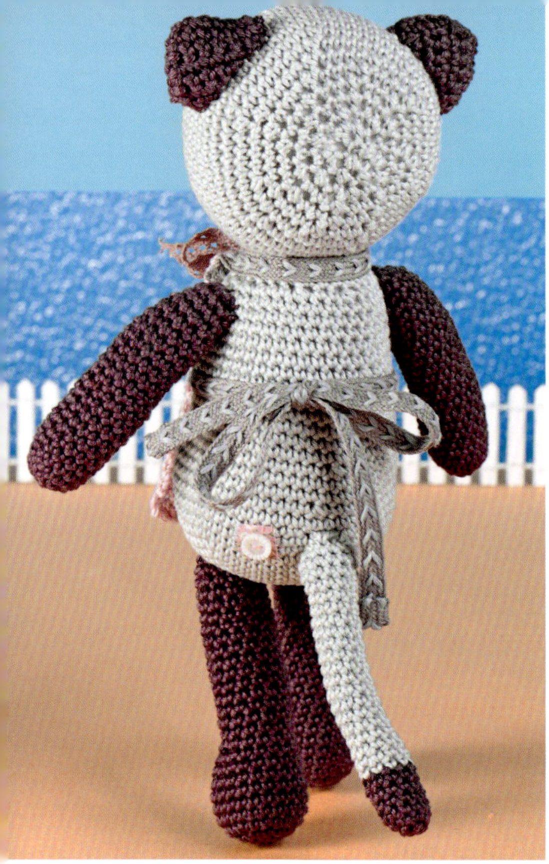

Runde 7: 1 fM in jd der nächsten 18 M, [2 fM zus häkeln] 2-mal. *(20 M)*
Runde 8: 1 fM in jd der nächsten 16 M, [2 fM zus häkeln] 2-mal. *(18 M)*
Runde 9: 1 fM in jd der nächsten 14 M, [2 fM zus häkeln] 2-mal. *(16 M)*
Runde 10: 1 fM in jd der nächsten 12 M, [2 fM zus häkeln] 2-mal. *(14 M)*
Runden 11–26: 1 fM in jd M. *(14 M)*
Das Bein nach den Runden 15 und 26 füllen.
Runde 27: [2 fM zus häkeln, 1 fM in jd der nächsten 5 M] 2-mal. *(12 M)*
Mehr Füllmaterial hinzufügen und die Menge zur Öffnung hin reduzieren.
1 Km in die nächste M, den MM entfernen.
Das Garn befestigen, einen Faden zum Zusammennähen stehenlassen.

Schwanz

Beginnen Sie an der Schwanzspitze und arbeiten Sie in Runden; verwenden Sie einen MM, um die 1. M jeder Runde zu markieren.
Runde 1: Mit Garn A 5 Lm häkeln, mit 1 Km zu einem Ring schließen.
Runde 2: 2 fM in jd Lm. *(10 M)*
Runden 3–6: 1 fM in jd M, dabei in der letzten M von Runde 6 zu Garn B wechseln. *(10 M)*
Runden 7–26: 1 fM in jd M. *(10 M)*
Den Schwanz sehr leicht nach den Runden 15 und 25 füllen.
1 Km in die nächste M.
Das Garn befestigen, einen Faden zum Zusammennähen stehenlassen.

Zusammennähen

1 Den Kopf am Körper feststecken und mit einem Garnende annähen.
2 Stecken Sie die Ohren am Kopf fest und nähen Sie sie vorne und hinten mit den Garnenden an.
3 Über die Öffnungen der Arme im Überwendlingsstich nähen und diese dann an den Seiten des Körpers feststecken und annähen.
4 Über die Öffnungen der Beine im Überwendlingsstich nähen und diese dann vorne an der Unterseite des Körpers feststecken und annähen.
5 Den Schwanz feststecken und mit dem Garnende annähen.
6 Das Stück Stoff im floralen Muster auf die Vlieseline bügeln. Das Muster für die Schnauze auf Seite 111 verwenden und den Stoff zuschneiden. Mit grauem Stickgarn eine dreieckige Nasenform aufsticken und diese mit dem Plattstich füllen (siehe Seite 110). Mit kleinen Rückstichen weiterarbeiten und einen lächelnden Mund aufsticken. Mit Baumwollgarn die Schnauze im Überwendlingsstich an Tessas Gesicht nähen und dabei einen kleinen Abstand unter den Augen lassen.
7 Alle restlichen losen Enden in Tessa vernähen und abschneiden.
8 Das rosafarbene Band in einer ordentlichen Schleife um Tessas Hals binden.

Schürze

Beginnen Sie oben mit der Schürze und arbeiten Sie in Reihen.
Mit Garn C 11 Lm häkeln.
Reihe 1: 1 fM in die 2. Lm von der Nadel, 1 fM in jd der restl Lm, wenden. *(10 M)*
Reihen 2–6: 1 Lm (1 Lm zählt durchgehend nicht als M), 1 fM in jd M, wenden. *(10 M)*
Reihe 7: 1 Lm, 2 fM in die nächste M, 1 fM in jd der nächsten 8 M, 2 fM in die letzte M, wenden. *(12 M)*
Reihen 8–11: 1 Lm, 1 fM in jd M, wenden. *(12 M)*
Reihe 12: 1 Lm, 2 fM in die nächste M, 1 fM in jd der nächsten 10 M, 2 fM in die letzte M, wenden. *(14 M)*
Reihen 13–16: 1 Lm, 1 fM in jd M, wenden. *(14 M)*
Reihe 17: 1 Lm, 2 fM in die nächste M, 1 fM in jd der nächsten 12 M, 2 fM in die letzte M, wenden. *(16 M)*
Reihen 18–25: 1 Lm, 1 fM in jd M, wenden. *(16 M)*
Reihe 26: 1 Lm, [1 hStb in die nächste M, 2 Stb in die nächste M, 1 hStb in die nächste M, 1 Km in die nächste M] 4-mal. *(20 M)*
Das Garn befestigen. Das lose Garnende entlang der Kante der Schürze vernähen.

Zusammennähen

1 Schneiden Sie das graue Band in zwei Teile zu je 35 cm und einen Teil zu 7 cm.
2 Nehmen Sie eines der 35 cm langen Teile und säumen Sie ein Ende. Nähen Sie das gesäumte Ende auf die Rückseite der Schürze, etwa 1 cm vom Rand entfernt (ein bisschen über der Mitte). Mit dem zweiten langen Band wiederholen.
3 Das eine Ende des kurzen grauen Bandes säumen und an die obere rechte Ecke an der Rückseite der Schürze nähen. Das andere Ende säumen und eine Seite des kleinen Stücks Klettband annähen. Achten Sie darauf, das Band nicht zu verdrehen, und nähen Sie die Gegenseite des Klettbands an die andere Seite der Schürze.
4 Den weißen und pinken Stoff auf die Vlieseline aufbügeln. Mithilfe der Cupcake-Schablonen auf Seite 111 je ein Stück ausschneiden. Den Unterteil im Überwendlingsstich mit Baumwollgarn vorne auf die Schürze nähen, dann den Oberteil des Cupcakes annähen (er soll den Unterteil leicht überlappen). Nähen Sie einen dunkelpinken oder roten Knopf oben auf den Cupcake, um die Schürze zu vervollständigen.

Flicken mit dem Knopf

Nähen Sie den weißen Knopf Ihrer Wahl in die Mitte des rosafarbenen Stoffquadrats mit floralem Muster, arbeiten Sie dann mit demselben Faden weiter und nähen Sie den Stoffflicken mit dem Überwendlingsstich links an Tessas Hinterteil an!

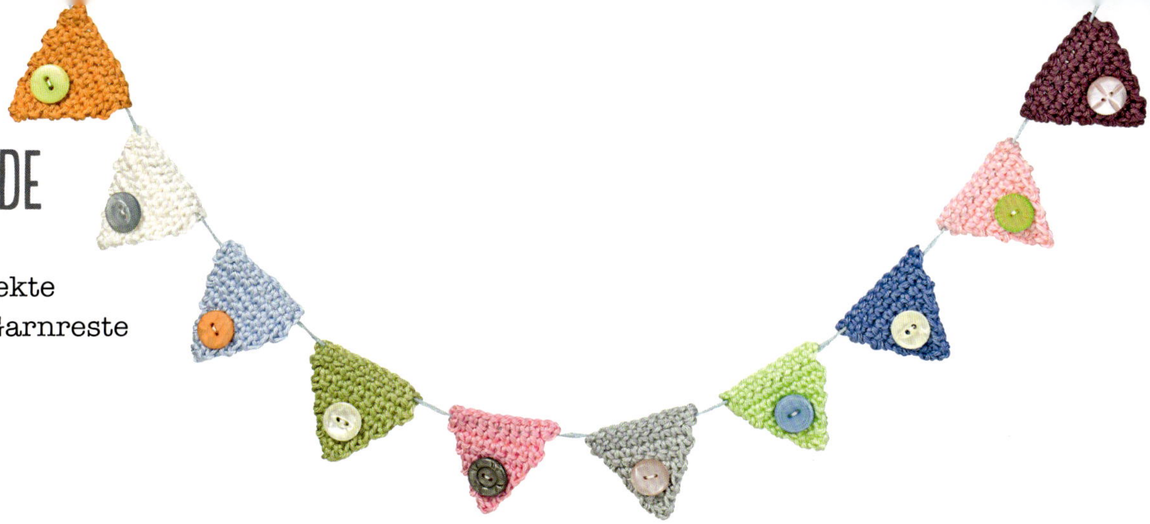

TESSAS GIRLANDE

Diese süße Girlande bietet Ihnen die perfekte Gelegenheit, kleine Garnreste zu verbrauchen!

GARN

- 100 % DK-Baumwollgarn (leichtes Kammgarn) Garn: insgesamt ca. 20 g, bestehend aus 10 verschiedenen Farben
- Häkelnadel, 3 mm

MATERIALIEN

- Schnur/feines Band, 150 cm
- 10 verschiedene Knöpfe, jeder ca. 1,5 cm Durchmesser
- Garn in Kontrastfarbe als Maschenmarkierer
- Schere
- Sticknadel mit stumpfer Spitze
- Stecknadeln, Nähnadel und Baumwollgarn

MASSE BEI FERTIGSTELLUNG

Die Girlande ist ca. 135 cm lang.

SPANNUNG

Die Spannung ist bei diesem Projekt nicht wesentlich, aber Sie brauchen ein engmaschiges Gewebe – passen Sie, wenn nötig, die Nadelstärke an, um dieses zu erhalten.

ABKÜRZUNGEN

[ ] Anweisungen in Klammern so oft, wie angegeben, häkeln
2 fM zus häkeln 2 feste Maschen zusammen häkeln
fM feste Masche
Km Kettmasche
Lm Luftmasche
M Masche(n)

Fähnchen (10-mal häkeln, in verschiedenen Farben)

Beginnen Sie oben am Fähnchen (in der breitesten Reihe) und arbeiten Sie in Reihen.
Mit der Farbe der Wahl 11 Lm häkeln.
Reihe 1: 1 fM in die 2. Lm von der Nadel, 1 fM in jd der restl 9 Lm, wenden. *(10 M)*
Reihe 2: 1 Lm (Lm zählt durchgehend nicht als M), 2 fM zus häkeln, 1 fM in jd der nächsten 8 M, wenden. *(9 M)*
Reihe 3: 1 Lm, 2 fM zus häkeln, 1 fM in jd der nächsten 7 M, wenden. *(8 M)*
Reihe 4: 1 Lm, 2 fM zus häkeln, 1 fM in jd der nächsten 6 M, wenden. *(7 M)*
Reihe 5: 1 Lm, 2 fM zus häkeln, 1 fM in jd der nächsten 5 M, wenden. *(6 M)*
Reihe 6: 1 Lm, 2 fM zus häkeln, 1 fM in jd der nächsten 4 M, wenden. *(5 M)*
Reihe 7: 1 Lm, 2 fM zus häkeln, 1 fM in jd der nächsten 3 M, wenden. *(4 M)*
Reihe 8: 1 Lm, 2 fM zus häkeln, 1 fM in jd der nächsten 2 M, wenden. *(3 M)*
Reihe 9: 1 Lm, 2 fM zus häkeln, 1 fM in die nächste M. *(2 M)*
Das Garn befestigen und die Garnenden entlang einer Seite vernähen.

Zusammennähen

1 Alle Fähnchen mit derselben Seite nach oben auflegen. Einen Knopf auf die untere Hälfte eines jeden Fähnchens setzen und mit Nadel und Faden annähen.
2 Das Band in eine Nadel mit einem großen Öhr fädeln und entlang der Oberkante eines jeden Dreiecks einweben. Die Dreiecke in gleichmäßigen Abständen anordnen, evtl. vor und nach jedem Dreieck einen Knoten ins Band machen, um sie am Verrutschen zu hindern, und an jedem Ende des Bandes eine Schlinge binden.

Tipp

Die Girlande ist auch hübsch, wenn Sie damit ihr Lieblingsregal dekorieren oder sie auf eine Pinnwand drapieren.

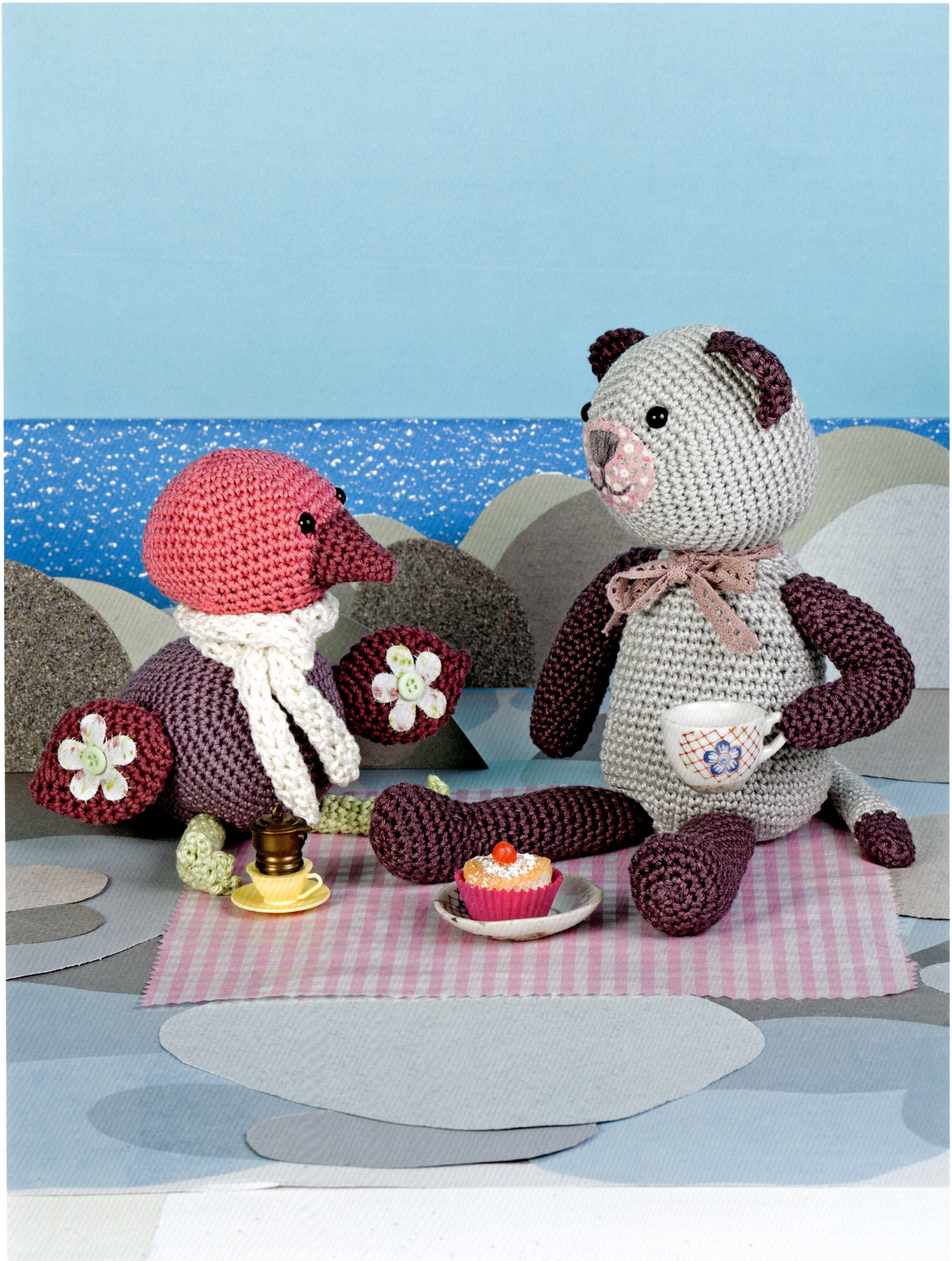

BELLA

Bella ist ein stiller, nachdenklicher Meeresvogel, der es liebt, seine Zeit damit zu verbringen, auf den Wellen auf und ab zu schaukeln. Wenn sie nicht um die Insel herumpaddelt, hilft Bella ihrer Freundin Tessa in ihrem Café. Nach einem hektischen Tag schließen die beiden das Café und genießen eine wohlverdiente Pause, packen ein paar Leckereien ein und machen ein kleines Picknick am Meer. Manchmal schließen sich ihnen noch Freunde an, was eine lustige Zeit verheißt!

GARN

Bella

- Rowan Cotton Glace DK (100 % Baumwolle), DK-Garn (leichtes Kammgarn); ca. 115 m LL pro Knäuel (50 g): ⅓ Knäuel Heather 828 (Violett, A)
- Patons 100 % Cotton DK (100 % Baumwolle), DK-Garn (leichtes Kammgarn); ca. 210 m LL pro Knäuel (100 g): ⅛ Knäuel Fuchsia 2742 (Brombeer, B) eine kleine Menge Kiwi 2703 (Limettengrün, C)
- King Cole Cottonsoft DK (100 % Baumwolle), DK-Garn (leichtes Kammgarn); ca. 210 m LL pro Knäuel (100 g): ⅛ Knäuel Raspberry 1604 (Pink, D)

Schal

- Patons 100 % Cotton DK (100 % Baumwolle), DK-Garn (leichtes Kammgarn); ca. 210 m LL pro Knäuel (100 g): ⅛ Knäuel Cream 2692 (Cremeweiß, E)
- Häkelnadel, 3 mm
- Häkelnadel, 4 mm

ZUM RESTEVERHÄKELN

Wenn Sie auf Ihre Reste zurückgreifen, benötigen Sie:

- **Bella:** 100 % DK-Baumwollgarn (leichtes Kammgarn): ca. 15 g Violett, je 10 g Pink und Brombeer sowie 5 g Limettengrün
- **Schal:** 100 % DK-Baumwollgarn (leichtes Kammgarn): ca. 10 g Cremeweiß

MATERIALIEN

Bella

- 1 Paar schwarze Sicherheitsaugen (7 mm Durchmesser)
- Stofftierfüllung (Polyester)
- Stoff mit floralem Muster, 8 x 4 cm
- Vlieseline, 8 x 4 cm
- 2 grüne Knöpfe, ca. 1 cm Durchmesser
- 1 mauvefarbener Blumenknopf, ca. 1 cm Durchmesser
- Stoffquadrat mit floralem Muster für den Flicken mit dem Knopf, ca. 1,5 cm

Beides

- Garn in Kontrastfarbe als Maschenmarkierer
- Schere
- Sticknadel mit stumpfer Spitze
- Stecknadeln, Nähnadel und Baumwollgarn

MASSE BEI FERTIGSTELLUNG

Bella misst ca. 18 cm von Kopf bis Fuß.

SPANNUNG

Die Spannung ist bei diesem Projekt nicht wesentlich, aber Sie brauchen ein engmaschiges Gewebe – passen Sie, wenn nötig, die Nadelstärke an, um dieses zu erhalten. Bellas Schal wurde mit einer größeren Häkelnadel gehäkelt, um ein lockereres Gewebe zu erhalten.

ABKÜRZUNGEN

[ ] Anweisungen in Klammern so oft, wie angegeben, häkeln
2 fM zus häkeln 2 feste Maschen zusammenhäkeln
fM feste Masche
hStb halbes Stäbchen
Km Kettmasche
Lm Luftmasche
M Masche(n)
MM Maschenmarkierer

SPEZIELLE ABKÜRZUNG

AB asymmetrischer Beginn: Bei einem asymmetrischen Beginn wird Runde 2 begonnen, indem in die erste ungehäkelte Masche von Runde 1 gehäkelt wird – siehe Details auf Seite 107.

Kopf

Beginnen Sie an der Oberseite des Kopfes und arbeiten Sie in Runden; verwenden Sie dabei einen MM, um die 1. M jeder Runde zu markieren.

Runde 1: Mit Garn D und der kleineren Häkelnadel (3 mm) 4 Lm häkeln, den Ring mit 1 Km schließen, 2 fM in jd der nächsten 2 Lm (ungehäkelte Lm zählen als 2 M). *(6 M)*
Runde 2 (AB): 2 fM in jd M. *(12 M)*
Runde 3: [1 fM in die nächste M, 2 fM in die nächste M] 6-mal. *(18 M)*
Runde 4: [1 fM in jd der nächsten 2 M, 2 fM in die nächste M] 6-mal. *(24 M)*
Runde 5: [1 fM in jd der nächsten 3 M, 2 fM in die nächste M] 6-mal. *(30 M)*
Runde 6: [1 fM in jd der nächsten 4 M, 2 fM in die nächste M] 6-mal. *(36 M)*
Runde 7: [1 fM in jd der nächsten 5 M, 2 fM in die nächste M] 6-mal. *(42 M)*
Runde 8: [1 fM in jd der nächsten 6 M, 2 fM in die nächste M] 6-mal. *(48 M)*
Runde 9: [1 fM in jd der nächsten 7 M, 2 fM in die nächste M] 6-mal. *(54 M)*
Runden 10–12: 1 fM in jd M. *(54 M)*
Runde 13: [1 fM in jd der nächsten 7 M, 2 fM zus häkeln] 6-mal. *(48 M)*
Runde 14: [1 fM in jd der nächsten 6 M, 2 fM zus häkeln] 6-mal. *(42 M)*
Runde 15: [1 fM in jd der nächsten 5 M, 2 fM zus häkeln] 6-mal. *(36 M)*
Runde 16: [1 fM in jd der nächsten 4 M, 2 fM zus häkeln] 6-mal. *(30 M)*
Runde 17: [1 fM in jd der nächsten 3 M, 2 fM zus häkeln] 6-mal. *(24 M)*
Die Sicherheitsaugen zwischen den Runden 9 und 10 anbringen. Den Kopf fest füllen.
Runde 18: [1 fM in jd der nächsten 2 M, 2 fM zus häkeln] 6-mal. *(18 M)*
Runde 19: [1 fM in die nächste M, 2 fM zus häkeln] 6-mal. *(12 M)*
Mehr Füllmaterial hinzufügen.
Runde 20: [2 fM zus häkeln] 6-mal. *(6 M)*
Runde 21: [Die nächste M auslassen, 1 Km in die nächste M] 2-mal.
Den MM entfernen.
Das Garn befestigen, einen Faden zum Zusammennähen stehenlassen.

Schnabel

Beginnen Sie an der Schnabelspitze und arbeiten Sie in Runden; verwenden Sie einen MM, um die 1. M jeder Runde zu markieren.

Runde 1: Mit Garn B und der kleineren Häkelnadel (3 mm) 4 Lm häkeln, den Ring mit 1 Km schließen.
Runde 2: [1 fM in die nächste Lm, 2 fM in die nächste Lm] 2-mal. *(6 M)*
Runde 3: [1 fM in jd der nächsten 2 M, 2 fM in die nächste M] 2-mal. *(8 M)*
Runde 4: 1 fM in jd M. *(8 M)*
Runde 5: [1 fM in jd der nächsten 3 M, 2 fM in die nächste M] 2-mal. *(10 M)*
Runde 6: [1 fM in jd der nächsten 4 M, 2 fM in die nächste M] 2-mal. *(12 M)*
Runde 7: [1 fM in jd der nächsten 3 M, 2 fM in die nächste M] 3-mal. *(15 M)*
Runde 8: [1 fM in jd der nächsten 4 M, 2 fM in die nächste M] 3-mal. *(18 M)*
Den Schnabel füllen.
1 Km in die nächste M, den MM entfernen.
Das Garn befestigen, einen Faden zum Zusammennähen stehenlassen.

Körper und Schwanz

Beginnen Sie vorne am Körper und arbeiten Sie in Runden; verwenden Sie einen MM, um die 1. M jeder Runde zu markieren.

Runde 1: Mit Garn A und der kleineren Häkelnadel (3 mm) 4 Lm häkeln, den Ring mit 1 Km schließen, 2 fM in jd der nächsten 2 Lm (ungehäkelte Lm zählen als 2 M). *(6 M)*
Runde 2 (AB): 2 fM in jd M. *(12 M)*
Runde 3: [1 fM in die nächste M, 2 fM in die nächste M] 6-mal. *(18 M)*
Runde 4: [1 fM in jd der nächsten 2 M, 2 fM in die nächste M] 6-mal. *(24 M)*
Runde 5: [1 fM in jd der nächsten 3 M, 2 fM in die nächste M] 6-mal. *(30 M)*
Runde 6: [1 fM in jd der nächsten 4 M, 2 fM in die nächste M] 6-mal. *(36 M)*
Runde 7: [1 fM in jd der nächsten 5 M, 2 fM in die nächste M] 6-mal. *(42 M)*
Runde 8: [1 fM in jd der nächsten 6 M, 2 fM in die nächste M] 6-mal. *(48 M)*
Runde 9: [1 fM in jd der nächsten 7 M, 2 fM in die nächste M] 6-mal. *(54 M)*
Runden 10–14: 1 fM in jd M. *(54 M)*
Runde 15: [1 fM in jd der nächsten 7 M, 2 fM zus häkeln] 6-mal. *(48 M)*
Runden 16–19: 1 fM in jd M. *(48 M)*
Runde 20: [1 fM in jd der nächsten 6 M, 2 fM zus häkeln] 6-mal. *(42 M)*
Runden 21–23: 1 fM in jd M. *(42 M)*
Runde 24: [1 fM in jd der nächsten 5 M, 2 fM zus häkeln] 6-mal. *(36 M)*
Runden 25 und 26: 1 fM in jd M. *(36 M)*
Runde 27: [1 fM in jd der nächsten 2 M, 2 fM zus häkeln] 4-mal, 1 fM in jd der nächsten 7 M, 2 fM zus häkeln, 1 fM in jd der nächsten 2 M, 2 fM zus häkeln, 1 fM in jd der nächsten 7 M. *(30 M)*
Runden 28 und 29: 1 fM in jd M. *(30 M)*
Den Körper und den Schwanz weiter füllen.
Runde 30: [1 fM in die nächste M, 2 fM zus häkeln] 4-mal, 1 fM in jd der nächsten 6 M, 2 fM zus häkeln, 1 fM in jd der nächsten 2 M, 2 fM zus häkeln, 1 fM in jd der nächsten 6 M. *(24 M)*
Runde 31: 1 fM in jd M. *(24 M)*
Runde 32: [1 fM in die nächste M, 2 fM zus häkeln] 6-mal, 1 fM in jd der nächsten 6 M. *(18 M)*
Runde 33: [2 fM zus häkeln] 6-mal, 2 fM in jd der nächsten 4 M, 2 fM zus häkeln. *(15 M)*
Den Schwanz mehr füllen.
Runde 34: [2 fM zus häkeln] 4-mal, 1 fM in jd der nächsten 5 M, 2 fM zus häkeln. *(10 M)*
Runde 35: [2 fM zus häkeln] 5-mal. *(5 M)*
Runde 36: [Die nächste M auslassen, 1 Km in die nächste M] 2-mal.
Den MM entfernen.
Das Garn befestigen. Das lose Garnende im Inneren des Körpers vernähen.

Flügel (2-mal häkeln)

Beginnen Sie vorne am Flügel und arbeiten Sie in Runden; verwenden Sie einen MM, um die 1. M jeder Runde zu markieren.

Runde 1: Mit Garn B und der kleineren Häkelnadel (3 mm) 4 Lm häkeln, den Ring mit 1 Km schließen, 2 fM in jd der nächsten 2 Lm (ungehäkelte Lm zählen als 2 M). *(6 M)*
Runde 2 (AB): 2 fM in jd M. *(12 M)*
Runde 3: [1 fM in die nächste M, 2 fM in die nächste M] 6-mal. *(18 M)*
Runde 4: [1 fM in jd der nächsten 5 M, 2 fM in die nächste M] 3-mal. *(21 M)*
Runden 5–8: 1 fM in jd M. *(21 M)*
Runde 9: [1 fM in jd der nächsten 5 M, 2 fM zus häkeln] 3-mal. *(18 M)*
Runde 10: [1 fM in jd der nächsten 4 M, 2 fM zus häkeln] 3-mal. *(15 M)*

Runde 11: [1 fM in jd der nächsten 3 M, 2 fM zus häkeln] 3-mal. *(12 M)*
Runde 12: [1 fM in jd der nächsten 2 M, 2 fM zus häkeln] 3-mal. *(9 M)*
Runde 13: [1 fM in die nächste M, 2 fM zus häkeln] 3-mal. *(6 M)*
Runde 14: [2 fM zus häkeln] 3-mal. *(3 M)*
1 Km in die nächste M, den MM entfernen.
Der Flügel muss nicht gefüllt werden.
Das Garn befestigen, einen Faden zum Zusammennähen stehenlassen.

Beine (2-mal häkeln)

Beginnen Sie oben am Bein und arbeiten Sie in Runden; verwenden Sie einen MM, um die 1. M jeder Runde zu markieren.
Runde 1: Mit Garn C und der kleineren Häkelnadel (3 mm) 4 Lm häkeln, den Ring mit 1 Km schließen, 2 fM in jd der nächsten 2 Lm (ungehäkelte Lm zählen als 2 M). *(6 M)*
Runde 2 (AB): 1 fM in jd M. *(6 M)*
Runden 3–13: 1 fM in jd M.
Das Bein nach den Runden 7 und 13 füllen.
Runde 14: 2 fM in jd M. *(12 M)*
Runde 15: Die Öffnung glätten, [1 fM durch beide Schichten in die nächste M, 5 Lm, 1 Km durch beide Schichten der nächsten M] 3-mal, sodass drei Krallen entstehen.
Den MM entfernen.
Das Garn befestigen, dabei einen langen Faden stehenlassen. Mit einer Nadel mit einem großen Öhr den Faden ins Innere des Fußes fädeln, dann durch das Bein und oben am Bein herausführen, sodass es fertig zum Zusammennähen ist.

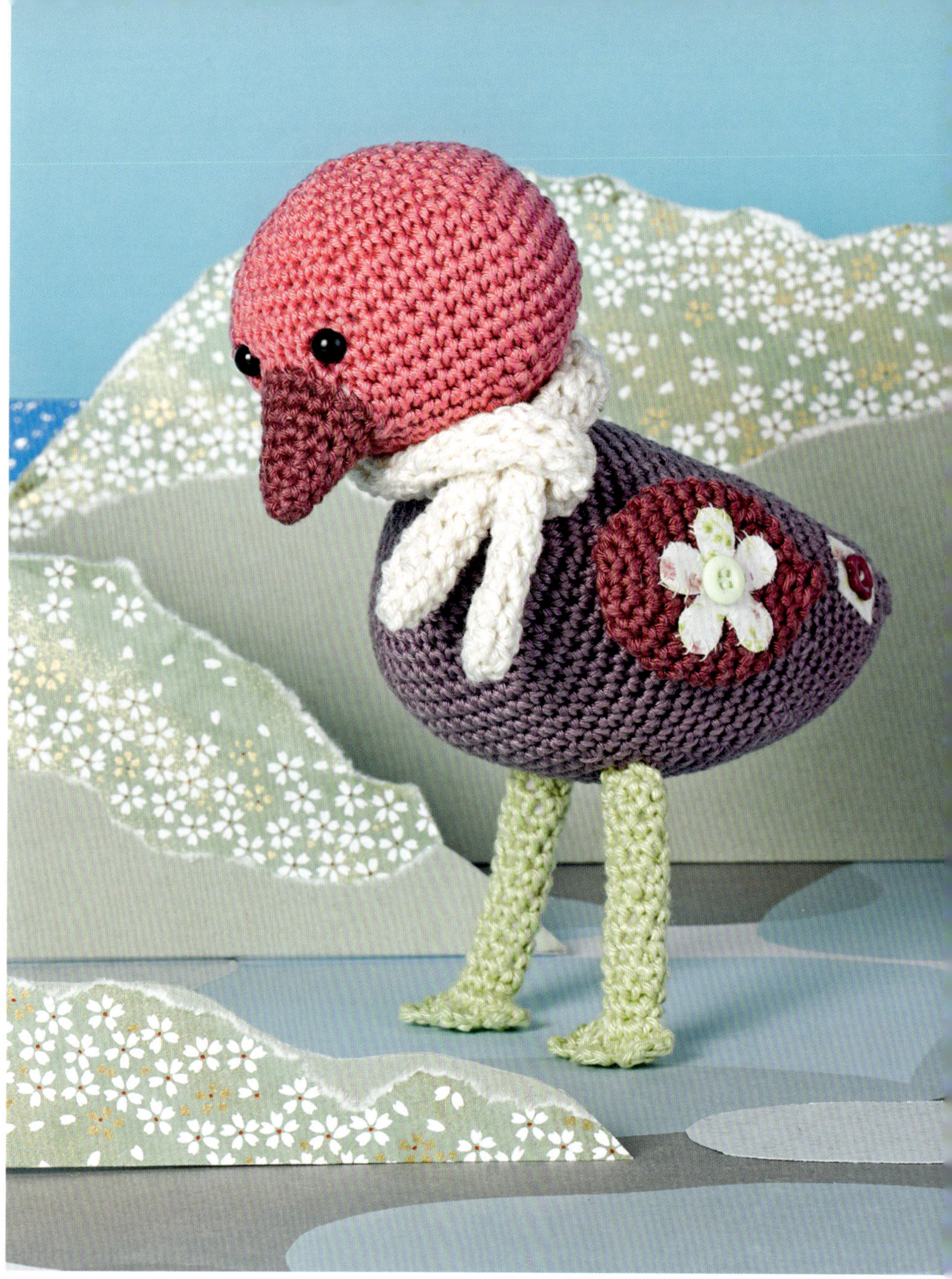

Schal

Arbeiten Sie in Runden; verwenden Sie einen MM, um die 1. M jeder Runde zu markieren.
Runde 1: Mit Garn D und der größeren Häkelnadel (4 mm) 5 Lm häkeln, den Ring mit 1 Km schließen.
Runde 2: 1 hStb in jd Lm. *(5 M)*
Runden 3–56: 1 hStb in jd M. *(5 M)*
Runde 57: 1 fM in die nächste M, 2 fM zus häkeln, die nächste M ausl, 1 Km in die nächste M.
Den MM entfernen. Muss nicht gefüllt werden. Das Garn befestigen.
Das lose Garnende durch den Schal vernähen.

Zusammennähen

1 Den Schnabel am Kopf feststecken und mit dem Garnende annähen.
2 Den Kopf am Körper feststecken und mit dem Garnende annähen.
3 Die Vlieseline auf die RS des Stoffs aufbügeln. Mithilfe der Blumenschablone auf Seite 111 die zwei Formen aus dem Stoff zuschneiden. Mit Nähgarn einen Knopf in die Mitte jeder Blume nähen und dann entlang der Ränder der Blütenblätter auf jeden Flügel aufnähen. Das abgerundete Ende der Flügel am Körper feststecken und mit den Garnenden annähen.
4 Die Beine unter dem Körper feststecken und mit den Garnenden annähen.
5 Alle restlichen losen Fäden im Inneren von Bella vernähen und abschneiden.
6 Den Schal um Bellas Hals binden.

Flicken mit dem Knopf

Nähen Sie den mauvefarbenen Knopf Ihrer Wahl in die Mitte des Stoffquadrats mit dem floralen Muster, arbeiten Sie dann mit demselben Faden weiter und nähen Sie den Stoffflicken mit dem Überwendlingsstich links an Bellas Schwanz an!

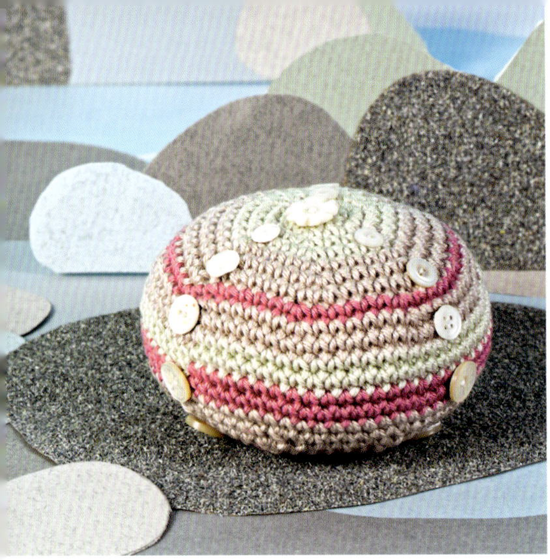

BELLAS HOCKER AUS KIESELSTEIN

Bellas Lieblingsbeschäftigung ist, sich ihren Spezialhocker aus Kieselstein zu suchen, darauf zu sitzen und dabei an einem ruhigen, friedlichen Abend auf das Meer zu schauen. Manchmal hat sie sogar das Glück, den wunderschönen Sonnenuntergang am Horizont genießen zu können. Wenn sie so glücklich in den letzten Sonnenstrahlen tagträumt, denkt sie bei sich: An einem schöneren Ort kann man wirklich nicht leben!

GARN

- Patons 100 % Cotton DK (100 % Baumwolle), DK-Garn (leichtes Kammgarn); ca. 210 m LL pro Knäuel (100 g):
  1/6 Knäuel Raffia 2714 (Beige, A)
  1/8 Knäuel Limestone 2716 (Steingrau, B)
- King Cole Cottonsoft DK (100 % Baumwolle), DK-Garn (leichtes Kammgarn); ca. 210 m LL pro Knäuel (100 g):
  1/8 Knäuel Raspberry 1604 (kräftiges Pink, C)
- Häkelnadel, 3 mm

ZUM RESTEVERHÄKELN

Wenn Sie auf Ihre Reste zurückgreifen, benötigen Sie:

- 100 % DK-Baumwollgarn (leichtes Kammgarn): ca. 15 g Beige, je 10 g Hellgrau und kräftiges Pink

MATERIALIEN

- Garn in Kontrastfarbe als Maschenmarkierer
- Stofftierfüllung (Polyester)
- 16 verschiedene Perlmuttknöpfe, 1 x 1,3 cm, 6 x 1,1 cm, 3 x 1 cm, 6 x 0,7 cm Durchmesser
- Schere
- Sticknadel mit stumpfer Spitze
- Stecknadeln, Nähnadel und Baumwollgarn

MASSE BEI FERTIGSTELLUNG

Der Hocker ist ca. 10 cm breit und 5 cm hoch.

SPANNUNG

Die Spannung ist bei diesem Projekt nicht wesentlich, aber Sie brauchen ein engmaschiges Gewebe – passen Sie, wenn nötig, die Nadelstärke an, um dieses zu erhalten.

ABKÜRZUNGEN

[ ] Anweisungen in Klammern so oft, wie angegeben, häkeln
2 fM zus häkeln 2 feste Maschen zusammenhäkeln
fM feste Masche
Km Kettmasche
Lm Luftmasche
M Masche(n)
MM Maschenmarkierer

SPEZIELLE ABKÜRZUNG

AB asymmetrischer Beginn: Bei einem asymmetrischen Beginn wird Runde 2 begonnen, indem in die erste ungehäkelte Masche von Runde 1 gehäkelt wird – siehe Details auf Seite 107.

Bellas Hocker

Beginnen Sie oben an dem Kieselstein und arbeiten Sie in Runden; verwenden Sie dabei einen MM, um die 1. M jeder Runde zu markieren.

Runde 1: Mit Garn B 4 Lm häkeln, den Ring mit 1 Km schließen, 2 fM in jd der nächsten 2 Lm (ungehäkelte Lm zählen als 2 M). *(6 M)*

Runde 2 (AB): 2 fM in jd M. *(12 M)*

Runde 3: [1 fM in die nächste M, 2 fM in die nächste M] 6-mal. *(18 M)*

Runde 4: [1 fM in jd der nächsten 2 M, 2 fM in die nächste M] 6-mal. *(24 M)*

Runde 5: [1 fM in jd der nächsten 3 M, 2 fM in die nächste M] 6-mal, dabei in der letzten M zu Garn A wechseln. *(30 M)*

Runde 6: [1 fM in jd der nächsten 4 M, 2 fM in die nächste M] 6-mal. *(36 M)*

Runde 7: [1 fM in jd der nächsten 5 M, 2 fM in die nächste M] 6-mal. *(42 M)*

Runde 8: [1 fM in jd der nächsten 6 M, 2 fM in die nächste M] 6-mal, dabei in der letzten M zu Garn C wechseln. *(48 M)*

Runde 9: [1 fM in jd der nächsten 5 M, 2 fM in die nächste M] 8-mal, dabei in der letzten M zu Garn A wechseln. *(56 M)*

Runde 10: [1 fM in jd der nächsten 6 M, 2 fM in die nächste M] 8-mal. *(64 M)*

Runde 11: 1 fM in jd M, dabei in der letzten M zu Garn B wechseln. *(64 M)*

Runden 12 und 13: 1 fM in jd M, dabei in der letzten M von Runde 13 zu Garn C wechseln. *(64 M)*

Runden 14 und 15: 1 fM in jd M, dabei in der letzten M von Runde 15 zu Garn A wechseln. *(64 M)*

Runde 16: 1 fM in jd M. *(64 M)*

Runde 17: [1 fM in jd der nächsten 6 M, 2 fM zus häkeln] 8-mal. *(56 M)*
Runde 18: [1 fM in jd der nächsten 5 M, 2 fM zus häkeln] 8-mal, dabei in der letzten M zu Garn C wechseln. *(48 M)*
Runde 19: [1 fM in jd der nächsten 4 M, 2 fM zus häkeln] 8-mal, dabei in der letzten M zu Garn B wechseln. *(40 M)*
Runde 20: [1 fM in jd der nächsten 3 M, 2 fM zus häkeln] 8-mal. *(32 M)*
Runde 21: [1 fM in jd der nächsten 2 M, 2 fM zus häkeln] 8-mal. *(24 M)*
Stecken Sie den größten Knopf oben in der Mitte des Kieselsteins fest. Die restlichen Knöpfe in gleichmäßigen Abständen in drei vertikalen Linien mit dem kleinsten Knopf oben und dem größten nahe des Bodens anordnen. Mit Nähgarn annähen. Den Hocker füllen.
Runde 22: [1 fM in die nächste M, 2 fM zus häkeln] 8-mal, dabei in der letzten M zu Garn A wechseln. *(16 M)*
Runde 23: [2 fM zus häkeln] 8-mal. *(8 M)*
Runde 24: [2 fM zus häkeln] 4-mal. *(4 M)*
Runde 25: [Die nächste M auslassen, 1 Km in die nächste M] 2-mal.
Den MM entfernen.
Das Garn befestigen, lose Enden ins Innere des Kieselsteins nähen.

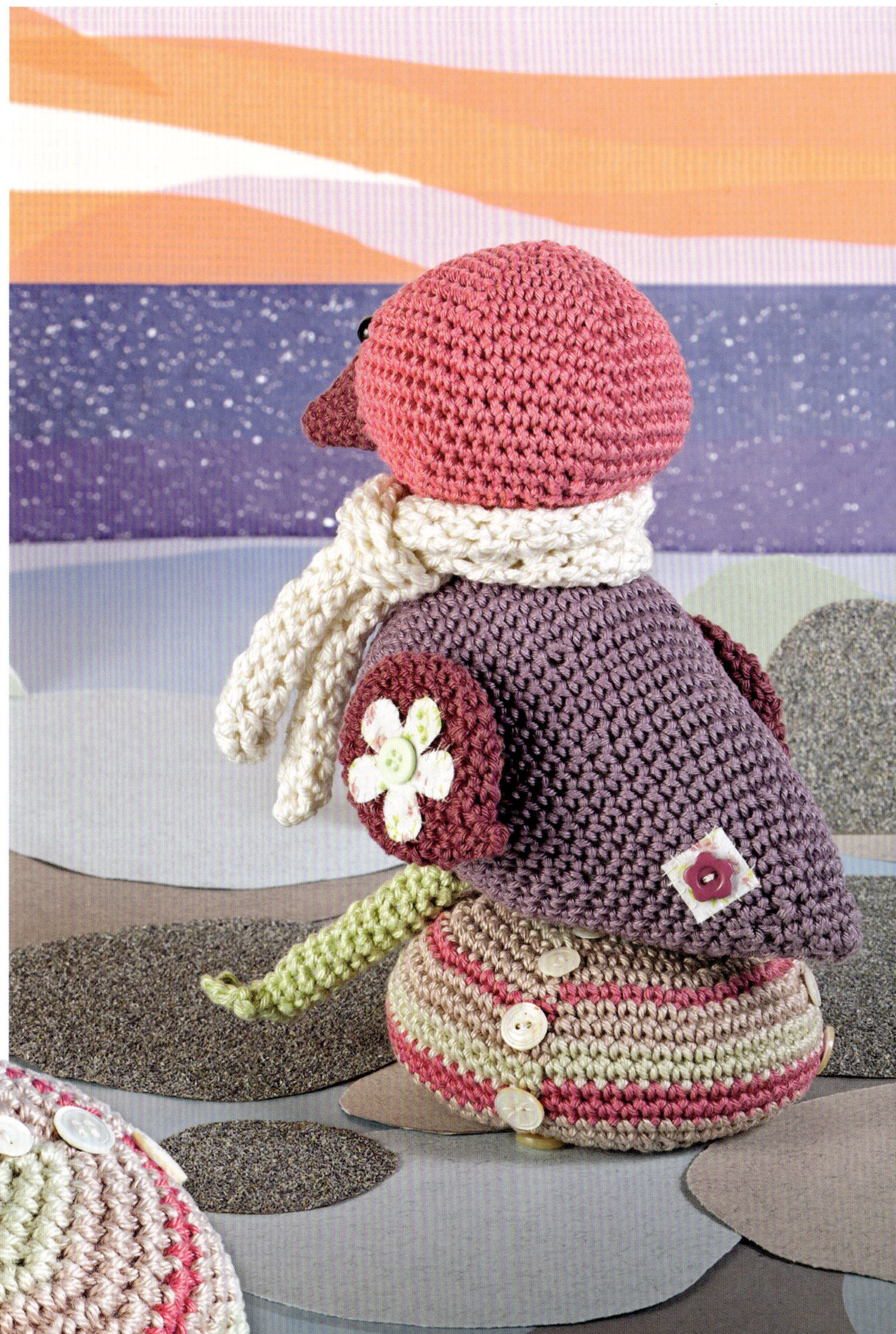

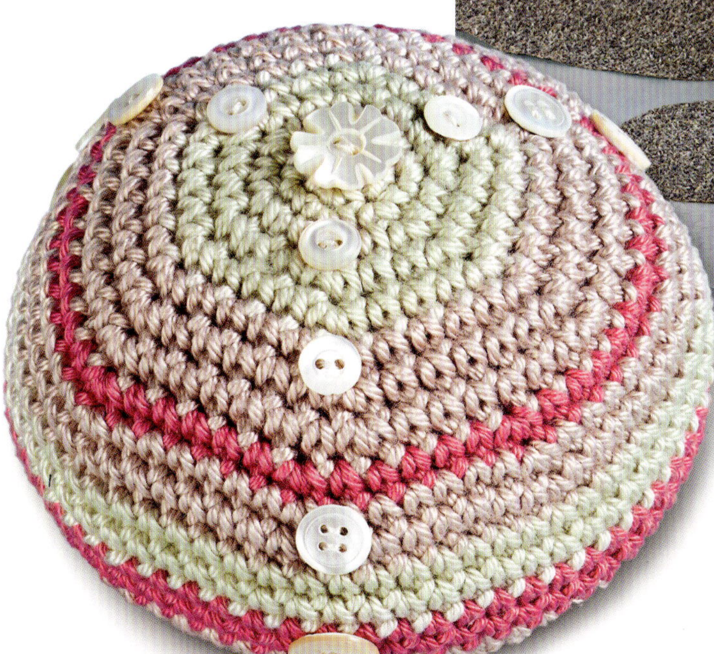

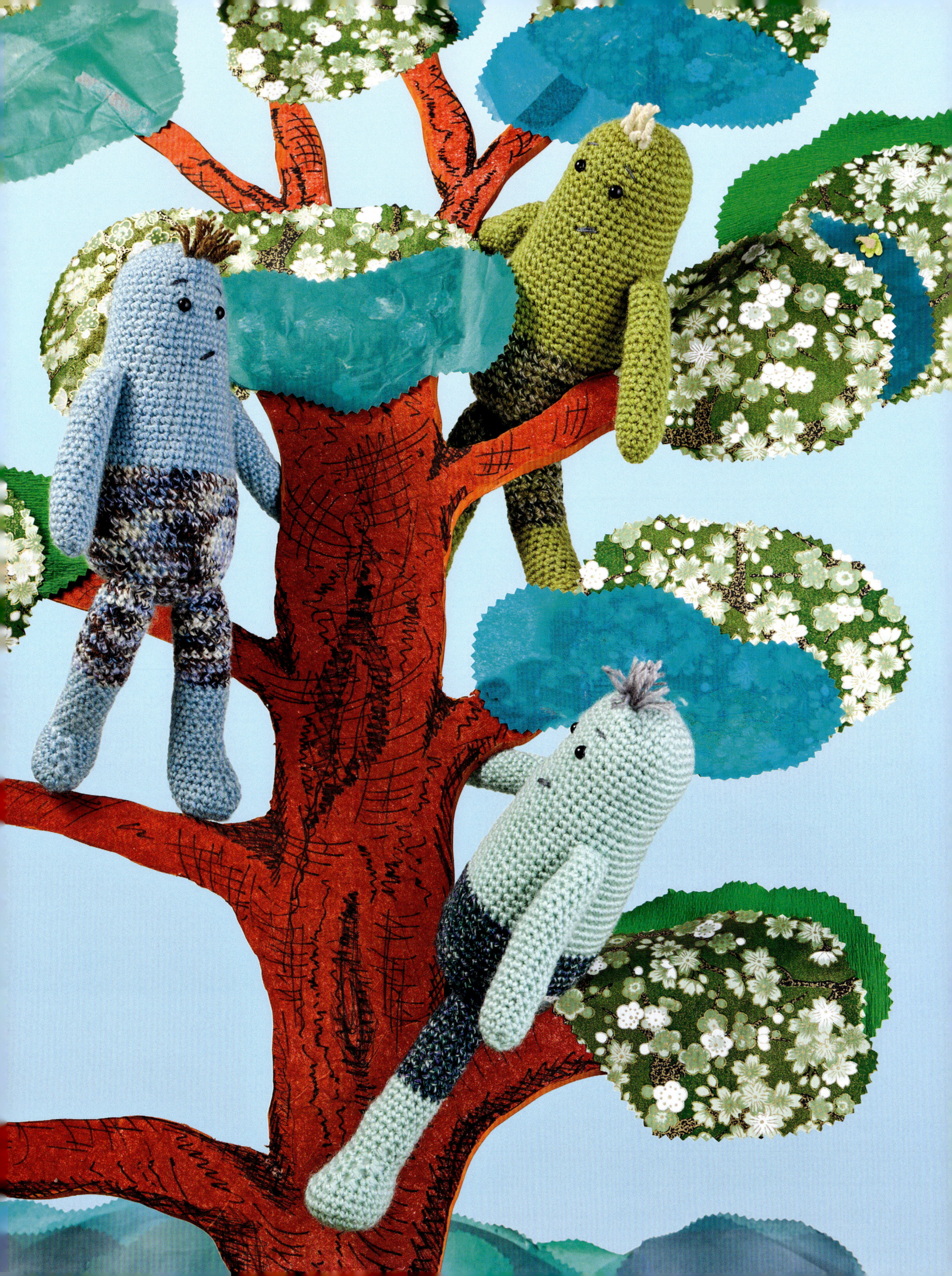

Die WIPFELSTÜRMER

Eine Gruppe merkwürdig aussehender Wesen kam eines Tages auf die Insel und baute sich Behausungen hoch in den Wipfeln des Waldes der Sonnenscheinbucht. Sie sammeln Beeren und Samen, um sie zu futtern, und bleiben unter sich, aber Paula Lamm und Bobo, der Affe, besuchen sie manchmal. Paula kontrolliert gerne, ob die Wipfelstürmer nicht irgendwelchen Unsinn machen, während Bobo der Gruppe gerne Streiche spielt!

GARN

Variante 1

- Stylecraft Life DK (25 % Wolle, 75 % Acryl), DK-Garn (leichtes Kammgarn); ca. 298 m LL pro Knäuel (100 g): ⅕ Knäuel Ice Blue 2414 (Blau, A)
- Stylecraft Special Effects DK (100 % Acryl), DK-Garn (leichtes Kammgarn); ca. 247 m LL pro Knäuel (100 g): ⅛ Knäuel Foxtrot 1802 (Effektgarn Blau/Braun/Creme, B)
- Patons Fab DK (100 % Acryl), DK-Garn (leichtes Kammgarn); ca. 274 m LL pro Knäuel (100 g): kleine Menge Brown 2309 (Braun, C)

Variante 2

- Stylecraft Life DK (25 % Wolle, 75 % Acryl), DK-Garn (leichtes Kammgarn); ca. 298 m LL pro Knäuel (100 g): ⅕ Knäuel Fern 2311 (Grün, A)
- Stylecraft Special Effects DK (100 % Acryl), DK-Garn (leichtes Kammgarn); ca. 247 m LL pro Knäuel (100 g): ⅛ Knäuel Rumba 1803 (Effektgarn Grün/Mauve/Creme, B)
- Patons Fab DK (100 % Acryl), DK-Garn (leichtes Kammgarn); ca. 274 m LL pro Knäuel (100 g): kleine Menge Beige 2331 (C)

Variante 3

- Stylecraft Life DK (25 % Wolle, 75 % Acryl), DK-Garn (leichtes Kammgarn); ca. 298 m LL pro Knäuel (100 g): ⅕ Knäuel Silver Grey 2341 (Hellgrau, A)
- Stylecraft Special Effects DK (100 % Acryl), DK-Garn (leichtes Kammgarn); ca. 247 m LL pro Knäuel (100 g): ⅛ Knäuel Jive 1804 (Effektgarn Grau/Beige/Creme, B)
- Stylecraft Special DK (100 % Acryl), DK-Garn (leichtes Kammgarn); ca. 295 m LL pro Knäuel (100 g): kleine Menge Graphite 1063 (Grau, C)
- Häkelnadel, 3 mm

ZUM RESTEVERHÄKELN

Wenn Sie auf Ihre Reste zurückgreifen, benötigen Sie:

Variante 1

- Woll- oder Acrylgarn (leichtes Kammgarn/DK-Garn): ca. 20 g Blau, 10 g Effektgarn Blau/Braun/Creme und ca. 60 cm Braun für die Haare

Variante 2

- Woll- oder Acrylgarn (leichtes Kammgarn/DK-Garn): ca. 20 g Grün, 10 g Effektgarn Grün/Mauve/Creme und ca. 60 cm Cremeweiß für die Haare

Variante 3

- Woll- oder Acrylgarn (leichtes Kammgarn/DK-Garn): ca. 20 g Hellblau, 10 g Effektgarn (Grau/Beige/Creme) und ca. 60 cm Grau für die Haare

MATERIALIEN

- Garn in Kontrastfarbe als Maschenmarkierer
- 1 Paar schwarze Sicherheitsaugen (6 mm)
- Stofftierfüllung (Polyester)
- 1 blauer Knopf, ca. 0,8 cm Durchmesser
- steingraues Stoffquadrat für den Flicken mit dem Knopf, ca. 1,3 cm
- dunkelgraues Stickgarn für Augenbrauen und Mund
- Schere
- Sticknadel mit stumpfer Spitze
- Stecknadeln, Nähnadel und Baumwollgarn

MASSE BEI FERTIGSTELLUNG

Jeder Wipfelstürmer misst ca. 25 cm von Kopf bis Fuß.

SPANNUNG

Die Spannung ist bei diesem Projekt nicht wesentlich, aber Sie brauchen ein engmaschiges Gewebe – passen Sie, wenn nötig, die Nadelstärke an, um dieses zu erhalten.

ABKÜRZUNGEN

[ ] Anweisungen in Klammern so oft, wie angegeben, häkeln

2 fM zus häkeln 2 feste Maschen zusammenhäkeln

fM feste Masche

Km Kettmasche

Lm Luftmasche

M Masche(n)

MM Maschenmarkierer

SPEZIELLE ABKÜRZUNG

AB asymmetrischer Beginn: Bei einem asymmetrischen Beginn wird Runde 2 begonnen, indem in die erste ungehäkelte Masche von Runde 1 gehäkelt wird – siehe Details auf Seite 107.

TIPP

Warum häkeln Sie nicht eine ganze Wipfelstürmersammlung in einer Vielzahl von Farben – jeder mit einem anderen Gesichtsausdruck?

Kopf und Körper

Beginnen Sie oben am Kopf und arbeiten Sie in Runden; verwenden Sie dabei einen MM, um die 1. M jeder Runde zu markieren.

Runde 1: Mit Garn A 4 Lm häkeln, den Ring mit 1 Km schließen, 2 fM in jd der nächsten 2 Lm (ungehäkelte Lm zählen als 2 M). *(6 M)*

Runde 2 (AB): 2 fM in jd M. *(12 M)*

Runde 3: [1 fM in die nächste M, 2 fM in die nächste M] 6-mal. *(18 M)*

Runde 4: [1 fM in jd der nächsten 2 M, 2 fM in die nächste M] 6-mal. *(24 M)*

Runde 5: [1 fM in jd der nächsten 3 M, 2 fM in die nächste M] 6-mal. *(30 M)*

Runde 6: [1 fM in jd der nächsten 4 M, 2 fM in die nächste M] 6-mal. *(36 M)*

Runden 7–15: 1 fM in jd M. *(36 M)*

Runde 16: [1 fM in jd der nächsten 11 M, 2 fM in die nächste M] 3-mal. *(39 M)*

Runden 17–20: 1 fM in jd M. *(39 M)*

Die Sicherheitsaugen zwischen den Runden 10 und 11 auf der dem MM gegenüberliegenden Seite des Kopfes anbringen.

Runde 21: [1 fM in jd der nächsten 12 M, 2 fM in die nächste M] 3-mal. *(42 M)*

Die Haare gestalten

Schneiden Sie Garn C in 4 ca. 15 cm lange Stücke. Beginnen Sie vom Inneren der Stirn, stechen Sie die Häkelnadel zwischen den Runden 4 und 5 ein und ziehen Sie ein Stück Garn durch, sodass etwa 2 cm außen am Kopf herausstehen. Das Garn im Inneren des Kopfes verknoten. Mit den anderen Fäden wiederholen, sodass ein Büschel entsteht, um den Platz parallel zum Augenabstand zu füllen. Wenn notwendig, den Schopf zurechtschneiden.

Runden 22–25: 1 fM in jd M. *(42 M)*

Runde 26: [1 fM in jd der nächsten 13 M, 2 fM in die nächste M] 3-mal. *(45 M)*

Den Kopf fest füllen.

Runden 27–29: 1 fM in jd M. *(45 M)*

Runde 30: 1 fM in jd M, dabei in der letzten M zu Garn B wechseln. *(45 M)*

Runde 31: [1 fM in jd der nächsten 14 M, 2 fM in die nächste M] 3-mal. *(48 M)*

Den Körper füllen.

Runden 32–38: 1 fM in jd M. *(48 M)*

Runde 39: [1 fM in jd der nächsten 6 M, 2 fM zus häkeln] 6-mal. *(42 M)*

Runde 40: [1 fM in jd der nächsten 5 M, 2 fM zus häkeln] 6-mal. *(36 M)*

Runde 41: [1 fM in jd der nächsten 4 M, 2 fM zus häkeln] 6-mal. *(30 M)*

Runde 42: [1 fM in jd der nächsten 3 M, 2 fM zus häkeln] 6-mal. *(24 M)*

Runde 43: [1 fM in jd der nächsten 2 M, 2 fM zus häkeln] 6-mal. *(18 M)*

Mehr Füllmaterial hinzufügen.

Runde 44: [1 fM in die nächste M, 2 fM zus häkeln] 6-mal. *(12 M)*

Runde 45: [2 fM zus häkeln] 6-mal. *(6 M)*

Runde 46: [Die nächste M auslassen, 1 Km in die nächste M] 2-mal.

Den MM entfernen.

Das Garn befestigen und lose Garnenden im Inneren des Körpers vernähen.

Arme (2-mal häkeln)

Beginnen Sie an der Hand und arbeiten Sie in Runden; verwenden Sie dabei einen MM, um die 1. M jeder Runde zu markieren.

Runde 1: Mit Garn A 4 Lm häkeln, den Ring mit 1 Km schließen, 2 fM in jd der nächsten 2 Lm (ungehäkelte Lm zählen als 2 M). *(6 M)*

Runde 2 (AB): [1 fM in die nächste M, 2 fM in die nächste M] 3-mal. *(9 M)*

Runde 3: [1 fM in jd der nächsten 2 M, 2 fM in die nächste M] 3-mal. *(12 M)*

Runden 4–19: 1 fM in jd M. *(12 M)*

Den Arm nach den Runden 9 und 19 füllen.

Runde 20: [2 fM zus häkeln, 1 fM in jd der nächsten 4 M] 2-mal. *(10 M)*

Runden 21–23: 1 fM in jd M. *(10 M)*

Nach Runde 23 füllen.

1 Km in die nächste M, den MM entfernen.

Das Garn befestigen, einen Faden zum Zusammennähen stehenlassen.

Beine (2-mal häkeln)

Beginnen Sie am Fuß und arbeiten Sie in Runden; verwenden Sie dabei einen MM, um die 1. M jeder Runde zu markieren.

Runde 1: Mit Garn A 4 Lm häkeln, die Runde mit 1 Km schließen.

Runde 2: 2 fM in jd Lm. *(8 M)*

Runde 3: 2 fM in jd M. *(16 M)*

Runde 4: [1 fM in die nächste M, 2 fM in die nächste M] 8-mal. *(24 M)*

Runde 5: 1 fM in jd M. *(24 M)*
Runde 6: 1 fM in jd der nächsten 20 M, [2 fM zus häkeln] 2-mal. *(22 M)*
Runde 7: 1 fM in jd der nächsten 18 M, [2 fM zus häkeln] 2-mal. *(20 M)*
Runde 8: 1 fM in jd der nächsten 16 M, [2 fM zus häkeln] 2-mal. *(18 M)*
Runde 9: 1 fM in jd der nächsten 14 M, [2 fM zus häkeln] 2-mal. *(16 M)*
Runde 10: 1 fM in jd der nächsten 12 M, [2 fM zus häkeln] 2-mal. *(14 M)*
Runden 11–15: 1 fM in jd M. *(14 M)*
Das Bein nach Runde 15 füllen.
Runden 16–20: 1 fM in jd M, dabei in der letzten M von Runde 20 zu Garn B wechseln. *(14 M)*
Runden 21–32: 1 fM in jd M. *(14 M)*
Mehr Füllmaterial hinzufügen.
1 Km in die nächste M, den MM entfernen. Das Garn befestigen, einen Faden zum Zusammennähen stehenlassen.

Zusammennähen

1 Mit dem Garnende über die Öffnungen eines jeden Arms im Überwendlingsstich nähen. Die Arme an den Seiten des Körpers feststecken (um die Gesichtszüge besser platzieren zu können)
2 Die Augenbrauen und den Mund mit grauem Stickgarn aufsticken. Heben Sie die Augenbrauen und verziehen Sie den Mund, um einen frechen Gesichtsausdruck zu erhalten!
3 Die Arme annähen.
4 Bringen Sie die Beine unter dem Körper in der Mitte in Position. Mit dem Garnende oben um die Beine herum- und sie dabei annähen und die gefüllte Form aufrechterhalten.
5 Alle restlichen losen Enden im Inneren der Wipfelstürmer vernähen und abschneiden.

Flicken mit dem Knopf

Nähen Sie den blauen Knopf Ihrer Wahl in die Mitte des steingrauen Stoffquadrats, arbeiten Sie dann mit demselben Faden weiter und nähen Sie den Stoffflicken mit dem Überwendlingsstich links auf das Hinterteil Ihres Wipfelstürmers!

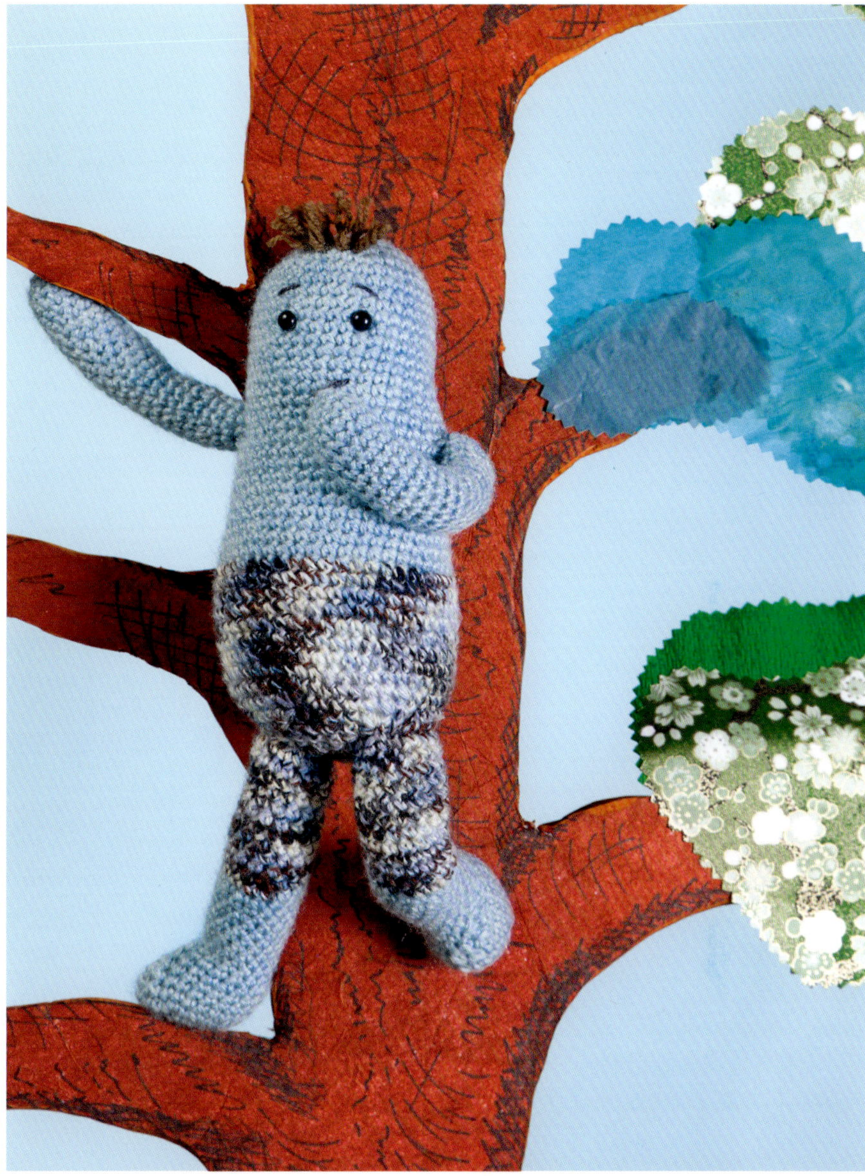

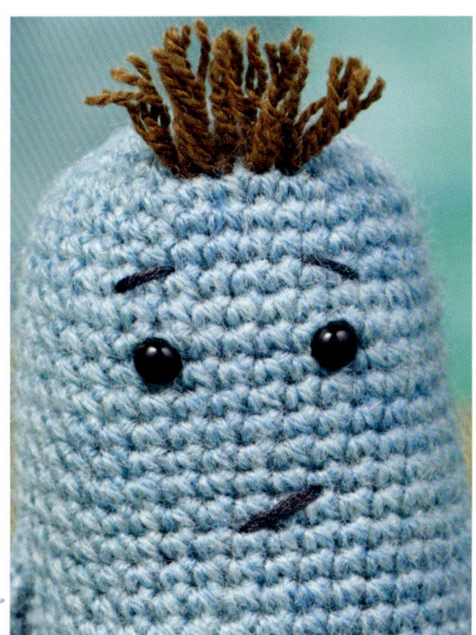

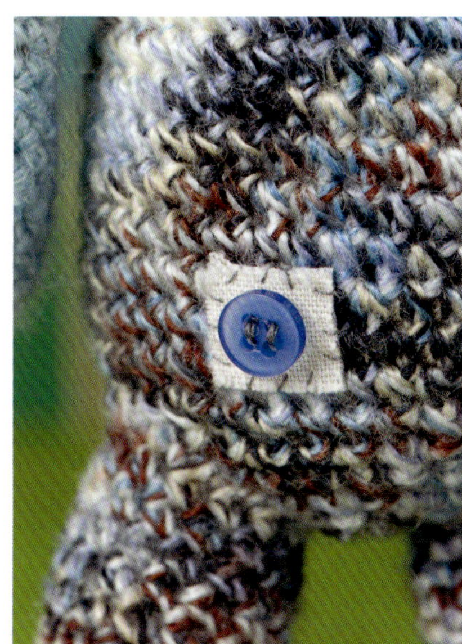

PAULA *und* BOBO

PAULA

Paula liebt es, ihren Freund Bobo mit einem köstlichen Stück Torte aus Tessas Café zu verwöhnen. Die beiden teilen denselben Sinn für Humor und haben bei Tee und Kuchen Spaß an ausgelassenem Kichern. Paula singt gerne, während sie Bobo dabei hilft, sich um den Wald der Sonnenscheinbucht zu kümmern. Das Lamm folgt Bobo, wo auch immer er hingeht, aber der freche Affe weiß, dass er mit ein paar Schwüngen durch die Äste in den Bäumen und damit aus ihrer Reichweite verschwinden kann!

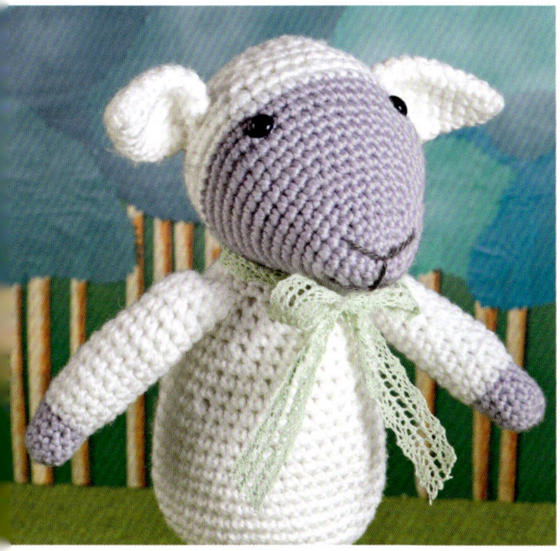

GARN

- Patons Fab DK (100 % Acryl), DK (leichtes Kammgarn); ca. 274 m LL pro Knäuel (100 g): ½ Knäuel White 2306 (Weiß, A)
- Wendy Merino DK (100 % Merinowolle), DK-Garn (leichtes Kammgarn); ca. 116 m LL pro Knäuel (50 g): ½ Knäuel Iris 2403 (Lila, B)
- Stylecraft Special DK (100 % Acryl), DK-Garn (leichtes Kammgarn); ca. 295 m LL pro Knäuel (100 g): eine kleine Menge Graphite 1063 (Dunkelgrau, C)
- Häkelnadel, 3 mm

ZUM RESTEVERHÄKELN

Wenn Sie auf Ihre Reste zurückgreifen, benötigen Sie:

- Woll- oder Acrylgarn (leichtes Kammgarn/DK-Garn): ca. 40 g Weiß, 20 g Lila und eine kleine Menge Dunkelgrau für Nase und Mund

MATERIALIEN

- 1 Paar schwarze Sicherheitsaugen (9 mm)
- Garn in Kontrastfarbe als Maschenmarkierer
- Stofftierfüllung (Polyester)
- 50 cm mintgrünes Band, 1,5 cm breit
- 1 grüner Knopf, ca. 1 cm Durchmesser
- lila Stoffquadrat für den Flicken mit dem Knopf, ca. 1,5 cm
- Schere
- Sticknadel mit stumpfer Spitze
- Stecknadeln, Nähnadel und Baumwollgarn

MASSE BEI FERTIGSTELLUNG

Paula misst ca. 26 cm von Kopf bis Fuß.

SPANNUNG

Die Spannung ist bei diesem Projekt nicht wesentlich, aber Sie brauchen ein engmaschiges Gewebe – passen Sie, wenn nötig, die Nadelstärke an, um dieses zu erhalten.

ABKÜRZUNGEN

[ ] Anweisungen in Klammern so oft, wie angegeben, häkeln
2 fM zus häkeln 2 feste Maschen zusammenhäkeln
fM feste Masche
Km Kettmasche
Lm Luftmasche
M Masche(n)
MM Maschenmarkierer

SPEZIELLE ABKÜRZUNG

AB asymmetrischer Beginn: Bei einem asymmetrischen Beginn wird Runde 2 begonnen, indem in die erste ungehäkelte Masche von Runde 1 gehäkelt wird – siehe Details auf Seite 107.

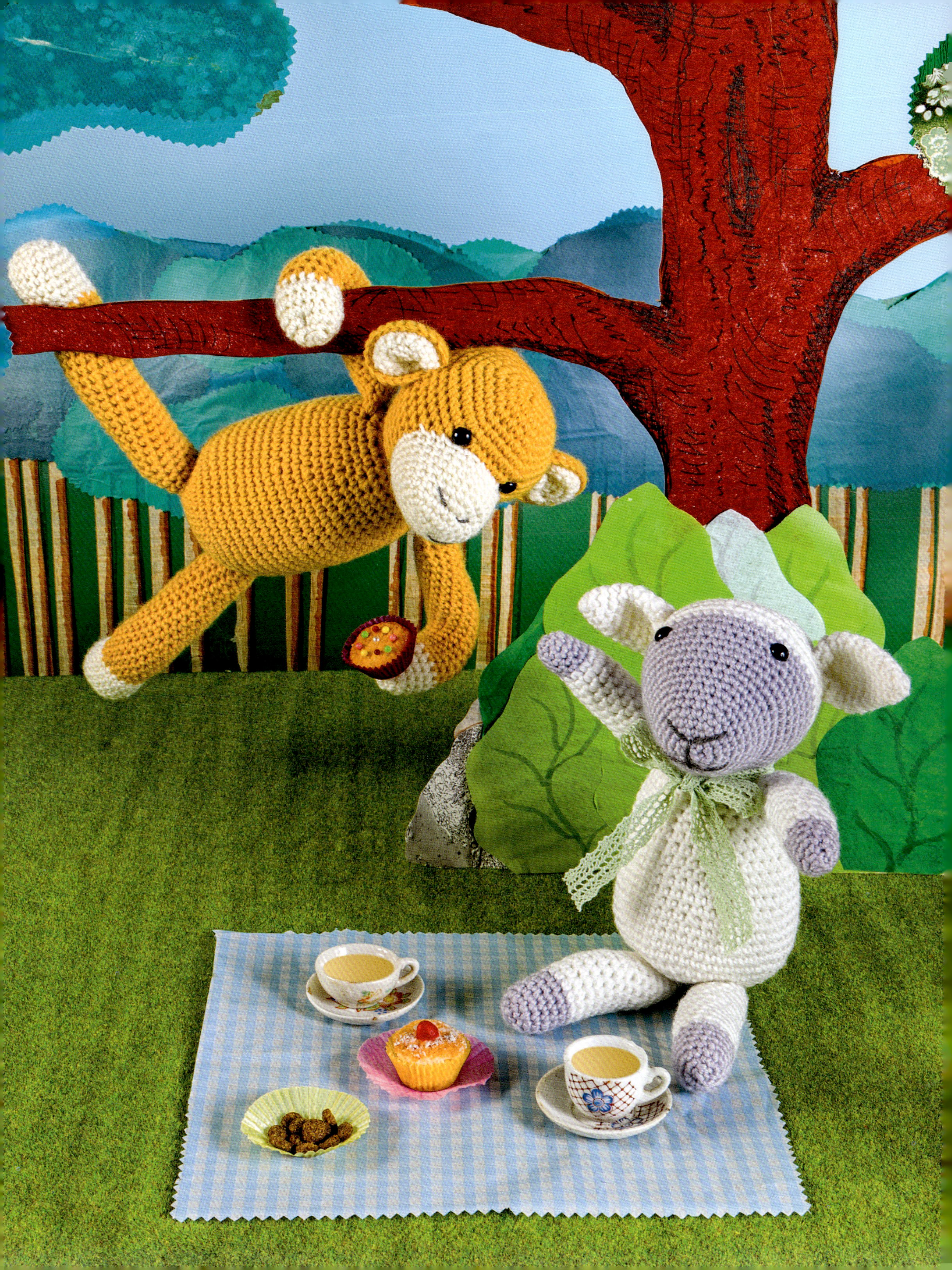

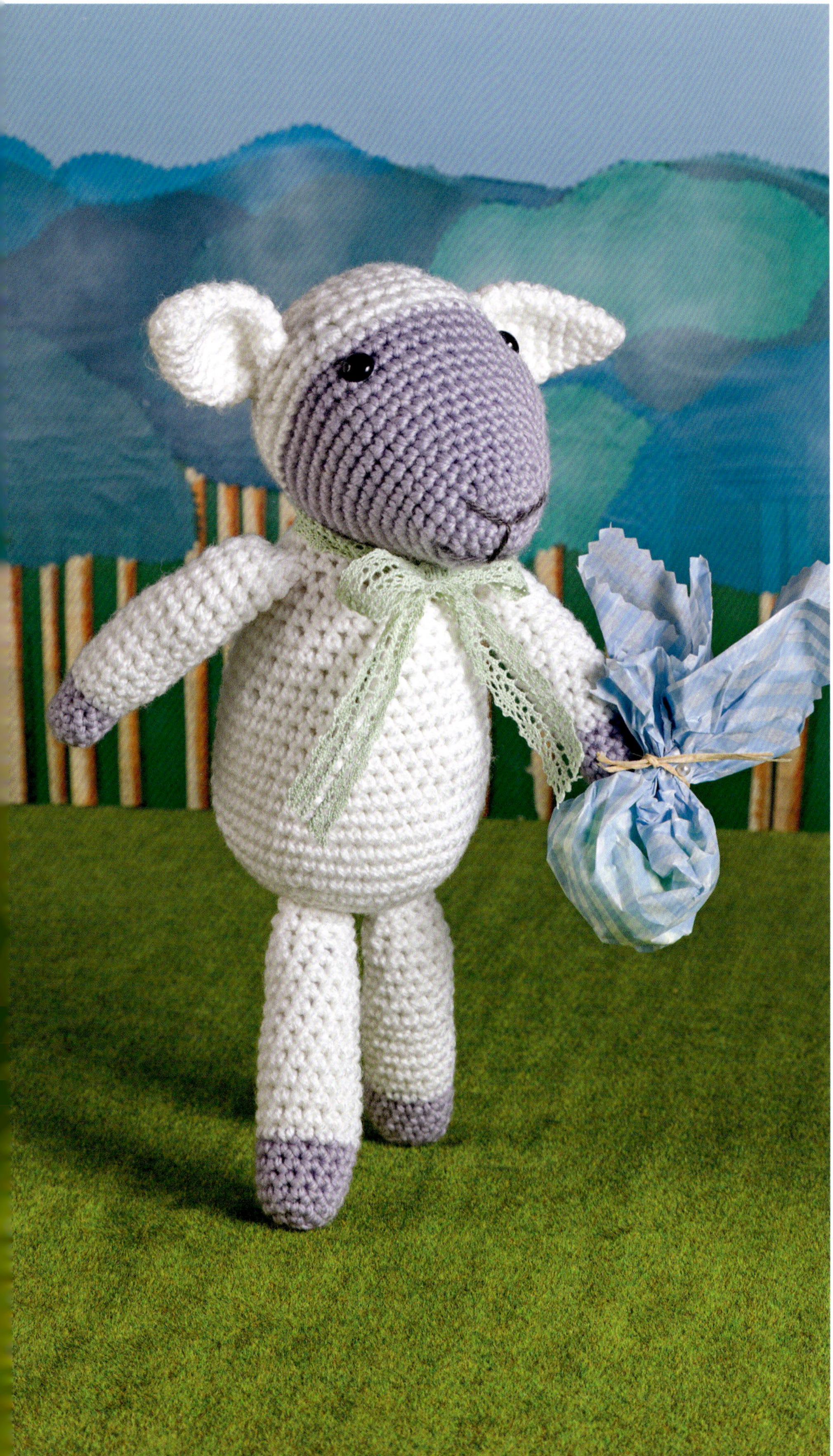

Kopf

An der Nase beginnen und rundhäkeln. Dabei mit 1 MM die 1. M jeder Runde markieren

Runde 1: Mit Garn B 4 Lm häkeln, den Ring mit 1 Km schließen, 2 fM in die 1. Lm (ungehäkelte Lm zählen als 3 M). *(5 M)*

Runde 2 (AB): 2 fM in jd M. *(10 M)*

Runde 3: [1 fM in die nächste M, 2 fM in die nächste M] 5-mal. *(15 M)*

Runde 4: [1 fM in jd der nächsten 2 M, 2 fM in die nächste M] 5-mal. *(20 M)*

Runde 5: 1 fM in jd M. *(20 M)*

Runde 6: [1 fM in jd der nächsten 3 M, 2 fM in die nächste M] 5-mal. *(25 M)*

Runde 7: 1 fM in jd M. *(25 M)*

Runde 8: [1 fM in jd der nächsten 4 M, 2 fM in die nächste M] 5-mal. *(30 M)*

Runde 9: 1 fM in jd M. *(30 M)*

Runde 10: [1 fM in jd der nächsten 5 M, 2 fM in die nächste M] 5-mal. *(35 M)*

Runde 11: 1 fM in jd M. *(35 M)*

Runde 12: [1 fM in jd der nächsten 4 M, 2 fM in die nächste M] 7-mal. *(42 M)*

Runden 13 und 14: 1 fM in jd M. *(42 M)*

Runde 15: [1 fM in jd der nächsten 6 M, 2 fM in die nächste M] 6-mal. *(48 M)*

Runde 16–18: 1 fM in jd M, dabei in der letzten M von Runde 17 zu Garn A wechseln. *(48 M)*

Runde 19: [1 fM in jd der nächsten 4 M, 2 fM zus häkeln] 8-mal. *(40 M)*

Die Sicherheitsaugen zwischen Rd 14 und 15 auf der Seite ohne Farbwechsel anbringen.

Runde 20: 1 fM in jd M. *(40 M)*

Runde 21: [1 fM in jd der nächsten 3 M, 2 fM zus häkeln] 8-mal. *(32 M)*

Runde 22: 1 fM in jd M. *(32 M)*

Runde 23: [1 fM in jd der nächsten 2 M, 2 fM zus häkeln] 8-mal. *(24 M)*

Runde 24: 1 fM in jd M. *(24 M)*

Den Kopf fest füllen.

Runde 25: [1 fM in jd der nächsten 2 M, 2 fM zus häkeln] 6-mal. *(18 M)*

Runde 26: [1 fM in die nächste M, 2 fM zus häkeln] 6-mal. *(12 M)*

Mehr Füllmaterial hinzufügen.

Runde 27: [2 fM zus häkeln] 6-mal. *(6 M)*

Runde 28: [Die nächste M auslassen, 1 Km in die nächste M] 2-mal.

Den MM entfernen. Das Garn befestigen und das lose Garnende im Kopf vernähen.

Ohren (2-mal häkeln)

Beginnen Sie an der Spitze des Ohrs und arbeiten Sie in Runden; verwenden Sie einen MM, um die 1. M jeder Runde zu markieren.

Runde 1: Mit Garn A 4 Lm häkeln, mit 1 Km zu einem Ring schließen.

Runde 2: [1 fM in die nächste Lm, 2 fM in die nächste Lm] 2-mal. *(6 M)*

Runde 3: [1 fM in die nächste M, 2 fM in die nächste M] 3-mal. *(9 M)*

Runde 4: 1 fM in jd M. *(9 M)*

Runde 5: [1 fM in jd der nächsten 2 M, 2 fM in die nächste M] 3-mal. *(12 M)*

Runde 6: 1 fM in jd M. *(12 M)*

Runde 7: [1 fM in jd der nächsten 3 M, 2 fM in die nächste M] 3-mal. *(15 M)*

Runden 8–11: 1 fM in jd M. *(15 M)*

1 Km in die nächste M, den MM entfernen. Die Ohren müssen nicht gefüllt werden. Das Garn befestigen, einen Faden zum Zusammennähen stehenlassen.

Körper

Beginnen Sie unten am Körper und arbeiten Sie in Runden, verwenden Sie einen MM, um die 1. M jeder Runde zu markieren.

Runde 1: Mit Garn A 4 Lm häkeln, den Ring mit 1 Km schließen, 2 fM in jd der nächsten 2 Lm (ungehäkelte Lm zählen als 2 M). *(6 M)*

Runde 2 (AB): 2 fM in jd M. *(12 M)*

Runde 3: [1 fM in die nächste M, 2 fM in die nächste M] 6-mal. *(18 M)*

Runde 4: [1 fM in jd der nächsten 2 M, 2 fM in die nächste M] 6-mal. *(24 M)*

Runde 5: [1 fM in jd der nächsten 3 M, 2 fM in die nächste M] 6-mal. *(30 M)*

Runde 6: [1 fM in jd der nächsten 4 M, 2 fM in die nächste M] 6-mal. *(36 M)*

Runde 7: [1 fM in jd der nächsten 5 M, 2 fM in die nächste M] 6-mal. *(42 M)*

Runde 8: [1 fM in jd der nächsten 6 M, 2 fM in die nächste M] 6-mal. *(48 M)*

Runden 9–12: 1 fM in jd M. *(48 M)*

Den Körper füllen.

Runde 13: [1 fM in jd der nächsten 6 M, 2 fM zus häkeln] 6-mal. *(42 M)*

Runden 14–16: 1 fM in jd M. *(42 M)*

Runde 17: [1 fM in jd der nächsten 5 M, 2 fM zus häkeln] 6-mal. *(36 M)*

Runden 18–20: 1 fM in jd M. *(36 M)*

Runde 21: [1 fM in jd der nächsten 4 M, 2 fM zus häkeln] 6-mal. *(30 M)*

Runden 22 und 23: 1 fM in jd M. *(30 M)*

Runde 24: [1 fM in jd der nächsten 3 M, 2 fM zus häkeln] 6-mal. *(24 M)*

Runden 25 und 26: 1 fM in jd M. *(24 M)*

Mehr Füllmaterial hinzufügen.

1 Km in die nächste M, den MM entfernen. Das Garn befestigen, einen Faden zum Zusammennähen stehenlassen.

Arme (2-mal häkeln)

Beginnen Sie an der Hand und arbeiten Sie in Runden; verwenden Sie dabei einen MM, um die 1. M jeder Runde zu markieren.

Runde 1: Mit Garn B 4 Lm häkeln, den Ring mit 1 Km schließen, 2 fM in die nächste Lm (ungehäkelte Lm zählen als 3 M). *(5 M)*

Runde 2 (AB): 2 fM in jd M. *(10 M)*

Runden 3–6: 1 fM in jd M, dabei in der letzten M von Runde 6 zu Garn A wechseln. *(10 M)*

Runde 7: [1 fM in jd der nächsten 4 M, 2 fM in die nächste M] 2-mal. *(12 M)*

Runden 8–13: 1 fM in jd M. *(12 M)*

Runde 14: 1 fM in jd der nächsten 10 M, 2 fM zus häkeln. *(11 M)*

Runden 15–17: 1 fM in jd M. *(11 M)*

Runde 18: 1 fM in jd der nächsten 9 M, 2 fM zus häkeln. *(10 M)*

Runde 19: 1 fM in jd M. *(10 M)*

Den Arm füllen.

1 Km in die nächste M, den MM entfernen. Das Garn befestigen, einen Faden zum Zusammennähen stehenlassen.

Beine (2-mal häkeln)

Beginnen Sie am Fuß und arbeiten Sie in Runden; verwenden Sie dabei einen MM, um die 1. M jeder Runde zu markieren.

Runde 1: Mit Garn B 4 Lm häkeln, den Ring mit 1 Km schließen, 2 fM in jd der nächsten 2 Lm (ungehäkelte Lm zählen als 2 M). *(6 M)*

Runde 2 (AB): 2 fM in jd M. *(12 M)*

Runde 3: [1 fM in jd der nächsten 5 M, 2 fM in die nächste M] 2-mal. *(14 M)*

Runden 4–13: 1 fM in jd M, dabei in der letzten M von Runde 7 zu Garn A wechseln. *(14 M)*

Runde 14: [1 fM in jd der nächsten 5 M, 2 fM zus häkeln] 2-mal. *(12 M)*

Runden 15–18: 1 fM in jd M. *(12 M)*

Runde 19: [1 fM in jd der nächsten 4 M, 2 fM zus häkeln] 2-mal. *(10 M)*

Runden 20 und 21: 1 fM in jd M. *(10 M)*

Die Arme füllen, dabei die Menge zu den Öffnungen hin reduzieren.

1 Km in die nächste M, den MM entfernen. Das Garn befestigen, einen Faden zum Zusammennähen stehenlassen.

Zusammennähen

1 Den Kopf am Körper feststecken und mit dem Garnende der Oberseite des Körpers annähen.

2 Die Öffnung an den Armen glätten, dabei darauf achten, dass sich die Farbwechsel auf der Innenseite befinden. Über die Öffnung nähen, die Arme dann feststecken und an den Körper annähen.

3 Die Beine unter dem Körper direkt vor der Mitte in Position bringen. Feststecken und mit den Garnenden annähen.

4 Jedes Ohr leicht biegen, feststecken und seitlich an den Kopf annähen.

5 Mit einem Stück Garn in Farbe C ein breites V mit einer vertikalen Linie nach unten für die Nase aufsticken und dann eine gebogene Linie für den Mund sticken.

6 Alle restlichen losen Enden in Paula vernähen und abschneiden.

Flicken mit dem Knopf

Nähen Sie den grünen Knopf Ihrer Wahl in die Mitte des lilafarbenen Stoffquadrats, arbeiten Sie dann mit demselben Faden weiter und nähen Sie den Stoffflicken mit dem Überwendlingsstich links an Paulas Hinterteil an!

BOBO

Schabernack mit den Wipfelstürmern zu treiben, ist Bobos liebster Zeitvertreib. Während sie in ihrem Unterschlupf hoch in den Bäumen rasten, versucht Bobo, sich an sie heranzuschleichen. Vorsichtig schwingt er von Ast zu Ast und wagt sich dabei näher und näher, aber seine kräftige Farbe verrät ihn jedes Mal – die Wipfelstürmer bemerken den senfgelben Blitz immer, wenn er durch das grüne Laub flitzt. Dieser schelmische Affe erfindet immer wieder neue Tricks, die er an seiner Freundin Paula ausprobiert!

GARN

- Sirdar Country Style DK (40 % Nylon, 30 % Wolle, 30 % Acryl), DK-Garn (leichtes Kammgarn); ca. 155 m LL pro Knäuel (50 g): 1 Knäuel Maple 0612 (Senfgelb, A)
- Patons Fab DK (100 % Acryl), DK-Garn (leichtes Kammgarn); ca. 274 m LL pro Knäuel (100 g): ⅙ Knäuel Cream 2307 (Cremeweiß, B)
- Stylecraft Special DK (100 % Acryl), DK-Garn (leichtes Kammgarn); ca. 295 m LL pro Knäuel (100 g): kleine Menge Graphite 1063 (Dunkelgrau, C)
- Häkelnadel, 3 mm

ZUM RESTEVERHÄKELN

Wenn Sie auf Ihre Reste zurückgreifen, benötigen Sie:

- Woll- oder Acrylgarn (leichtes Kammgarn/DK-Garn): 50 g Senfgelb, 15 g Cremeweiß und eine kleine Menge Dunkelgrau für Nase und Mund

MATERIALIEN

- Garn in Kontrastfarbe als Maschenmarkierer
- 1 Paar schwarze Sicherheitsaugen (9 mm)
- Stofftierfüllung (Polyester)
- 1 grauer Knopf, ca. 1 cm Durchmesser,
- cremefarbenes Stoffquadrat für den Flicken mit dem Knopf, ca. 1,2 cm
- Schere
- Sticknadel mit stumpfer Spitze
- Stecknadeln, Nähnadel und Baumwollgarn

MASSE BEI FERTIGSTELLUNG

Bobo misst ca. 32 cm von Kopf bis Fuß.

SPANNUNG

Die Spannung ist bei diesem Projekt nicht wesentlich, aber Sie brauchen ein engmaschiges Gewebe – passen Sie, wenn nötig, die Nadelstärke an, um dieses zu erhalten.

ABKÜRZUNGEN

[ ] Anweisungen in Klammern so oft, wie angegeben, häkeln
2 fM zus häkeln 2 feste Maschen zusammenhäkeln
fM feste Masche
Km Kettmasche
Lm Luftmasche
M Masche(n)
MM Maschenmarkierer
RS Rückseite

SPEZIELLE ABKÜRZUNG

AB asymmetrischer Beginn: Bei einem asymmetrischen Beginn wird Runde 2 begonnen, indem in die erste ungehäkelte Masche von Runde 1 gehäkelt wird – siehe Details auf Seite 107.

Schnauze

Die Schnauze beginnt oval, indem an beiden Seiten der Anfangs-Lm gearbeitet wird. Weiterarbeiten in Runden; verwenden Sie dabei einen MM, um die 1. M jeder Runde zu markieren.

Runde 1: Mit Garn B 6 Lm häkeln, 2 fM in die 2. Lm von der Nadel, 1 fM in jd der nächsten 3 Lm, 2 fM in die nächste letzte Lm, wenden und entlang der anderen Seite der Lm-Kette arbeiten, 2 fM in die 1. Lm, 1 fM in jd der nächsten 3 Lm, 2 fM in die letzte Lm. *(14 M)*

Runde 2: 2 fM in die nächste M, 1 fM in jd der nächsten 5 M, 2 fM in jd der nächsten 2 M, 1 fM in jd der nächsten 5 M, 2 fM in die letzte M. *(18 M)*

Runde 3: 1 fM in die nächste M, 2 fM in die nächste M, 1 fM in jd der nächsten 5 M, 2 fM in die nächste M, 1 fM in jd der nächsten 2 M, 2 fM in die nächste M, 1 fM in jd der nächsten 6 M, 2 fM in die nächste M. *(22 M)*

Runde 4: 2 fM in die nächste M, 1 fM in jd der nächsten 4 M, 2 fM in die nächste M, 1 fM in jd der nächsten 5 M, 2 fM in die nächste M, 1 fM in jd der nächsten 4 M, 2 fM in die nächste M, 1 fM in jd der nächsten 5 M. *(26 M)*

Runde 5: 1 fM in jd der nächsten 7 M, 2 fM in die nächste M, 1 fM in jd der nächsten 12 M, 2 fM in die nächste M, 1 fM in jd der nächsten 5 M. *(28 M)*

Runde 6: 1 fM in jd der nächsten 5 M, 2 fM in die nächste M, 1 fM in jd der nächsten 6 M, 2 fM in die nächste M, 1 fM in jd der nächsten 5 M, 2 fM in die nächste M, 1 fM in jd der nächsten 8 M, 2 fM in die nächste M. *(32 M)*

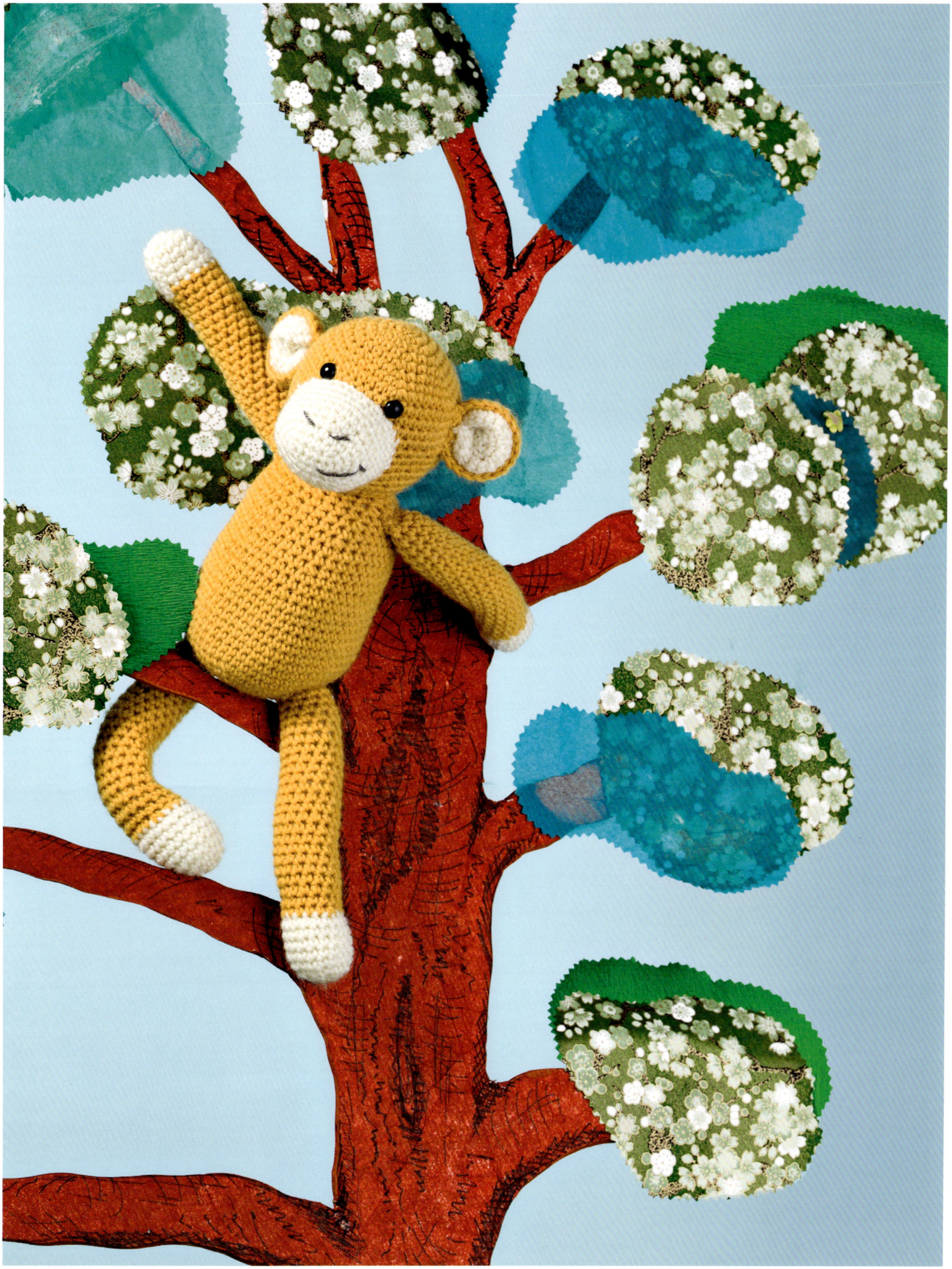

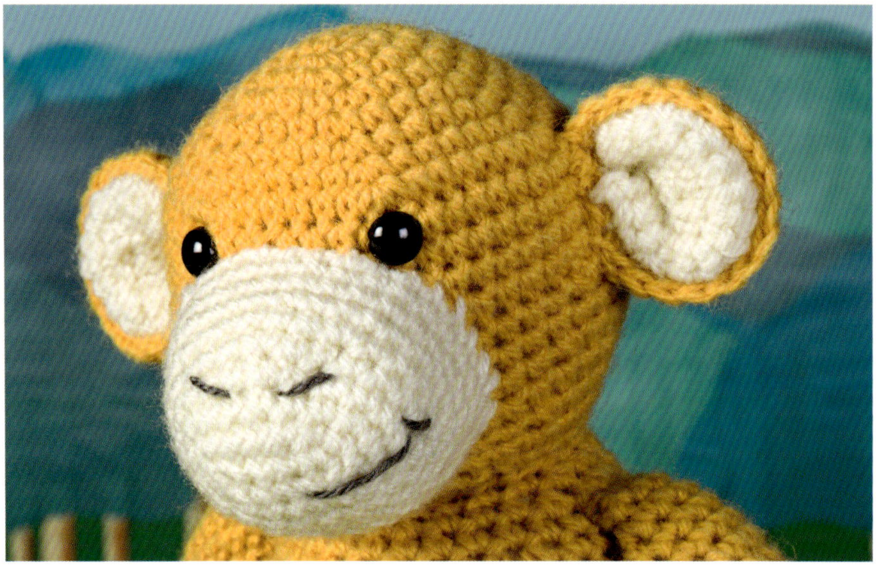

Runden 7–9: 1 fM in jd M. *(32 M)*
Die Schnauze füllen.
Das Garn befestigen.

Kopf

Beginnen Sie oben an Bobos Kopf und arbeiten Sie in Runden; verwenden Sie dabei einen MM, um die 1. M jeder Runde zu markieren.
Runde 1: Mit Garn A 4 Lm häkeln, den Ring mit 1 Km schließen, 2 fM in jd der nächsten 2 Lm (ungehäkelte Lm zählen als 2 M). *(6 M)*
Runde 2 (AB): 2 fM in jd M. *(12 M)*
Runde 3: [1 fM in die nächste M, 2 fM in die nächste M] 6-mal. *(18 M)*
Runde 4: [1 fM in jd der nächsten 2 M, 2 fM in die nächste M] 6-mal. *(24 M)*
Runde 5: [1 fM in jd der nächsten 3 M, 2 fM in die nächste M] 6-mal. *(30 M)*
Runde 6: [1 fM in jd der nächsten 4 M, 2 fM in die nächste M] 6-mal. *(36 M)*
Runde 7: [1 fM in jd der nächsten 5 M, 2 fM in die nächste M] 6-mal. *(42 M)*
Runde 8: [1 fM in jd der nächsten 6 M, 2 fM in die nächste M] 6-mal. *(48 M)*
Runden 9–12: 1 fM in jd M. *(48 M)*
Runde 13: [1 fM in jd der nächsten 6 M, 2 fM zus häkeln] 6-mal. *(42 M)*
Runde 14: 1 fM in jd M. *(42 M)*
Runde 15: [1 fM in jd der nächsten 5 M, 2 fM zus häkeln] 6-mal. *(36 M)*
Runde 16: 1 fM in jd M. *(36 M)*
Runde 17: [1 fM in jd der nächsten 4 M, 2 fM zus häkeln] 6-mal. *(30 M)*
Runde 18: 1 fM in jd M. *(30 M)*
Runde 19: [1 fM in jd der nächsten 3 M, 2 fM zus häkeln] 6-mal. *(24 M)*
Platzieren Sie die Schnauze vorne im Gesicht, um die Position der Augen leichter zu finden. Die Sicherheitsaugen zwischen den Runden 8 und 9 anbringen. Den Kopf fest füllen.
Runde 20: [1 fM in jd der nächsten 2 M, 2 fM zus häkeln] 6-mal. *(18 M)*
Runde 21: [1 fM in die nächste M, 2 fM zus häkeln] 6-mal. *(12 M)*
Mehr Füllmaterial hinzufügen.
Runde 22: [2 fM zus häkeln] 6-mal. *(6 M)*
Runde 23: [Die nächste M auslassen, 1 Km in die nächste M] 2-mal.
1 Km in die nächste M, den MM entfernen.
Das Garn befestigen und das lose Garnende im Inneren des Kopfs vernähen.

Inneres der Ohren (2-mal häkeln)

Arbeiten Sie in Runden und wenden Sie das Werkstück nach der zweiten Runde. Verwenden Sie einen MM, um die 1. M jeder Runde zu markieren.
Runde 1: Mit Garn B 4 Lm häkeln, den Ring mit 1 Km schließen, 2 fM in jd der nächsten 2 Lm (ungehäkelte Lm zählen als 2 M). *(6 M)*
Runde 2 (AB): 2 fM in jd M, wenden. *(12 M)*
Runde 3: 1 Lm (zählt nicht als M), [1 fM in die nächsten 3 M, 2 fM in die nächste M] 3-mal, wenden. *(15 M)*
Runde 4: 1 Lm (zählt nicht als M), [1 fM in jd der nächsten 2 M, 2 fM in die nächste M] 5-mal. *(20 M)*
Den MM entfernen und das Garn befestigen.

Äußeres der Ohren (2-mal häkeln)

Mit Garn A den Vorgang für das Innere der Ohren wiederholen, aber das Garn nicht nach Runde 4 befestigen.
Mit den RS aufeinander das Innere auf das Äußere legen. Mit dem Inneren nach oben durch beide Schichten rund um das Ohr häkeln wie folgt: 1 Lm, 1 fM in jd M. *(20 M)*
Den MM entfernen und das Garn befestigen, dabei einen Faden in Farbe A zum Annähen am Kopf stehenlassen.
Alle losen Enden im Inneren des Ohrs vernähen und abschneiden.

Körper

Beginnen Sie am Hinterteil und arbeiten Sie in Runden; verwenden Sie dabei einen MM, um die 1. M jeder Runde zu markieren.
Runde 1: Mit Garn A 4 Lm häkeln, den Ring mit 1 Km schließen, 2 fM in jd der nächsten 2 Lm (ungehäkelte Lm zählen als 2 M). *(6 M)*
Runde 2 (AB): 2 fM in jd M. *(12 M)*
Runde 3: [1 fM in die nächste M, 2 fM in die nächste M] 6-mal. *(18 M)*
Runde 4: [1 fM in jd der nächsten 2 M, 2 fM in die nächste M] 6-mal. *(24 M)*
Runde 5: [1 fM in jd der nächsten 3 M, 2 fM in die nächste M] 6-mal. *(30 M)*
Runde 6: [1 fM in jd der nächsten 4 M, 2 fM in die nächste M] 6-mal. *(36 M)*
Runde 7: [1 fM in jd der nächsten 5 M, 2 fM in die nächste M] 6-mal. *(42 M)*
Runde 8: [1 fM in jd der nächsten 6 M, 2 fM in die nächste M] 6-mal. *(48 M)*
Runde 9: [1 fM in jd der nächsten 7 M, 2 fM in die nächste M] 6-mal. *(54 M)*
Runden 10–18: 1 fM in jd M. (54 M)
Runde 19: [1 fM in jd der nächsten 7 M, 2 fM zus häkeln] 6-mal. *(48 M)*
Runden 20 und 21: 1 fM in jd M. *(48 M)*
Runde 22: [1 fM in jd der nächsten 6 M, 2 fM zus häkeln] 6-mal. *(42 M)*
Runden 23 und 24: 1 fM in jd M. *(42 M)*
Runde 25: [1 fM in jd der nächsten 5 M,

2 fM zus häkeln] 6-mal. *(36 M)*
Runde 26: 1 fM in jd M. *(36 M)*
Runde 27: [1 fM in jd der nächsten 4 M, 2 fM zus häkeln] 6-mal. *(30 M)*
Runde 28: 1 fM in jd M. *(30 M)*
Den Körper füllen.
Runde 29: [1 fM in jd der nächsten 3 M, 2 fM zus häkeln] 6-mal. *(24 M)*
Runde 30: [1 fM in jd der nächsten 2 M, 2 fM zus häkeln] 6-mal. *(18 M)*
1 Km in die nächste M, den MM entfernen. Das Garn befestigen, einen Faden zum Zusammennähen stehenlassen.

Arme (2-mal häkeln)

Beginnen Sie an der Hand und arbeiten Sie in Runden; verwenden Sie dabei einen MM, um die 1. M jeder Runde zu markieren.
Runde 1: Mit Garn B 4 Lm häkeln, den Ring mit 1 Km schließen, 2 fM in jd der nächsten 2 Lm (ungehäkelte Lm zählen als 2 M). *(6 M)*
Runde 2 (AB): 2 fM in jd M. *(12 M)*
Runde 3: [1 fM in jd der nächsten 3 M, 2 fM in die nächste M] 3-mal. *(15 M)*
Runden 4–6: 1 fM in jd M, dabei in der letzten M von Runde 6 zu Garn A wechseln. *(15 M)*
Runde 7: [1 fM in jd der nächsten 5 M, 2 fM zus häkeln] 2-mal, 1 fM in die nächste M. *(13 M)*
Runden 8–24: 1 fM in jd M. *(13 M)*
Den Arm am Ende von Runde 15 füllen.
Runde 25: 2 fM zus häkeln, 1 fM in jd der nächsten 11 M. *(12 M)*
Runde 26: 2 fM zus häkeln, 1 fM in jd der nächsten 10 M. *(11 M)*
Mehr Füllmaterial hinzufügen.
Runde 27: 2 fM zus häkeln, 1 fM in jd der nächsten 9 M. *(10 M)*
Runde 28: 2 fM zus häkeln, 1 fM in jd der nächsten 8 M. *(9 M)*
1 Km in die nächste M, den MM entfernen. Das Garn befestigen, einen Faden zum Zusammennähen stehenlassen.

Beine (2-mal häkeln)

Beginnen Sie am Fuß und arbeiten Sie in Runden; verwenden Sie dabei einen MM, um die 1. M jeder Runde zu markieren.
Runde 1: Mit Garn B 4 Lm häkeln, den Ring mit 1 Km schließen, 2 fM in jd der nächsten 2 Lm (ungehäkelte Lm zählen als 2 M). *(6 M)*
Runde 2 (AB): 2 fM in jd M. *(12 M)*
Runde 3: [1 fM in die nächste M, 2 fM in die nächste M] 6-mal. *(18 M)*
Runden 4–8: 1 fM in jd M, dabei in der letzten M von Runde 8 zu Garn A wechseln. *(18 M)*
Runde 9: [1 fM in jd der nächsten 4 M, 2 fM zus häkeln] 3-mal. *(15 M)*
Runden 10–23: 1 fM in jd M. *(15 M)*
Das Bein am Ende von Runde 15 füllen.
Runde 24: 2 fM zus häkeln, 1 fM in jd der nächsten 13 M. *(14 M)*
Runde 25: 1 fM in jd M. *(14 M)*
Runde 26: 2 fM zus häkeln, 1 fM in jd der nächsten 12 M. *(13 M)*
Runde 27: 1 fM in jd M. *(13 M)*
Runde 28: 2 fM zus häkeln, 1 fM in jd der nächsten 11 M. *(12 M)*
Mehr Füllmaterial hinzufügen.
Runden 29–31: 1 fM in jd M. *(12 M)*
1 Km in die nächste M, den MM entfernen. Das Garn befestigen, einen Faden zum Zusammennähen stehenlassen.

Schwanz

Beginnen Sie an der Schwanzspitze und arbeiten Sie in Runden; verwenden Sie dabei einen MM, um die 1. M jeder Runde zu markieren.
Runde 1: Mit Garn A 5 Lm häkeln, mit 1 Km zu einem Ring schließen.
Runde 2: 2 fM in jd Lm. *(10 M)*
Runde 3: 1 fM in jd der nächsten 9 M, 2 fM in die nächste M. *(11 M)*
Runden 4–35: 1 fM in jd M. *(11 M)*
Den Schwanz am Ende von Runde 15 und 35 sehr leicht füllen.
1 Km in die nächste M, den MM entfernen. Das Garn befestigen, dabei einen langen Faden zum Zusammennähen stehenlassen.

Zusammennähen

1 Die Schnauze am Kopf direkt unter den Augen in Position bringen, feststecken und mit dem Garnende annähen.
2 Den Kopf auf dem Körper feststecken und mit dem Garnende des Körpers annähen.
3 Achten Sie darauf, dass der Garnwechsel auf der Arminnenseite ist. Die Öffnung an jedem Arm glätten und darübernähen. Am Körper feststecken und mit dem Garnende annähen.

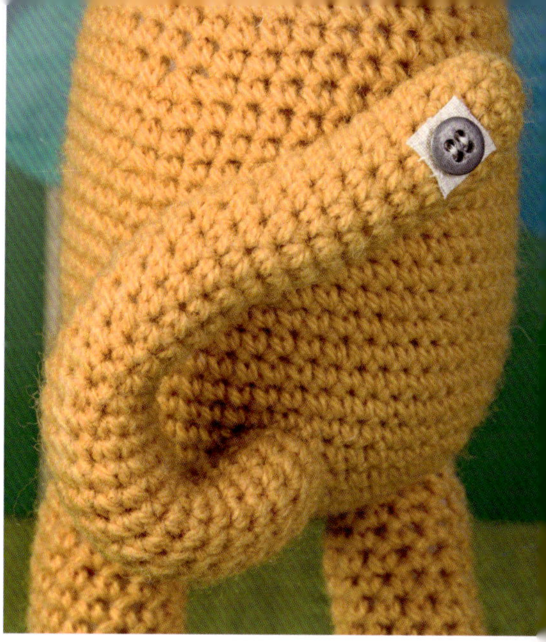

4 Die Beine an der Unterseite des Körpers positionieren, sodass zwischen den Beinen ein Abstand bleibt. Feststecken und annähen, dabei die rundliche Form der Füllung an der Oberseite aufrechterhalten.
5 Mit dem Garnende in Farbe A die Enden der Ohren mit Km zusammenhäkeln, indem Sie die Ohren zu einem Kreis ziehen – so erhalten sie die richtige Form. Die Ohren seitlich am Kopf feststecken und annähen.
6 Mit Garn C zwei schräge Linien für die Nase und einen Mund (ein seitliches Lächeln) auf Bobos linker Gesichtshälfte aufsticken.
7 Stecken Sie das offene Ende des Schwanzes an Bobos Hinterteil fest und nähen sie es an. Das Garn nicht befestigen. Nähen sie das lose Ende im Inneren von Bobos Körper den Rücken hoch und kommen Sie damit ca. 4 cm über der Schwanzwurzel wieder heraus. Den Schwanz biegen und an den Rücken von Bobo nähen. Das Garn befestigen.
8 Alle restlichen losen Enden im Inneren von Bobo vernähen und abschneiden.

Flicken mit dem Knopf

Nähen Sie den grauen Knopf Ihrer Wahl in die Mitte des cremefarbenen Stoffquadrats, arbeiten Sie dann mit demselben Faden weiter, und nähen Sie den Stoffflicken mit dem Überwendlingsstich an Bobos Schwanzspitze an.

OSKAR und MOLLY GOLDFLOSSE

OSKAR

Oskar ist ein Freigeist, der die meiste Zeit draußen in den Tiefen des Meeres verbringt. Er liebt es, alles rund um die Insel herum zu erkunden, und freut sich, seine Freundin Molly Goldflosse zu treffen. Oskar erzählt ihr alles über die aufregenden Abenteuer, die er seit dem letzten Treffen erlebt hat, während sie ein gemütliches Bad nehmen und im Seegras hin- und herschaukeln. Diese ruhige Schildkröte ist immer froh, wenn sie an den schönen Strand zurückkehren kann.

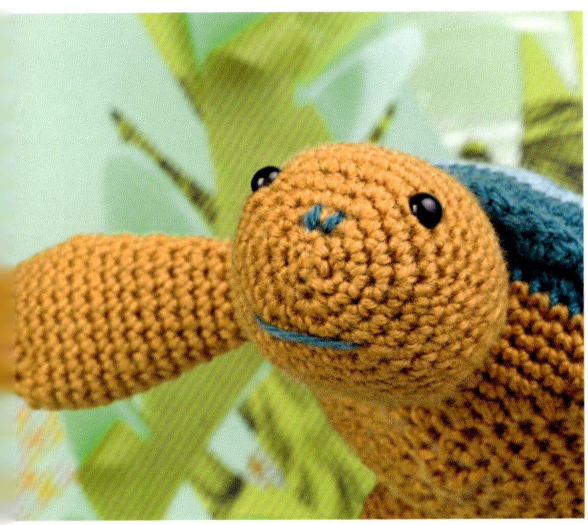

GARN

- Wendy Merino DK (100 % Merinowolle), DK-Garn (leichtes Kammgarn); ca. 116 m LL pro Knäuel (50 g):
  7/8 Knäuel Cobnut 2397 (Goldbraun, A)
  1/8 Knäuel Seaspray 2380 (Türkis, B)
- Wendy Mode DK (50 % Merinowolle, 50 % Acryl), DK-Garn (leichtes Kammgarn); ca. 142 m LL pro Knäuel (50 g)
  1/3 Knäuel Teal Green 212 (Blaugrün, C)
- Häkelnadel, 3 mm

ZUM RESTEVERHÄKELN

Wenn Sie auf Ihre Reste zurückgreifen, benötigen Sie:

- Woll- oder Acrylgarn (leichtes Kammgarn/DK-Garn): ca. 40 g Goldbraun, 15 g Blaugrün und 5 g Türkis

MATERIALIEN

- Garn in Kontrastfarbe als Maschenmarkierer
- 1 Paar schwarze Sicherheitsaugen (7 mm)
- Stofftierfüllung (Polyester)
- 1 blaugrüner Knopf, ca. 1 cm Durchmesser
- helltürkises Stoffquadrat für den Flicken mit dem Knopf, 1,3 cm
- Schere
- Sticknadel mit stumpfer Spitze
- Stecknadeln, Nähnadel und Baumwollgarn

MASSE BEI FERTIGSTELLUNG

Oskar misst ca. 21 cm von Kopf bis Hinterflosse.

SPANNUNG

Die Spannung ist bei diesem Projekt nicht wesentlich, aber Sie brauchen ein engmaschiges Gewebe – passen Sie, wenn nötig, die Nadelstärke an, um dieses zu erhalten.

ABKÜRZUNGEN

[ ] Anweisungen in Klammern so oft, wie angegeben, häkeln
2 fM zus häkeln 2 feste Maschen zusammenhäkeln
fM feste Masche
hMg hinteres Maschenglied
Km Kettmasche
Lm Luftmasche
M Masche(n)
MM Maschenmarkierer
restl restlich(e)
weiterarb weiterarbeiten
vMg vorderes Maschenglied
VS Vorderseite

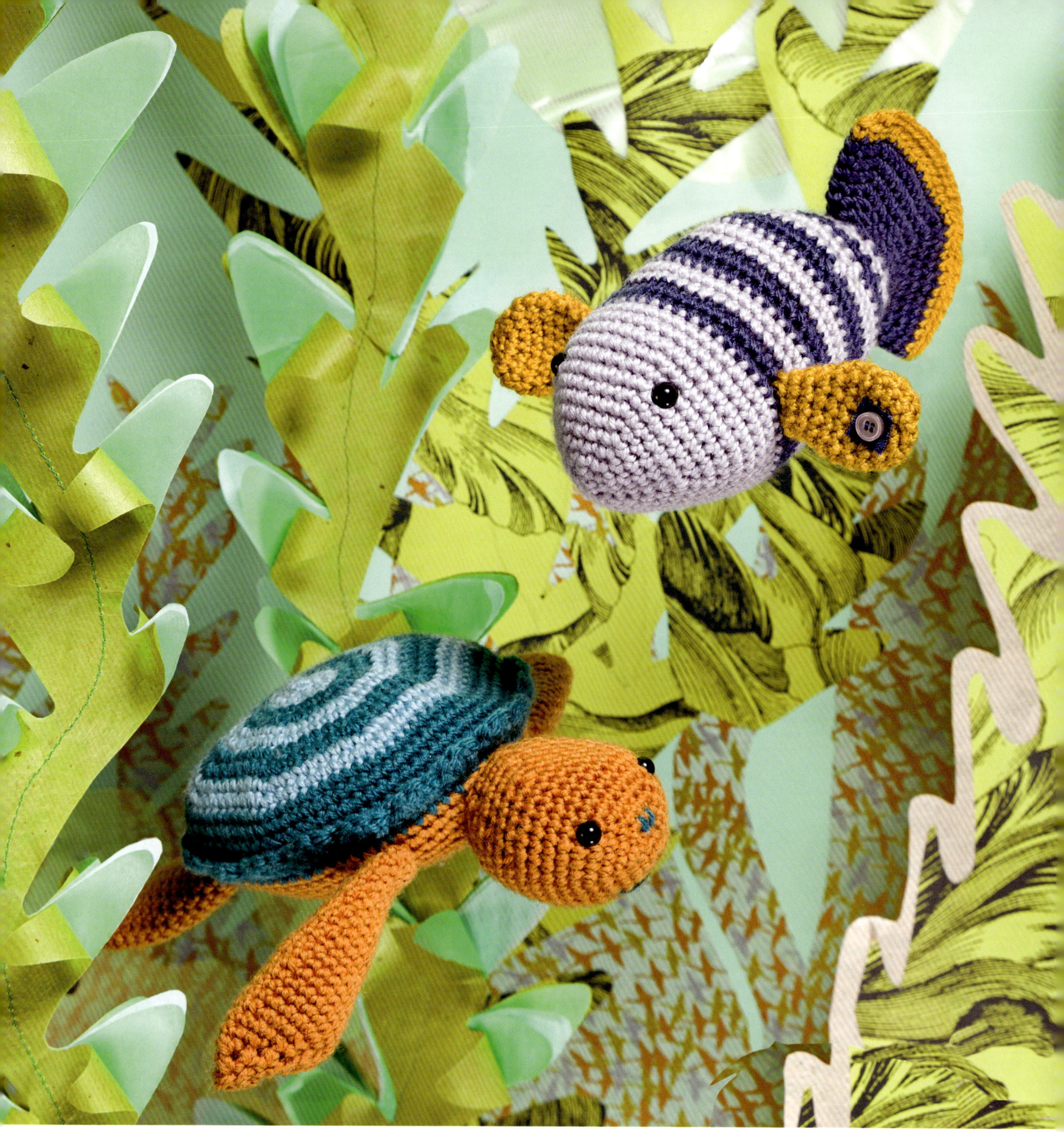

SPEZIELLE ABKÜRZUNG

AB asymmetrischer Beginn: Bei einem asymmetrischen Beginn wird Runde 2 begonnen, indem in die erste ungehäkelte Masche von Runde 1 gehäkelt wird – siehe Details auf Seite 107.

SPEZIELLE ANWEISUNGEN

Beim Farbwechsel in einer KM in die M stechen, die neue Farbe um die Nadel legen und durch beide Schlingen auf der Nadel ziehen. In der neuen Farbe weiterarbeiten. Die Km zählt nicht als M.

Panzer/Körper

Beginnen Sie in der Mitte des Panzers und arbeiten Sie in vollständigen Runden bis Runde 18, dann in spiralförmigen Runden weiterarbeiten.

Runde 1: Mit Garn B 4 Lm, mit 1 Km zu einem Ring schließen.

Runde 2: 1 Lm (zählt durchgehend nicht als M), 2 fM in jd der nächsten 4 M, die Runde mit 1 Km in die 1. fM beenden. *(8 M)*

Runde 3: 1 Lm, 2 fM in jd der nächsten 8 M, dabei die Runde mit 1 Km in die 1. fM beenden und in der Km zu Garn C wechseln. *(16 M)*

Runde 4: 1 Lm, [1 fM in die nächste M, 2 fM in die nächste M] 8-mal, die Runde mit 1 Km in die 1. fM beenden. *(24 M)*

Runde 5: 1 Lm, [1 fM in jd der nächsten 2 M, 2 fM in die nächste M] 8-mal, dabei die Runde mit 1 Km in die 1. fM beenden und in der Km zu Garn B wechseln. *(32 M)*

Runde 6: 1 Lm, [1 fM in jd der nächsten 3 M, 2 fM in die nächste M] 8-mal, die Runde mit 1 Km in die 1. fM beenden. *(40 M)*

Runde 7: 1 Lm, [1 fM in jd der nächsten 4 M, 2 fM in die nächste M] 8-mal, dabei die Runde mit 1 Km in die 1. fM beenden und in der Km zu Garn C wechseln. *(48 M)*

Runde 8: 1 Lm, [1 fM in jd der nächsten 5 M, 2 fM in die nächste M] 8-mal, die Runde mit 1 Km in die 1. fM beenden. *(56 M)*

Runde 9: 1 Lm, [1 fM in jd der nächsten 6 M, 2 fM in die nächste M] 8-mal, dabei die Runde mit 1 Km in die 1. fM beenden und in der Km zu Garn B wechseln. *(64 M)*

Runde 10: 1 Lm, [1 fM in jd der nächsten 7 M, 2 fM in die nächste M] 8-mal, die Runde mit 1 Km in die 1. fM beenden. *(72 M)*

Runde 11: 1 Lm, [1 fM in jd der nächsten 8 M, 2 fM in die nächste M] 8-mal, dabei die Runde mit 1 Km in die 1. fM beenden und in der Km zu Garn C wechseln. *(80 M)*

Runden 12–15: 1 Lm, 1 fM in jd M, 1 Km in die 1. fM. *(80 M)*

Runde 16: Nur in die vMg häkeln, 1 Lm, [die nächste M ausl, 3 Stb in die nächste M, die nächste M ausl, 1 Km in die nächste M] 20-mal. *(80 M)*

Runde 17: Nur in die hMg von Runde 15 häkeln, 1 Lm, [1 fM in jd der nächsten 8 M, 2 fM zus häkeln] 8-mal, dabei in der letzten M zu Garn A wechseln. *(72 M)*

Mit dem MM die 1. M einer jeden Runde markieren.

Runde 18: [1 fM in jd der nächsten 10 M, 2 fM zus häkeln] 6-mal. *(66 M)*

Runde 19: [1 fM in jd der nächsten 9 M, 2 fM zus häkeln] 6-mal. *(60 M)*

Runde 20: [1 fM in jd der nächsten 8 M, 2 fM zus häkeln] 6-mal. *(54 M)*

Runde 21: [1 fM in jd der nächsten 7 M, 2 fM zus häkeln] 6-mal. *(48 M)*

Runde 22: [1 fM in jd der nächsten 6 M, 2 fM zus häkeln] 6-mal. *(42 M)*

Runde 23: [1 fM in jd der nächsten 5 M, 2 fM zus häkeln] 6-mal. *(36 M)*

Runde 24: [1 fM in jd der nächsten 4 M, 2 fM zus häkeln] 6-mal. *(30 M)*

Runde 25: [1 fM in jd der nächsten 3 M, 2 fM zus häkeln] 6-mal. *(24 M)*

Den Panzer und den Körper füllen.

Runde 26: [1 fM in die nächste M, 2 fM zus häkeln] 8-mal. *(16 M)*

Runde 27: [2 fM zus häkeln] 8-mal. *(8 M)*

Runde 28: [2 fM zus häkeln] 4-mal. *(4 M)*

1 Km in die nächste M, den MM entfernen. Das Garn befestigen und das Loch mit einer Nadel und dem losen Garnende schließen. Den Faden im Inneren des Panzers vernähen.

Kopf

Beginnen Sie an der Nase und arbeiten Sie in Runden. Verwenden Sie dabei einen MM, um die 1. M jeder Runde zu markieren.

Runde 1: Mit Garn A 4 Lm häkeln, den Ring mit 1 Km schließen, 2 fM in jd der nächsten 2 Lm (ungehäkelte Lm zählen als 2 M). *(6 M)*

Runde 2 (AB): 2 fM in jd M. *(12 M)*

Runde 3: [1 fM in die nächste M, 2 fM in die nächste M] 6-mal. *(18 M)*

Runde 4: [1 fM in jd der nächsten 2 M, 2 fM in die nächste M] 6-mal. *(24 M)*

Runde 5: [1 fM in jd der nächsten 3 M, 2 fM in die nächste M] 6-mal. *(30 M)*

Runde 6: [1 fM in jd der nächsten 4 M, 2 fM in die nächste M] 6-mal. *(36 M)*

Runden 7–11: 1 fM in jd M. *(36 M)*

Runde 12: [1 fM in jd der nächsten 4 M, 2 fM zus häkeln] 6-mal. *(30 M)*

Runde 13: 1 fM in jd M. *(30 M)*

Runde 14: [1 fM in jd der nächsten 3 M, 2 fM zus häkeln] 6-mal. *(24 M)*

Runde 15: 1 fM in jd M. *(24 M)*

Runde 16: [1 fM in jd der nächsten 2 M, 2 fM zus häkeln] 6-mal. *(18 M)*

Die Sicherheitsaugen zwischen den Runden 6 und 7 anbringen. Den Kopf fest füllen.

Runde 17: 1 fM in jd M. *(18 M)*

Mehr Füllmaterial hinzufügen.

1 Km in die nächste M, den MM entfernen. Das Garn befestigen, einen Faden zum Zusammennähen stehenlassen.

Vorderflossen (2-mal häkeln)

Arbeiten Sie in Runden; verwenden Sie dabei einen MM, um die 1. M jeder Runde zu markieren.

Runde 1: Mit Garn A 4 Lm häkeln, mit 1 Km zu einem Ring schließen.

Runde 2: 2 fM in jd Lm. *(8 M)*

Runde 3: 1 fM in jd M. *(8 M)*

Runde 4: [1 fM in jd der nächsten 3 M, 2 fM in die nächste M] 2-mal. *(10 M)*

Runde 5: 1 fM in jd M. *(10 M)*

Runde 6: [1 fM in jd der nächsten 4 M, 2 fM in die nächste M] 2-mal. *(12 M)*

Runde 7: 1 fM in jd M. *(12 M)*

Runde 8: [1 fM in jd der nächsten 5 M, 2 fM in die nächste M] 2-mal. *(14 M)*

Runde 9: 1 fM in jd M. *(14 M)*

Runde 10: [1 fM in jd der nächsten 6 M, 2 fM in die nächste M] 2-mal. *(16 M)*

Runde 11: 1 fM in jd M. *(16 M)*

Runde 12: [1 fM in jd der nächsten 7 M, 2 fM in die nächste M] 2-mal. *(18 M)*

Runde 13: 1 fM in jd M. *(18 M)*

Runde 14: [1 fM in jd der nächsten 8 M, 2 fM in die nächste M] 2-mal. *(20 M)*

Runden 15–18: 1 fM in jd M. *(20 M)*

Runde 19: 1 fM in jd der nächsten 14 M, [2 fM zus häkeln] 3-mal. *(17 M)*

Runde 20: 1 fM in jd der nächsten 11 M, [2 fM zus häkeln] 3-mal. *(14 M)*

Runde 21: 1 fM in jd der nächsten 10 M, [2 fM zus häkeln] 2-mal. *(12 M)*

Die Flosse sehr leicht füllen.

Runde 22: 1 fM in jd der nächsten 8 M, [2 fM zus häkeln] 2-mal. *(10 M)*

Runde 23: 1 fM in jd der nächsten 6 M,

[2 fM zus häkeln] 2-mal. *(8 M)*
Runde 24: 1 fM in jd der nächsten 4 M, [2 fM zus häkeln] 2-mal. *(6 M)*
Runde 25: [2 fM zus häkeln] 3-mal. *(3 M)*
Den MM entfernen.
Das Garn befestigen, einen Faden zum Zusammennähen stehenlassen.

Hinterflossen (2-mal häkeln)

Arbeiten Sie in Runden; verwenden Sie dabei einen MM, um die 1. M jeder Runde zu markieren.
Runde 1: Mit Garn A 4 Lm häkeln, den Ring mit 1 Km schließen, 2 fM in die 1. Lm (ungehäkelte Lm zählen als 3 M). *(5 M)*
Runde 2 (AB): 2 fM in jd M. *(10 M)*
Runde 3: [1 fM in jd der nächsten 4 M, 2 fM in die nächste M] 2-mal. *(12 M)*
Runde 4: 1 fM in jd M. *(12 M)*
Runde 5: [1 fM in jd der nächsten 5 M, 2 fM in die nächste M] 2-mal. *(14 M)*
Runde 6: 1 fM in jd M. *(14 M)*
Runde 7: [1 fM in jd der nächsten 6 M, 2 fM in die nächste M] 2-mal. *(16 M)*
Runde 8: 1 fM in jd M. *(16 M)*
Runde 9: [1 fM in jd der nächsten 7 M, 2 fM in die nächste M] 2-mal. *(18 M)*
Runde 10: 1 fM in jd M. *(18 M)*
Runde 11: 1 fM in jd der nächsten 14 M, [2 fM zus häkeln] 2-mal. *(16 M)*
Runde 12: 1 fM in jd der nächsten 12 M, [2 fM zus häkeln] 2-mal. *(14 M)*
Runde 13: 1 fM in jd der nächsten 10 M, [2 fM zus häkeln] 2-mal. *(12 M)*
Die Flosse sehr leicht füllen.
Runde 14: 1 fM in jd der nächsten 8 M, [2 fM zus häkeln] 2-mal. *(10 M)*
Runde 15: 1 fM in jd der nächsten 6 M, [2 fM zus häkeln] 2-mal. *(8 M)*
Runde 16: 1 fM in jd der nächsten 4 M, [2 fM zus häkeln] 2-mal. *(6 M)*
Runde 17: [2 fM zus häkeln] 3-mal. *(3 M)*
Den MM entfernen.
Das Garn befestigen, einen Faden zum Zusammennähen stehenlassen.

Zusammennähen

1 Die Farbwechsel des Körpers auf die dem Kopf entgegengesetzte Seite bringen, den Kopf feststecken und mit dem Garnende annähen.

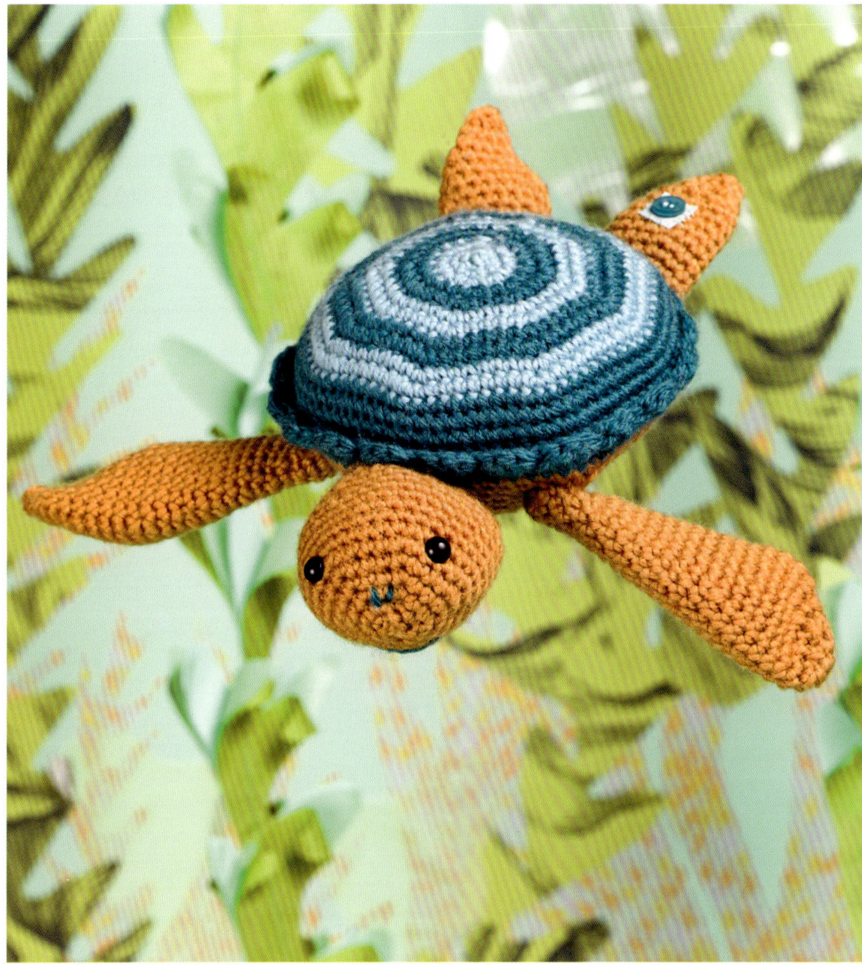

2 Stecken Sie die Vorderflossen an den Teil des Körpers in Farbe A direkt unter dem Panzer an. Nähen Sie das lose Garnende durch das Innere der Flosse und führen sie es da heraus, wo die Flosse an den Körper geheftet ist. Verwenden Sie es dann, um die Flossen anzunähen.
3 Stecken Sie die Hinterflossen hinten an den Körper in Farbe A direkt unter dem Panzer an. Nähen Sie das lose Garnende durch das Innere der Flosse und führen sie es da heraus, wo die Flosse an den Körper geheftet ist. Verwenden Sie es dann, um die Flossen anzunähen.
4 Mit Garn in Farbe C zwei kurze, gerade Stiche für die Nase aufsticken und dann weiter nach unten arbeiten, um einen horizontalen Stich für den Mund zu sticken.
5 Alle restlichen losen Enden im Inneren von Oskar vernähen und abschneiden.

Flicken mit dem Knopf

Nähen Sie den blaugrünen Knopf Ihrer Wahl in die Mitte des helltürkisen Stoffquadrats, arbeiten Sie dann mit demselben Faden weiter und nähen Sie den Stoffflicken mit dem Überwendlingsstich an Oskars linke Hinterflosse.

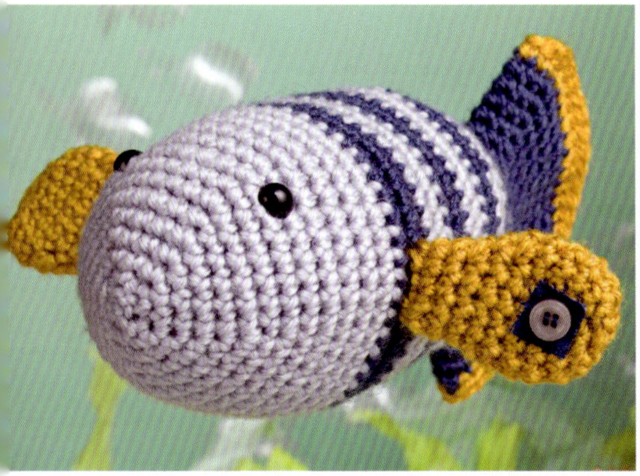

MOLLY GOLDFLOSSE

Kostbare Zeit mit Oskar, der Meeresschildkröte, zu verbringen, ist für Molly Goldflosse sehr wichtig, da ihr Freund oft für sie unerreichbar am Ufer ist. Molly wartet, dass Oskar von der Insel herunterkommt, und schwimmt im flachen, warmen Wasser. In der Zwischenzeit kann sie sich mit anderen Freunden treffen, wenn diese vorbeikommen, um im Meer zu planschen. Molly hat goldene Schuppen an ihren Flossen und am Rand ihrer Schwanzflosse, was sie von den anderen Fischen im Meer unterscheidet. Sie findet es schön, anders zu sein – und es hilft Oskar, sie schon in der Ferne auszumachen.

GARN

- Wendy Merino DK (100 % Merinowolle), DK-Garn (leichtes Kammgarn); ca. 116 m LL pro Knäuel (50 g): 1/3 Knäuel Silver 2376 (Hellgrau, A)
- Wendy Mode DK (50 % Merinowolle, 50 % Acryl), DK-Garn (leichtes Kammgarn); ca. 142 m LL pro Knäuel (50 g): 1/4 Knäuel Denim 227 (Dunkelblau, B)
- Cygnet DK (100 % Acryl), DK-Garn (leichtes Kammgarn); ca. 298 m LL pro Knäuel (100 g): eine kleine Menge Barley 4884 (Senfgelb, C)
- Häkelnadel, 3 mm

ZUM RESTEVERHÄKELN

Wenn Sie auf Ihre Reste zurückgreifen, benötigen Sie:

- Woll- oder Acrylgarn (leichtes Kammgarn/DK-Garn): ca. 15 g Hellgrau, 10 g Dunkelblau und 5 g Senfgelb

MATERIALIEN

- Garn in Kontrastfarbe als Maschenmarkierer
- 1 Paar schwarze Sicherheitsaugen (8 mm)
- Stofftierfüllung (Polyester)
- 1 grauer Knopf, ca. 1 cm Durchmesser
- dunkelblaues Stoffquadrat für den Flicken mit dem Knopf, ca. 1,2 cm
- Schere
- Sticknadel mit stumpfer Spitze
- Stecknadeln, Nähnadel und Baumwollgarn

MASSE BEI FERTIGSTELLUNG

Molly Goldflosse misst ca. 16 cm vom Kopf bis zur Schwanzflosse.

SPANNUNG

Die Spannung ist bei diesem Projekt nicht wesentlich, aber Sie brauchen ein engmaschiges Gewebe – passen Sie, wenn nötig, die Nadelstärke an, um dieses zu erhalten.

ABKÜRZUNGEN

[ ] Anweisungen in Klammern so oft, wie angegeben, häkeln
2 fM zus häkeln 2 feste Maschen zusammenhäkeln
fM feste Masche
hMg hinteres Maschenglied
Km Kettmasche
Lm Luftmasche
M Masche(n)
MM Maschenmarkierer
weiterarb weiterarbeiten

SPEZIELLE ABKÜRZUNG

AB asymmetrischer Beginn: Bei einem asymmetrischen Beginn wird Runde 2 begonnen, indem in die erste ungehäkelte Masche von Runde 1 gehäkelt wird – siehe Details auf Seite 107.

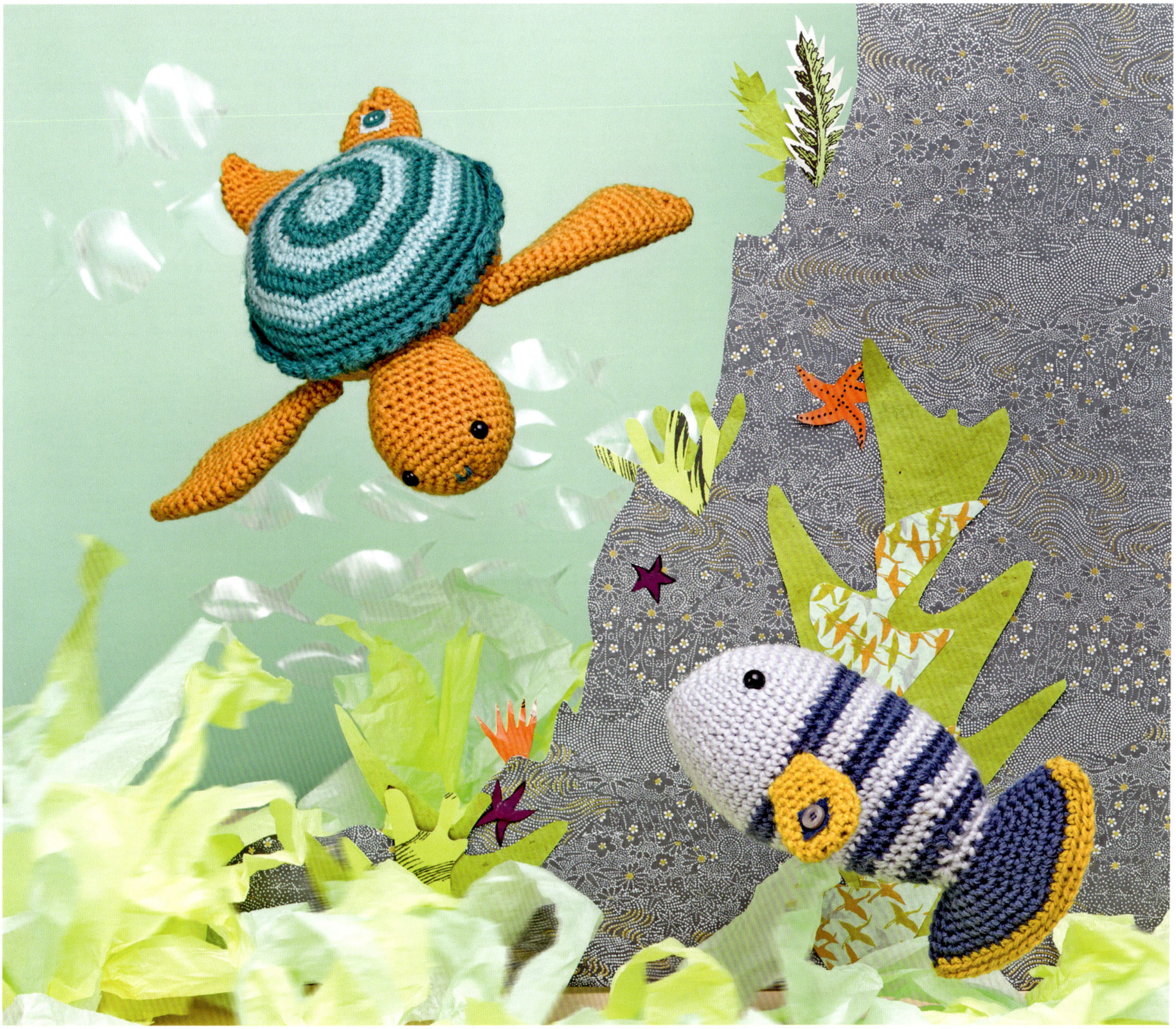

Kopf

Beginnen Sie an der Nase und arbeiten Sie in Runden. Verwenden Sie dabei einen MM, um die 1. M jeder Runde zu markieren.

Runde 1: Mit Garn A 4 Lm häkeln, den Ring mit 1 Km schließen, 2 fM in die 1. Lm (ungehäkelte Lm zählen als 3 M). *(5 M)*

Runde 2 (AB): 2 fM in jd M. *(10 M)*

Runde 3: [1 fM in die nächste M, 2 fM in die nächste M] 5-mal. *(15 M)*

Runde 4: [1 fM in jd der nächsten 2 M, 2 fM in die nächste M] 5-mal. *(20 M)*

Runde 5: [1 fM in jd der nächsten 3 M, 2 fM in die nächste M] 5-mal. *(25 M)*

Runde 6: [1 fM in jd der nächsten 4 M, 2 fM in die nächste M] 5-mal. *(30 M)*

Runde 7: [1 fM in jd der nächsten 5 M, 2 fM in die nächste M] 5-mal. *(35 M)*

Runde 8: 1 fM in jd M. *(35 M)*

Runde 9: [1 fM in jd der nächsten 6 M, 2 fM in die nächste M] 5-mal. *(40 M)*

Runde 10: 1 fM in jd M. *(40 M)*

Runde 11: [1 fM in jd der nächsten 7 M, 2 fM in die nächste M] 5-mal. *(45 M)*

Runden 12–14: 1 fM in jd M, dabei in der letzten M von Runde 14 zu Garn B wechseln. *(45 M)*

Runden 15 und 16: 1 fM in jd M, dabei in der letzten M von Runde 16 zu Garn A wechseln. *(45 M)*

Runden 17 und 18: 1 fM in jd M, dabei in der letzten M von Runde 18 zu Garn B wechseln. *(45 M)*

Runden 19 und 20: 1 fM in jd M, dabei in der letzten M von Runde 20 zu Garn A wechseln. *(45 M)*

Die Farbwechsel auf Mollys Unterseite drehen und die Sicherheitsaugen auf der anderen Seite zwischen den Runden 8 und 9 anbringen.

Runden 21 und 22: 1 fM in jd M, dabei in der letzten M von Runde 22 zu Garn B wechseln. *(45 M)*

Kopf und Körper füllen.

Runde 23: 1 fM in jd M. *(45 M)*

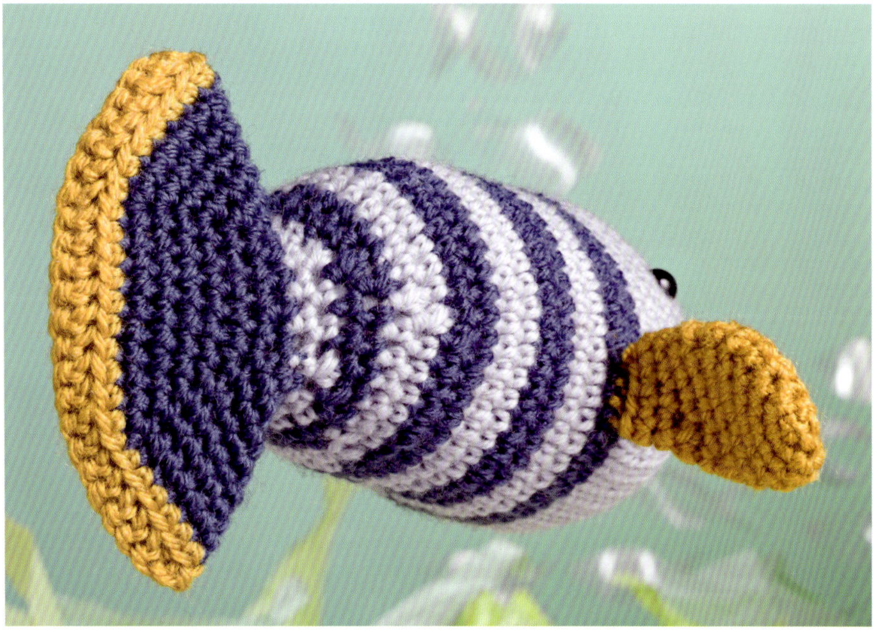

Runde 24: [1 fM in jd der nächsten 7 M, 2 fM zus häkeln] 5-mal, dabei in der letzten M zu Garn A wechseln. *(40 M)*
Runde 25: [1 fM in jd der nächsten 6 M, 2 fM zus häkeln] 5-mal. *(35 M)*
Runde 26: [1 fM in jd der nächsten 5 M, 2 fM zus häkeln] 5-mal, dabei in der letzten M zu Garn B wechseln. *(30 M)*
Runde 27: [1 fM in jd der nächsten 4 M, 2 fM zus häkeln] 5-mal. *(25 M)*
Runde 28: [1 fM in jd der nächsten 3 M, 2 fM zus häkeln] 5-mal, dabei in der letzten M zu Garn A wechseln. *(20 M)*
Runde 29: [1 fM in jd der nächsten 2 M, 2 fM zus häkeln] 5-mal. *(15 M)*
Dem Körper mehr Füllung hinzufügen.
Runde 30: 1 fM in jd M, dabei in der letzten M zu Garn B wechseln. *(15 M)*

Schwanzflosse

Runde 31: [1 fM in jd der nächsten 2 M, 2 fM in die nächste M] 5-mal. *(20 M)*
Runde 32: [1 fM in jd der nächsten 3 M, 2 fM in die nächste M] 5-mal. *(25 M)*
Runde 33: [1 fM in jd der nächsten 4 M, 2 fM in die nächste M] 5-mal. *(30 M)*
Runde 34: [1 fM in jd der nächsten 5 M, 2 fM in die nächste M] 5-mal. *(35 M)*
Runde 35: [1 fM in jd der nächsten 6 M, 2 fM in die nächste M] 5-mal. *(40 M)*
Runde 36: [1 fM in jd der nächsten 7 M, 2 fM in die nächste M] 5-mal. *(45 M)*
Runde 37: [1 fM in jd der nächsten 8 M, 2 fM in die nächste M] 5-mal. *(50 M)*
Runde 38: 1 fM in jd der nächsten 6 M, in der nächsten M zu Garn C wechseln, 1 fM in jd der nächsten 43 M. *(50 M)*
Runde 39: 1 fM in jd der nächsten 7 M (43 M ungehäkelt lassen), die Schwanzflosse glätten, durch beide Schichten und nur in die hMG der nächsten 24 M je 1 fM häkeln. *(31 M)*
Die Schwanzflosse muss nicht gefüllt werden. Den MM entfernen.
Das Garn befestigen und das lose Garnende in Mollys Innerem vernähen.

Flossen (2-mal häkeln)

Beginnen Sie am breitesten Teil der Flosse und arbeiten Sie in Runden; verwenden Sie einen MM, um die 1. M jeder Runde zu markieren.
Runde 1: Mit Garn C 4 Lm häkeln, den Ring mit 1 Km schließen, 2 fM in jd der nächsten 4 Lm. *(8 M)*
Runde 2: 2 fM in jd M. *(16 M)*
Runden 3 und 4: 1 fM in jd M. *(16 M)*
Runde 5: [1 fM in jd der nächsten 6 M, 2 fM zus häkeln] 2-mal. *(14 M)*
Runde 6: [1 fM in jd der nächsten 5 M, 2 fM zus häkeln] 2-mal. *(12 M)*
Runde 7: 1 fM in jd M. *(12 M)*
Runde 8: [1 fM in jd der nächsten 4 M, 2 fM zus häkeln] 2-mal. *(10 M)*
Runden 9 und 10: 1 fM in jd M. *(10 M)*
1 Km in die nächste M, den MM entfernen. Die Flossen müssen nicht gefüllt werden. Das Garn befestigen, einen Faden zum Zusammennähen stehenlassen.

Zusammennähen

1 Glätten Sie die Öffnung der Flossen. Über die Öffnung nähen und die Flossen seitlich am Körper feststecken und annähen.
2 Alle restlichen losen Enden in Mollys Innerem vernähen und abschneiden.

Flicken mit dem Knopf

Nähen Sie den grauen Knopf Ihrer Wahl in die Mitte des dunkelblauen Stoffquadrats, arbeiten Sie dann mit demselben Faden weiter und nähen Sie den Stoffflicken mit dem Überwendlingsstich auf das Ende von Mollys linker Flosse.

TECHNIKEN

In diesem Abschnitt erklären wir die Grundmaschen und -techniken, die Sie benötigen, um die Projekte in diesem Buch häkeln zu können.

Garn und Nadel richtig halten

Garn und Nadel richtig zu halten, ist ein wichtiger Teil des Häkelns und wenn Sie das einmal geübt haben, hilft es Ihnen dabei, Ihre Maschen mit gleichmäßiger Spannung zu häkeln.

Die Nadel richtig halten

Es gibt grundsätzlich zwei Arten, die Nadel zu halten. Die meisten Menschen finden die Stifthaltung bequemer. Sie ermöglicht Ihnen mehr Entspannung in Arm und Schulter.

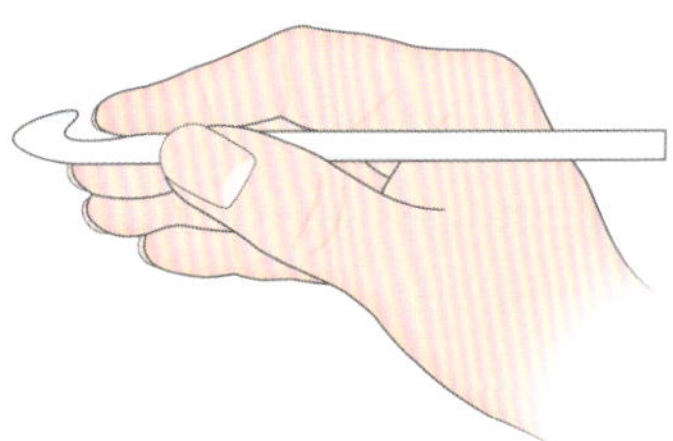

Stifthaltung Nehmen Sie die Nadel auf, als ob sie einen Füller oder einen Bleistift aufheben wollten. Halten Sie die Nadel locker zwischen Ihren Fingern und dem Daumen, drehen Sie sie so, dass die Spitze nach oben zeigt und die Nadel in Ihrer Hand im Gleichgewicht ist und zwischen Ihrem Zeigefinger und Ihrem Daumen ruht.

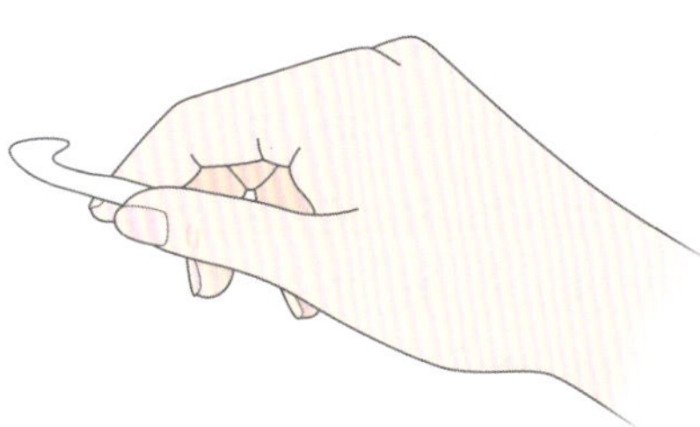

Messerhaltung Wenn Sie eine stärkere Nadel oder dickeres Garn verwenden, ziehen Sie vielleicht die Messerhaltung vor. Legen Sie Ihre Hand auf die Häkelnadel und halten Sie sie zwischen Ihrem Daumen und dem Zeigefinger.

Das Garn richtig halten

Nehmen Sie das Garn mit dem kleinen Finger der der Häkelnadel gegenüberliegenden Hand auf, mit der Handfläche zu sich, das kurze Ende vor dem Finger und das Garn in der Falte zwischen kleinem und Ringfinger. Drehen Sie Ihre Hand nach unten (oberes Bild unten), sodass sich der lange Faden auf Ihrem Zeigefinger, unter den anderen zwei Fingern befindet und um den kleinen Finger geschlungen ist. Dann drehen Sie Ihre Hand, sodass sie zu Ihnen schaut (unteres Bild unten) und bereit ist, die Arbeit mit Ihrem Mittelfinger und Daumen zu halten.

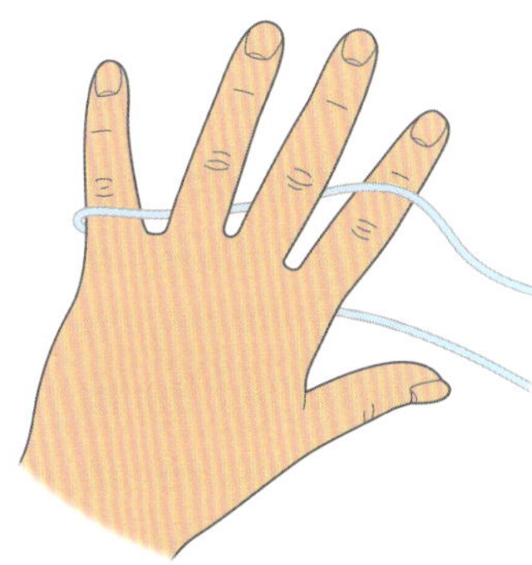

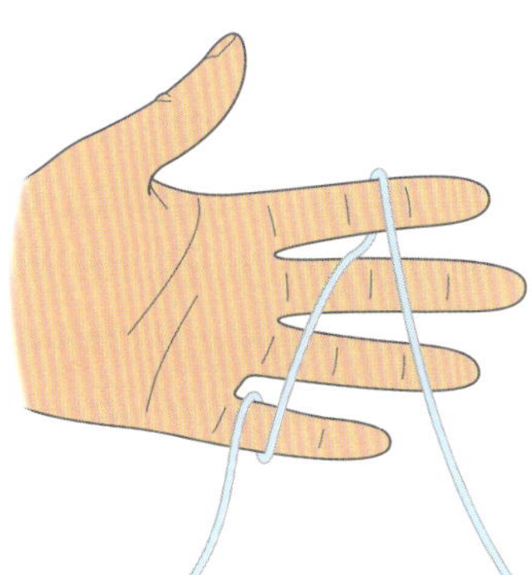

Garn und Nadel während des Häkelns richtig halten

Halten Sie Ihren Zeigefinger mit dem darübergelegten Garn leicht gebogen und halten Sie Ihre Arbeit (oder die Anfangsschlinge) in derselben Hand zwischen Ihrem Mittelfinger und Ihrem Daumen direkt unter der Häkelnadel und der/den Schlinge/n auf Ihrer Nadel.

Wenn Sie die Schlinge durch die Nadel ziehen, lösen Sie das Garn vom Zeigefinger, damit die Schlinge locker auf der Nadel bleiben kann. Wenn Sie Ihren Zeigefinger anspannen, wird das Garn zu stramm und die Schlinge auf der Nadel wird zu fest, um das Garn hindurchzuziehen.

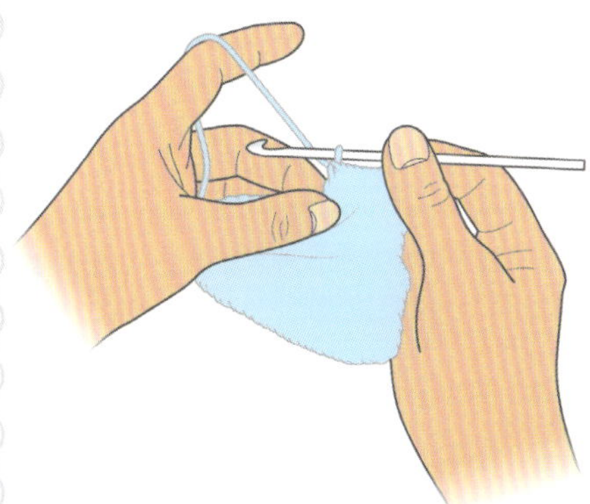

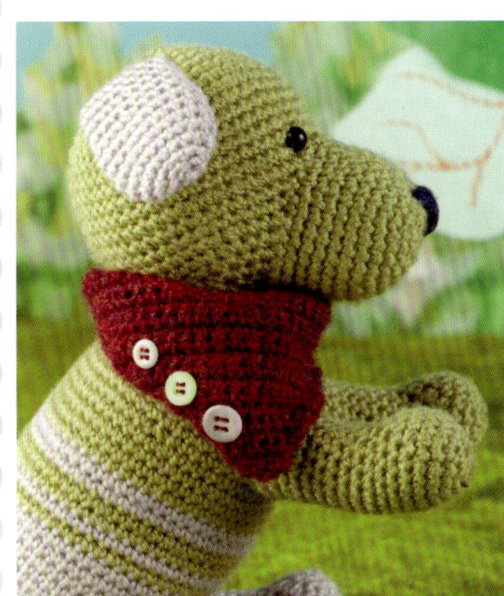

Anfangsschlinge

Die Anfangsschlinge ist die Schlinge, die Sie auf der Nadel hochziehen, um Ihre Häkelarbeit zu beginnen.

1 Legen Sie das Garn zu einem Ring. In einer Hand halten Sie den Kreis oben, wo das Garn sich überkreuzt und lassen den Faden nach hinten unten fallen, sodass er über die Mitte der Schlinge fällt. Mit Ihrer freien Hand oder der Spitze einer Häkelnadel ziehen Sie die Schlinge durch den Ring. So entsteht eine sehr lockere Schlinge auf der Nadel.

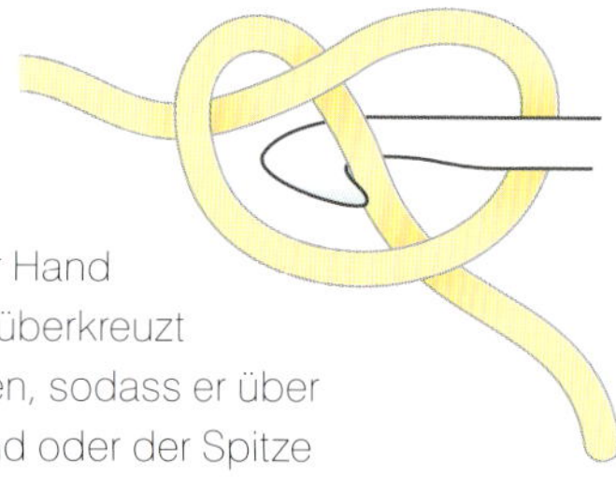

2 Ziehen Sie vorsichtig an beiden Garnenden, um die Schlinge um den Schaft der Nadel herum festzuziehen. Achten Sie darauf, dass die Schlinge nicht ZU FEST ist. Sie muss leicht entlang des Schaftes rutschen können.

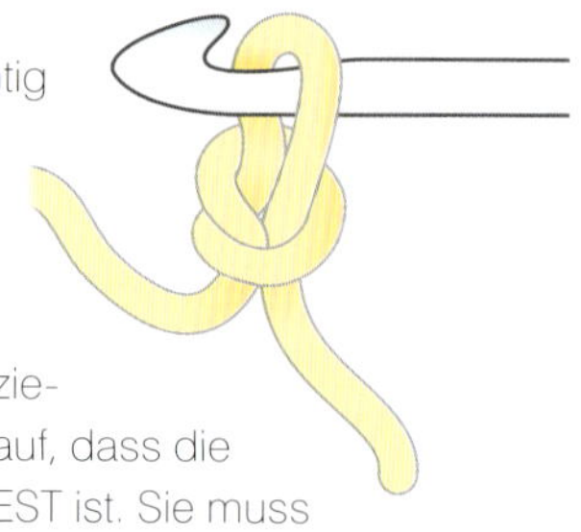

Umschlag (U)

Um eine Luftmasche oder eine Masche zu häkeln, müssen Sie das Garn um die Nadel legen und dann durch die Schlinge auf der Nadel ziehen.

1 Fangen Sie das Garn mit der Nadel ein, indem sie sie um den Faden herumführen. Beim Erfassen des Garns drehen Sie die Nadelspitze nach unten und halten sofort den Knoten unter der Schlinge auf der Nadel mit Ihrer linken Hand zwischen Finger und Daumen fest.

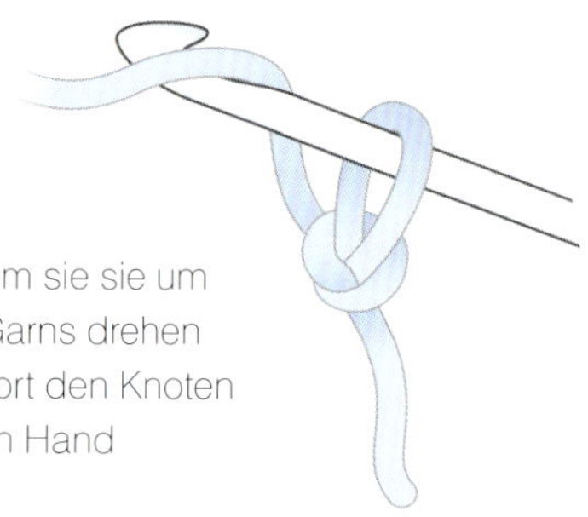

2 Dann ziehen Sie das Garn vorsichtig durch die Schlinge auf der Nadel. Sobald die Spitze der Nadel durch die Schlinge kommt, drehen Sie diese nach oben.

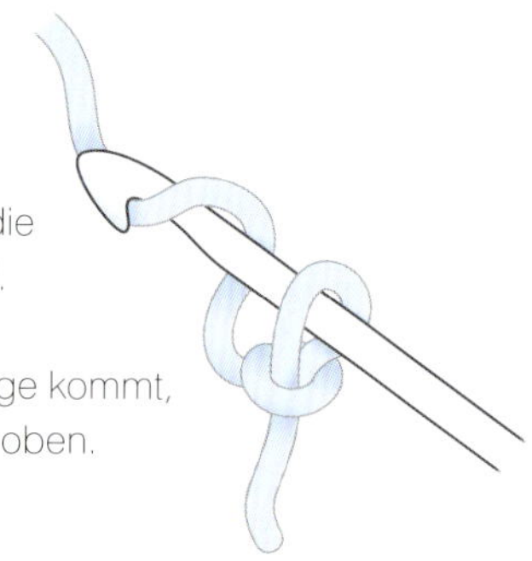

Luftmasche (Lm)

Luftmaschen sind der Anfang allen Häkelns. Sie müssen diese Masche zuerst üben, weil Sie erst einige Luftmaschen häkeln müssen, um überhaupt die 1. Reihe oder Runde in einer anderen Maschenart anfangen zu können. Das Üben der Luftmaschen ermöglicht es Ihnen auch, sich daran zu gewöhnen, wie man Garn und Nadel richtig hält.

1 Beginnen Sie mit der nach oben gerichteten Nadelspitze, mit einer so locker auf der Nadel liegenden Anfangsschlinge, dass noch genug Platz ist, um einen Faden durch die Schlinge auf der Nadel ziehen zu können. Das Garn um die Nadel legen (Umschlag).

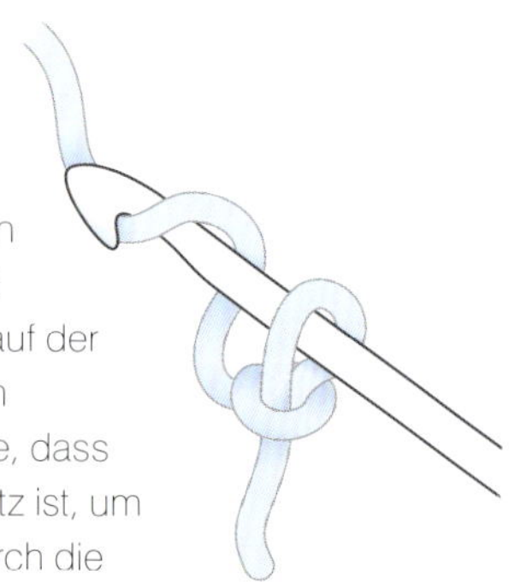

2 Dann ziehen Sie vorsichtig den Faden durch die Schlinge auf der Nadel. Sobald die Nadelspitze durch die Schlinge kommt, drehen Sie die Spitze nach oben.

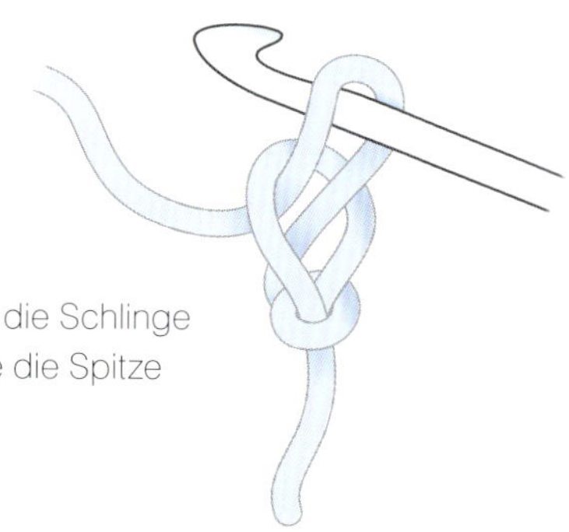

Reihen häkeln

Wenn Sie in Reihen arbeiten, müssen Sie am Ende der Reihe wenden und dann eine Luftmasche häkeln, um die Höhe für die Masche, an der Sie arbeiten, zu bekommen.

feste Masche = 1 Luftmasche
halbes Stäbchen = 2 Luftmaschen
Stäbchen = 3 Luftmaschen

In Runden häkeln

Wenn Sie in Runden häkeln, wird die Arbeit nicht gewendet, sodass Sie immer nur auf einer Seite arbeiten. Eventuell müssen Sie eine Wendeluftmasche häkeln, um die richtige Höhe für die Masche, an der Sie arbeiten, zu bekommen, wie unten aufgelistet.

feste Masche = 1 Luftmasche
halbes Stäbchen = 2 Luftmaschen
Stäbchen = 3 Luftmaschen

Sie können auch in Spiralen arbeiten. In diesem Fall benötigen Sie keine Wendeluftmasche. Nach Fertigstellung des Luftmaschenrings platzieren Sie einen Maschenmarkierer (MM) in die 1. Masche und arbeiten dann weiter, um rundherum zu häkeln. Wenn Sie eine Runde gehäkelt haben und an die Stelle gelangt sind, an der sich der MM befindet, nehmen Sie ihn heraus und stecken ihn wieder in die 1. Masche Ihrer neuen Runde. Eine Sicherheitsnadel oder ein Stück Garn oder Faden in Kontrastfarbe eignet sich gut dafür.

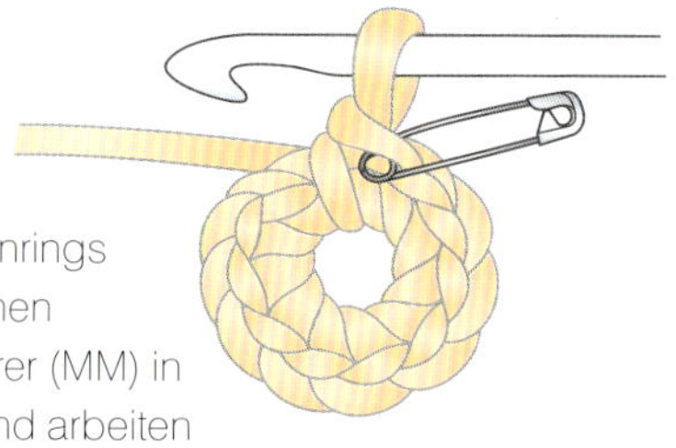

Luftmaschenring

Wenn Sie eine runde Form häkeln, können Sie damit beginnen, indem Sie eine Anzahl Luftmaschen der Anleitung entsprechend häkeln und diese dann zu einem Ring verbinden.

Tipp: Das Verbinden der ersten Luftmaschen zu einem Ring macht es manchmal schwierig, die Häkelnadel durch beide Schlingen der Maschen zu stechen. Also arbeiten Sie bei den ersten paar Maschen im Luftmaschenring einfach durch die vorderen Maschenglieder (äußere Schlingen), bis die Arbeit sich leichter häkeln lässt und arbeiten dann durch beide Schlingen weiter.

1 Um die Luftmaschen zu einem Kreis zu verbinden, stechen Sie die Häkelnadel in die 1. Luftmasche (nicht in die Anfangsschlinge), ziehen das Garn um die Nadel, dann ziehen Sie gleichzeitig das Garn durch die Luftmasche und durch die Schlinge auf Ihrer Nadel, wodurch Sie eine Kettmasche häkeln und einen Ring bilden.

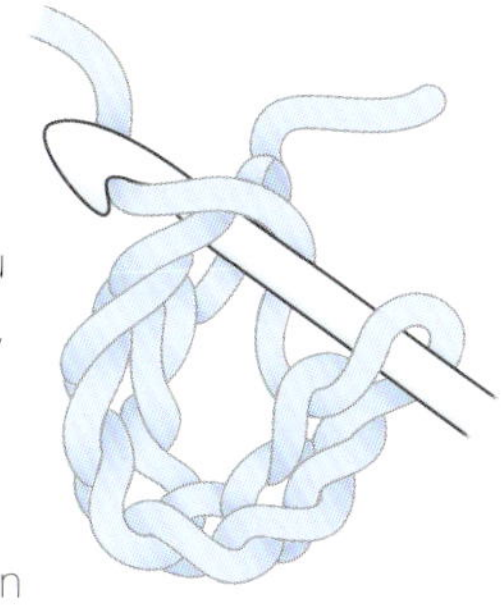

2 Sie haben nun einen Ring, wie er Ihrem Häkelmuster entspricht.

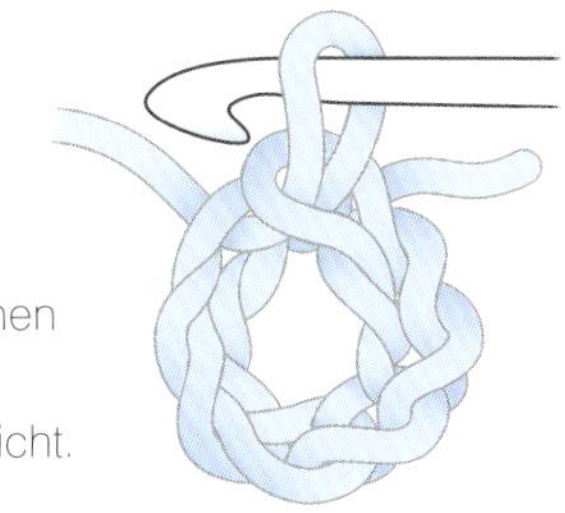

Asymmetrische Runden

Um mit so kleinen asymmetrischen Runden zu beginnen, ohne dass ein Loch bleibt, verbinden Sie Ihre Luftmaschen zuerst mit einer Kettmasche zu einem Ring. Sie werden die Maschenanzahl oft vergrößern müssen, aber Sie werden nicht immer alle Luftmaschen verwenden – so entsteht eine asymmetrische Form, die gleichmäßiger wird, wenn die Spirale größer wird.

Zum Beispiel: 4 Lm, den Ring mit 1 Km schließen, 2 fM in jd der nächsten 2 Lm (ungehäkelte Lm zählen als 2 M). *(6 M)* Dieses Beispiel bedeutet:

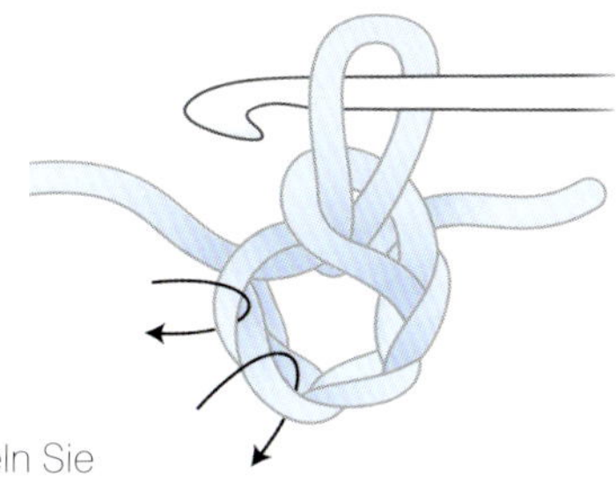

1 Häkeln Sie 4 Luftmaschen und schließen Sie den Ring mit einer Kettmasche. Häkeln Sie 2 fM in jede der nächsten 2 Lm (je mit einem Pfeil versehen), nachdem Sie den Luftmaschenring geschlossen haben.

2 Nachdem Sie die 4 fM gehäkelt haben, lassen Sie die nächsten 2 Lm (mit 2 Pfeilen versehen) ungehäkelt, zählen sie aber als 2 Maschen, was in Summe 6 Maschen für Runde 1 ergibt. Markieren Sie die Schlinge auf der Nadel (mit einem Pfeil versehen) als die 1. M von Runde 2 und machen Sie mit Runde 2 weiter, indem Sie in die erste ungehäkelte Lm aus Runde 1 häkeln.

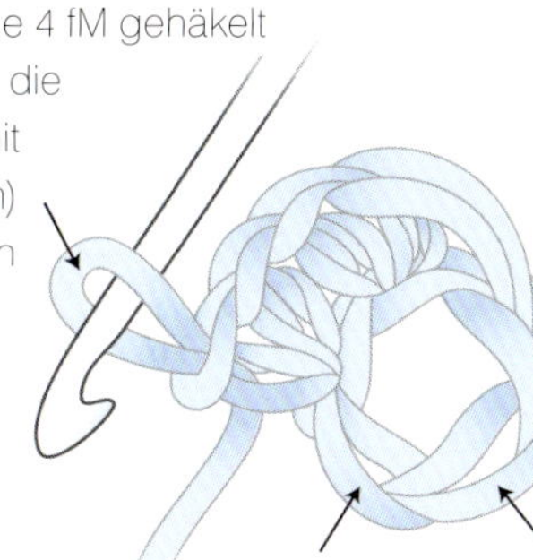

Ins vordere/hintere oder in beide Maschenglieder häkeln

Die Grundregel für das Häkeln in eine Masche ist es, beide oberen Schlingen der Masche aufzunehmen, aber manchmal gibt das Muster an, dass nur in die vordere oder die hintere Schlinge der Masche gehäkelt werden soll, was dem Werkstück ein anderes Aussehen verleiht.

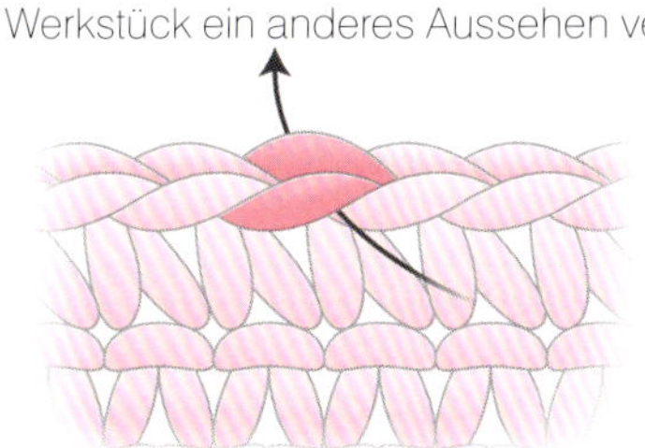

In die Masche häkeln

Wenn nicht anders angegeben, wird die Nadel unter den beiden oberen Schlingen der Masche hindurchgeführt. Das ist die Standardtechnik.

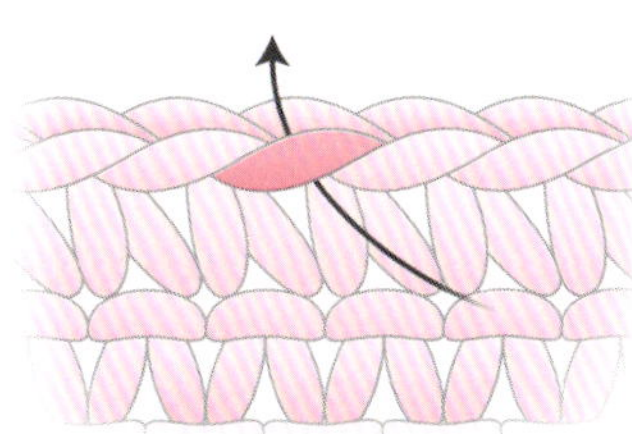

Ins vordere Maschenglied häkeln

Um die vordere Schlinge der Masche aufzunehmen, stechen Sie von unten in die vordere Schlinge an der Vorderseite der Arbeit.

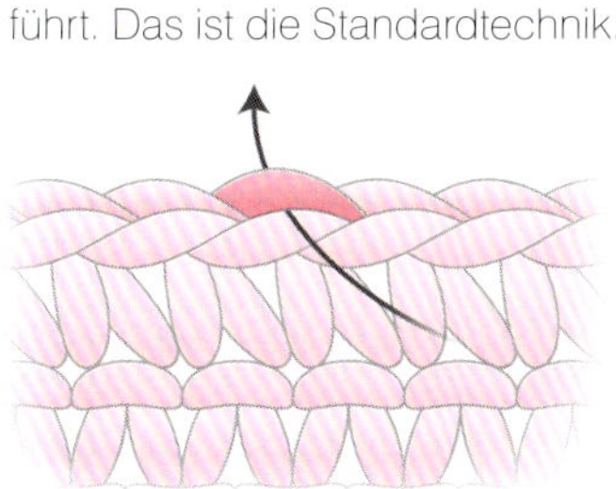

Ins hintere Maschenglied häkeln

Um die hintere Schlinge der Masche aufzunehmen, stechen Sie zwischen die mittlere und die hintere Schlinge und nehmen die von vorne aus gesehen hintere Schlinge der Arbeit auf.

Kettmasche (Km)

Die Kettmasche ist die kürzeste Häkelmasche und wird für gewöhnlich eher in andere Maschen als in die Anfangsluftmaschen gehäkelt, weil sie selten verwendet wird, um ein ganzes Häkelstück zu fertigen. Sie wird hauptsächlich verwendet, um Runden zu schließen oder Garn sauber entlang von Maschen zu führen, um an einen bestimmten Punkt zu gelangen, ohne das Garn befestigen zu müssen.

1 Für eine Kettmasche die Nadel zuerst durch die Masche stechen (Luftmasche oder Luftmaschenbogen). Dann das Garn um die Nadel schlingen.

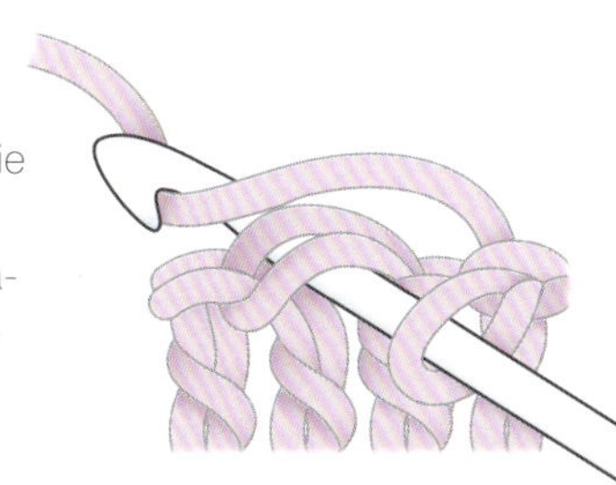

2 Das Garn gleichzeitig durch die Masche (Luftmasche oder Luftmaschenbogen) und die Schlinge auf der Nadel ziehen, sodass Sie nur noch eine Schlinge auf der Nadel haben.

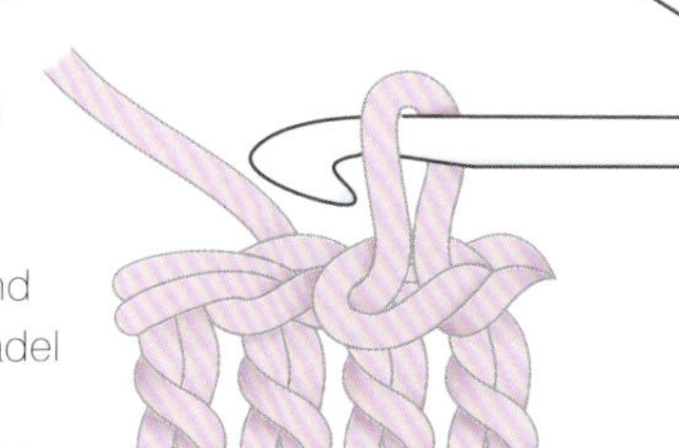

Feste Masche (fM)

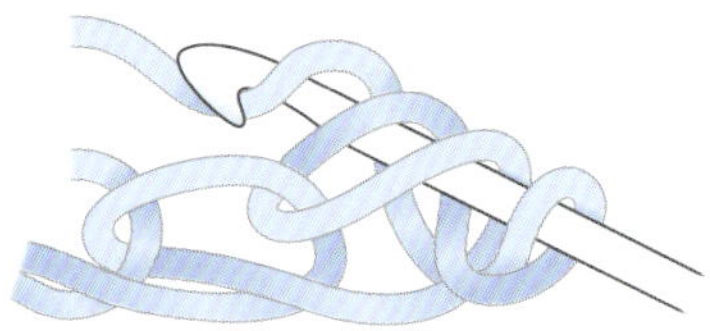

1 Führen Sie die Nadel in Ihre Arbeit, das Garn um die Nadel schlingen und das Garn nur durch die Arbeit ziehen. Sie haben nun zwei Schlingen auf der Nadel.

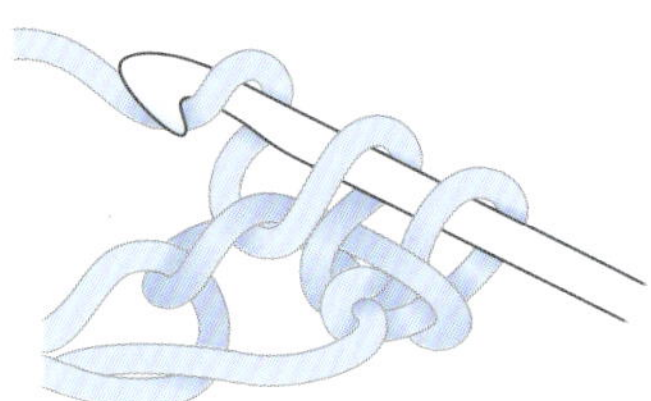

2 Das Garn erneut um die Nadel schlingen und durch die beiden Schlingen auf der Nadel ziehen. Sie haben nun eine Schlinge auf der Nadel.

Stäbchen (Stb)

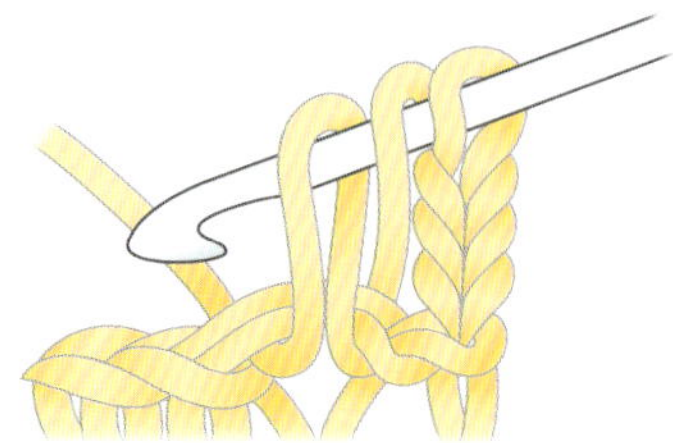

1 Bevor Sie die Nadel in die Arbeit stechen, schlingen Sie das Garn einmal um die Nadel. Erneut Garn um die Nadel schlingen und diese dann samt Garn durch die Arbeit führen (Sie haben nun drei Schlingen auf der Nadel).

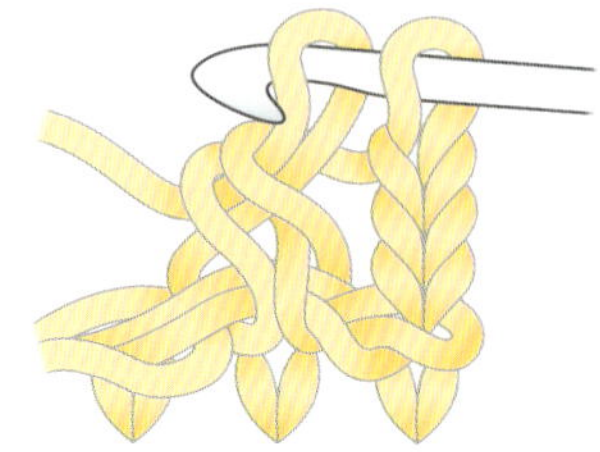

2 Erneut das Garn um die Nadel schlingen und durch die ersten zwei Schlingen auf der Nadel ziehen (Sie haben nun zwei Schlingen auf der Nadel).

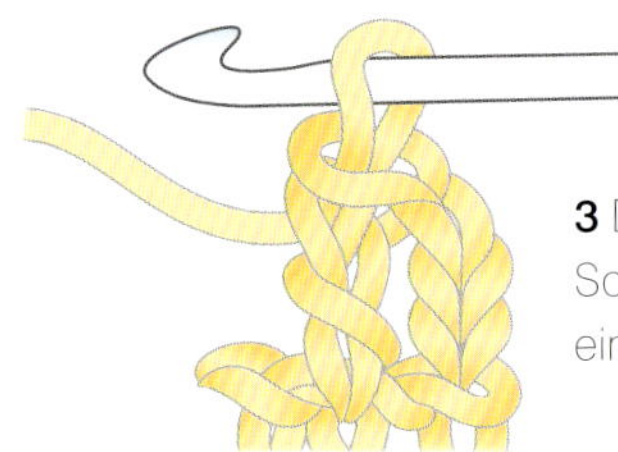

3 Das Garn wieder durch die zwei Schlingen auf der Nadel ziehen. Es bleibt eine Schlinge auf der Nadel.

Halbes Stäbchen (hStb)

1 Bevor Sie die Nadel in die Arbeit stechen, schlingen Sie das Garn einmal um die Nadel und führen diese dann samt dem Garn durch die Arbeit.

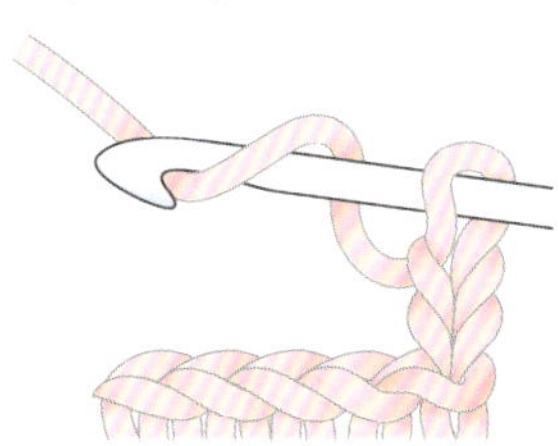

2 Erneut das Garn um die Nadel schlingen und durch die Arbeit ziehen (Sie haben nun drei Schlingen auf der Nadel).

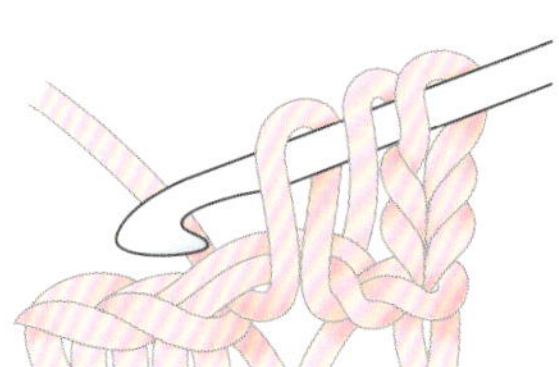

3 Garn um die Nadel schlingen und das Garn durch alle drei Schlingen auf der Nadel ziehen. Es bleibt eine Schlinge auf der Nadel.

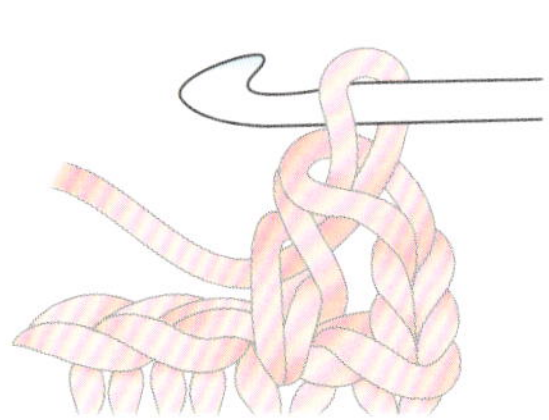

Neues Garn einhäkeln

Wenn Sie zu einer anderen Farbe oder einem neuen Knäuel Garn wechseln wollen, müssen Sie die Enden, wie hier bei einer festen Masche gezeigt, einhäkeln.

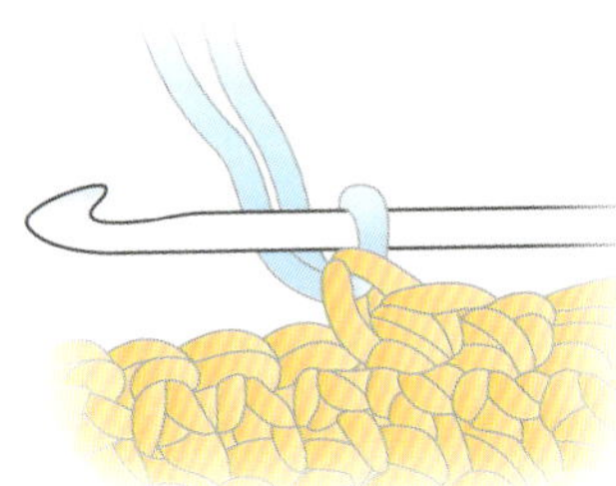

1 Häkeln Sie eine feste Masche wie gewohnt, machen Sie die Masche jedoch nicht fertig. Wenn Sie noch zwei Schlingen auf der Nadel haben, fangen Sie das neue Garn mit der Nadel ein und ziehen es durch diese beiden Schlingen, um die Masche fertigzustellen.

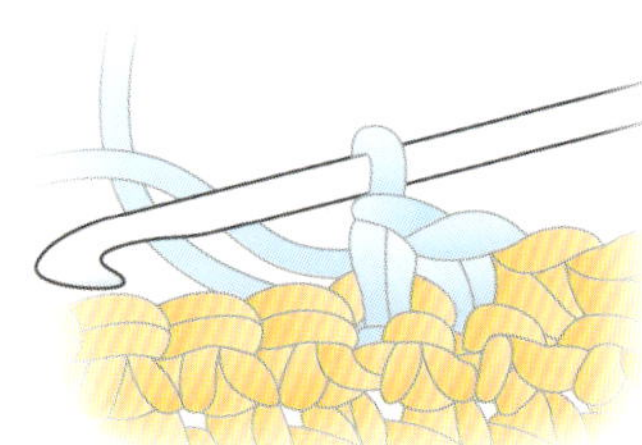

2 Mit dem neuen Garn weiterarbeiten. Schneiden Sie das alte Garn auf einer Länge von ca. 15 cm ab und lassen Sie es auf die Rückseite der Arbeit fallen, um es später zu vernähen.

Abnahme

Sie können abnehmen, indem Sie die nächste Masche auslassen und weiterhäkeln oder indem Sie zwei oder mehr Maschen zusammenhäkeln. Die Grundtechnik für das Zusammenhäkeln von Maschen ist für alle Maschen dieselbe. Das folgende Beispiel zeigt, wie 2 feste Maschen zusammengehäkelt werden (2 fM zus häkeln).

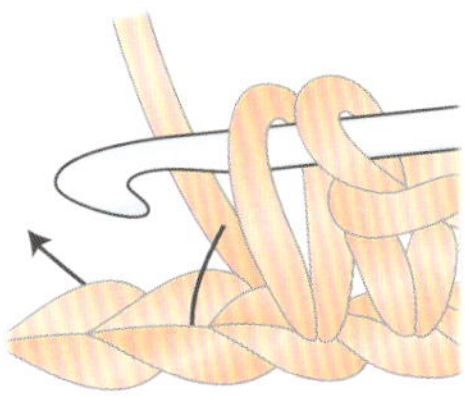

1 Die Nadel in die Arbeit stechen, Garn um die Nadel schlingen und durch die Arbeit ziehen (2 Schlingen auf der Nadel), die Nadel in die nächste Masche stechen, Garn um die Nadel schlingen und durchziehen.

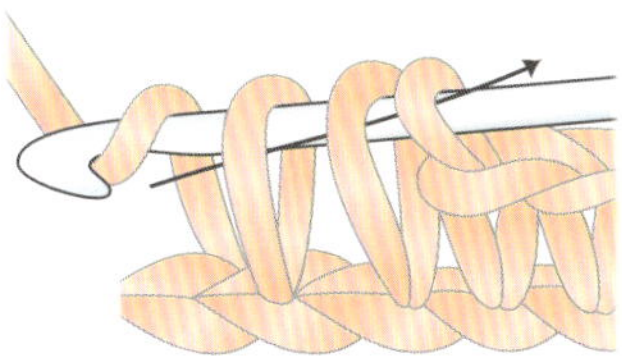

2 Erneut Garn um die Nadel schlingen und durch alle drei Schlingen auf der Nadel ziehen. Sie haben nun eine Schlinge auf der Nadel.

Zunahme

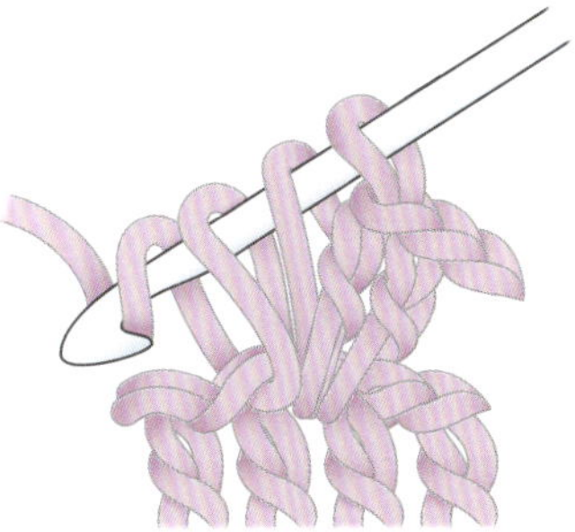

Sie können zunehmen, indem Sie zwei oder drei Maschen in eine Masche oder einen Bogen aus der Vorreihe oder -runde häkeln. Die Illustration zeigt eine Zunahme von zwei Maschen in einem Stäbchen.

Das Garn befestigen

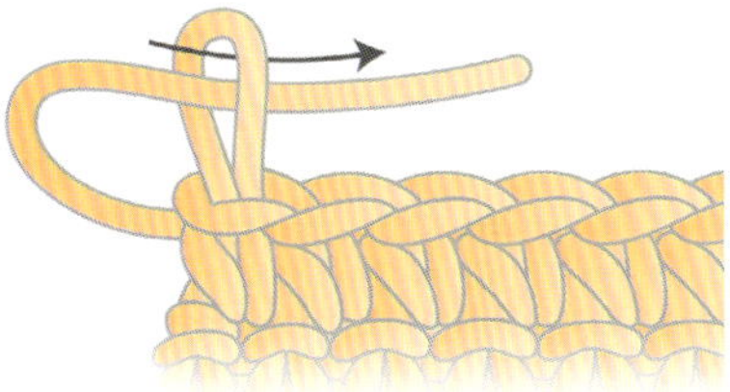

Schneiden Sie das Garn ab und lassen Sie ein langes Garnende stehen, damit man die Teile später damit zusammennähen kann. Mit der Häkelnadel das Garn ganz durch die Schlinge durchziehen und festziehen.

Garnenden vernähen

Fädeln Sie Garn in eine Nähnadel mit einem Öhr, das groß genug ist, dass das Garn hindurchpasst. Die Enden ca. 5 cm lang an der Rückseite durch die Arbeit in derselben Farbe weben.

Teile zusammennähen

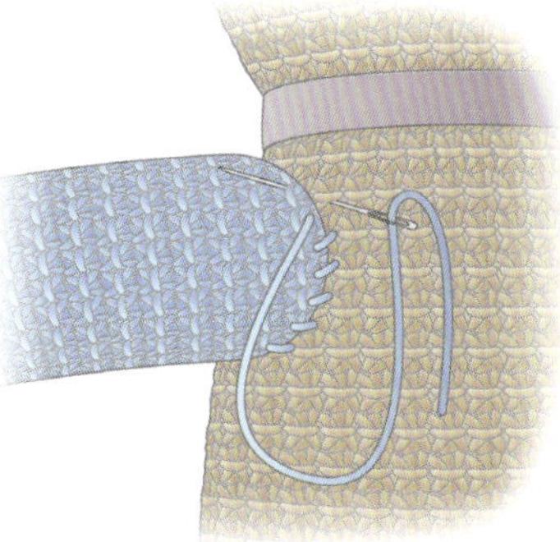

Den Faden des Teils, das Sie annähen möchten, in eine Nadel fädeln. Die Teile mit dem Überwendlingsstich zusammennähen, dabei in das Ende des Teils, das angenäht werden soll, einstechen und dann in die nächste Masche des Hauptteils stechen. Weiterarbeiten, bis die Teile fest zusammengenäht sind, dann das Garn vernähen und das lose Garnende im Inneren des gefüllten Werkstücks verstecken.

Sicherheitsaugen anbringen

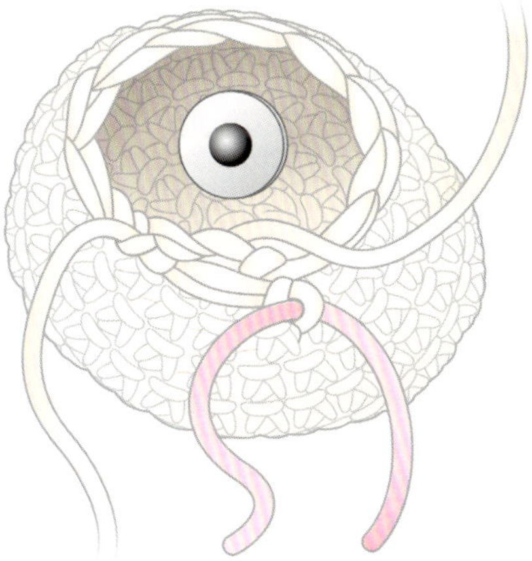

Jedes Auge von vorne einstechen und sichergehen, dass beide Augen auf gleicher Höhe sind und in derselben Runde stecken, bevor Sie sie mit den Sicherheitsverschlüssen auf der Rückseite befestigen. Der flache Teil des Sicherheitsverschlusses wird von innen in Richtung der Häkelarbeit gedrückt.

Tipps: Eine Montagehilfe für Sicherheitsaugen erleichtert das Einsetzen der Augen. Für gewöhnlich besteht diese aus einem Stück Metall oder Plastik mit Löchern für mehr Hebelwirkung, wenn Sie die Scheiben der Augen befestigen – ich finde, sie hilft dabei, diese Arbeit zu beschleunigen.

Die Schnauze vor dem Kopf zu häkeln, hilft beim Finden der richtigen Stelle für die Augen. Halten Sie die Schnauze an das Gesicht und bringen Sie dann die Augen an: Sie können die Position der Augen dann anpassen, bevor Sie sie befestigen.

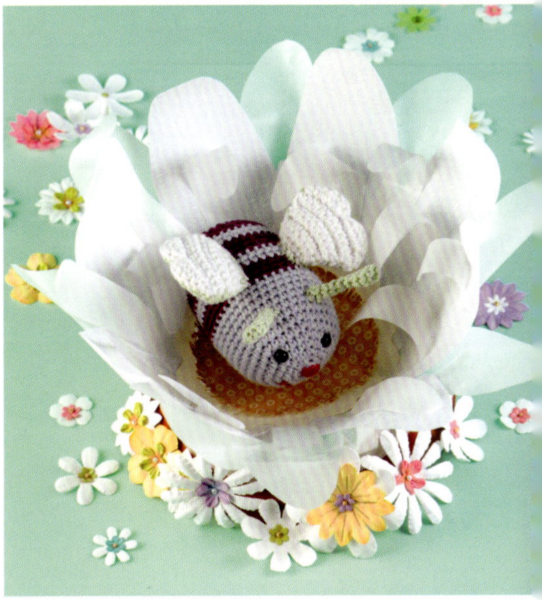

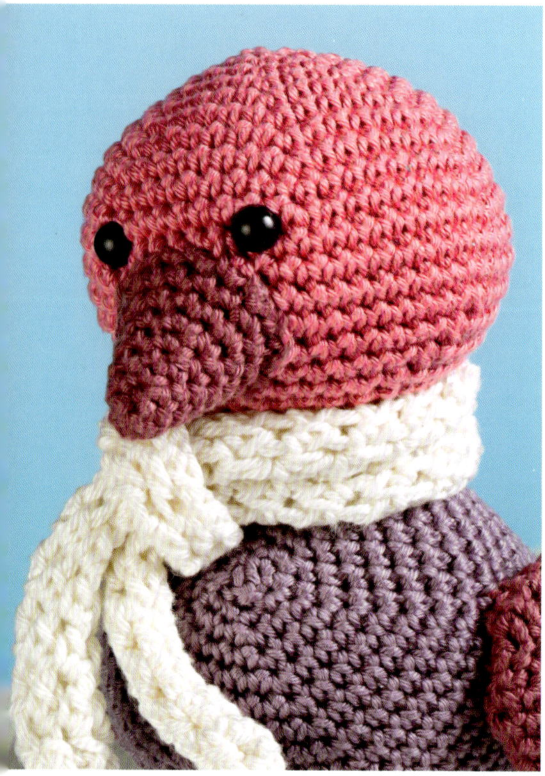

Werkstücke füllen

Stofftierfüllung aus Polyester wird für das Füllen aller Kuscheltiere verwendet. Ich finde sie leicht zu verwenden, leicht zu bekommen und sie kann in kleinen und großen Mengen gekauft werden – je nachdem, wie viel Platz Sie haben, um sie aufzubewahren! Nehmen Sie die Füllung immer auseinander, bevor Sie sie verwenden, um Klumpen in Ihren Häkelwerken zu verhindern. In der Regel fülle ich die Körper gerne recht fest – ausreichend, um ihre Form zu halten, aber nicht so fest, dass das Stück sich hart anfühlt. Manchmal ist es leichter, ein bisschen Füllung zuzugeben, während die Häkelarbeit wächst; das andere Ende Ihrer Häkelnadel ist das ideale Werkzeug, um die Füllung in kleine Zwischenräume zu drücken.

Stickstiche

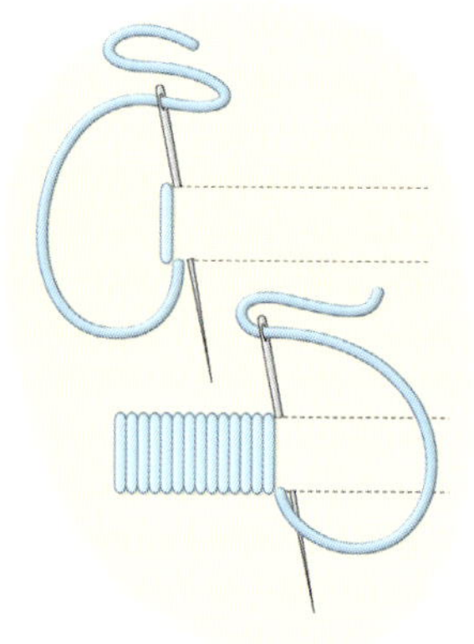

Plattstich

Beim Plattstich kann es hilfreich sein, die Form, die Sie füllen möchten, erst einmal aufzusticken. Dann beginnen Sie an einem Ende der Form und sticken sehr eng nebeneinander gerade Stiche von einer Seite zur anderen; die Länge variiert, wie benötigt, um eine solide Form zu gestalten.

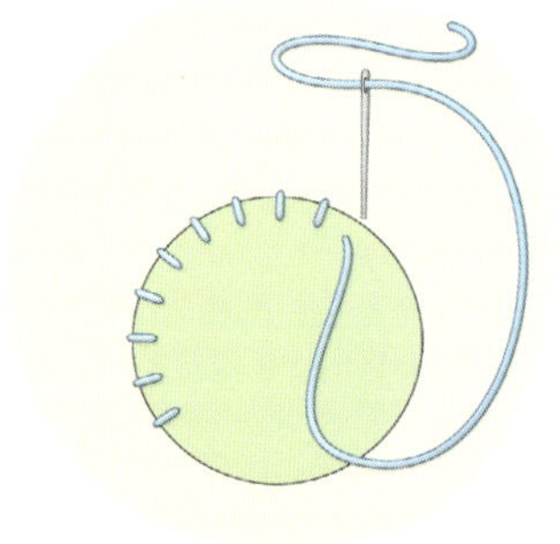

Überwendlingsstich

Dies sind einzelne, gerade Stiche, die nicht in einer geraden Linie aufgestickt werden, sondern in einem passenden Winkel verwendet werden, um Augenbrauen, Nase oder Mund zu gestalten.

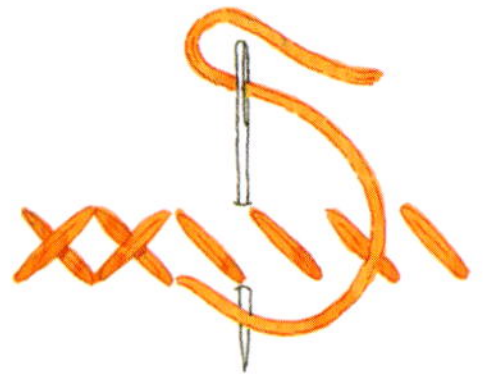

Kreuzstich

Für den Kreuzstich sticken Sie den einen diagonalen Balken des Kreuzes zuerst, dann den anderen im rechten Winkel darüber.

Einen Knopf annähen

Die Knöpfe müssen sicher angenäht werden, also nehmen Sie das Garn doppelt in der Nadel.

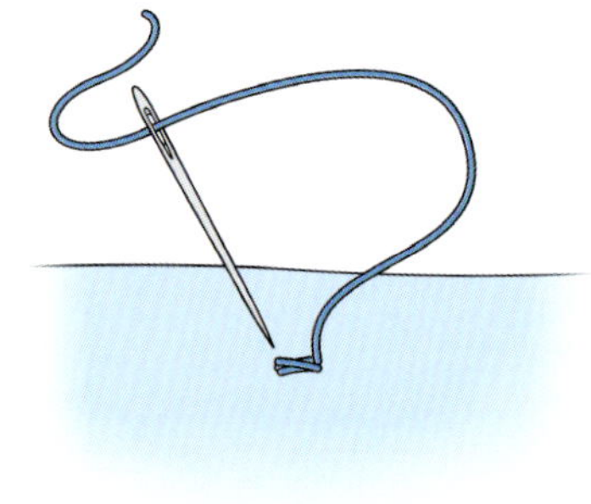

1 Nähen Sie erst ein paar kleine Stiche in den Stoff, um das Ende des Fadens zu befestigen.

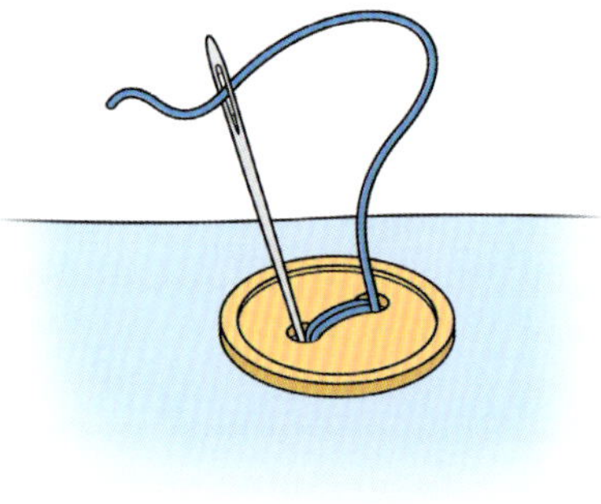

2 Führen Sie die Nadel durch eines der Knopflöcher, dann hinunter durch das zweite. Einige Stiche durch den Knopf nähen, dann das Garn an der Unterseite so befestigen, dass man es nicht sieht.

SCHABLONEN

Sie müssen diese Schablonen, wie angegeben, abpausen oder fotokopieren. Sie sind alle in Originalgröße abgebildet.

Tessas Cupcake auf der Schürze (Seite 78)

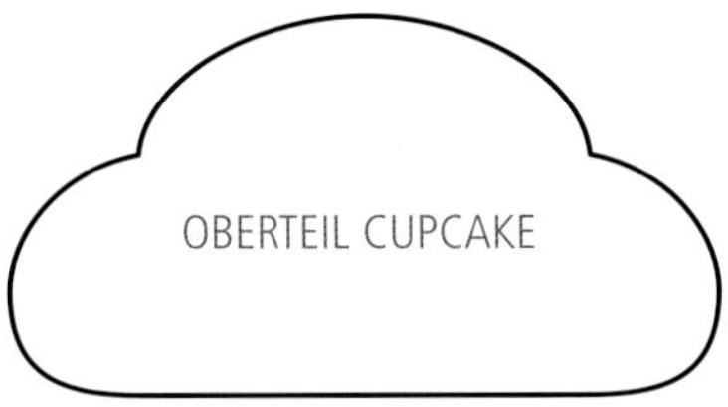

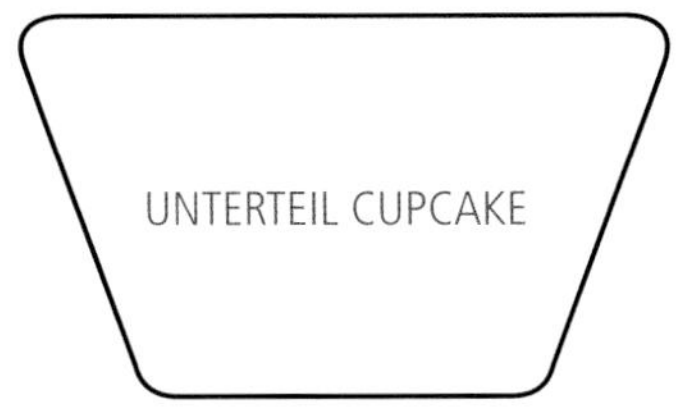

Tessas Schnauze (Seite 74)

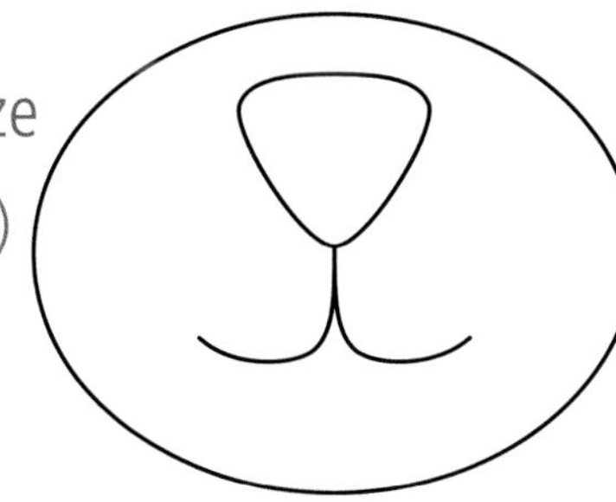

Eugenies und Leos Augen (Seiten 40 und 42)

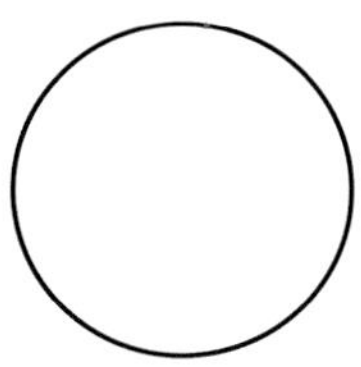

Margots Herz auf der Tasche (Seite 18)

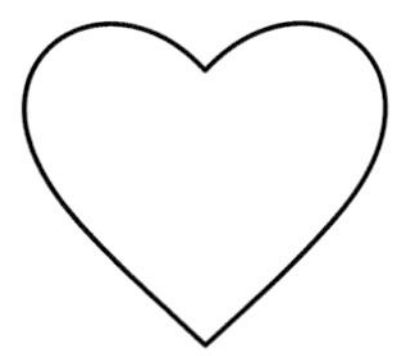

Bellas Blume auf dem Flügel (Seite 93)

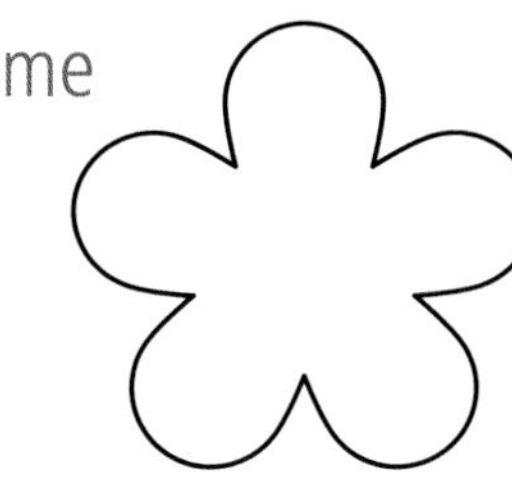

BEZUGSQUELLEN

HERSTELLER DER VERWENDETEN GARNE

Cygnet
www.cygnetyarns.com

King Cole
www.kingcole.com

Lion Brand Yarns
www.lionbrand.com

Patons
www.makeitcoats.com

Red Heart
www.redheart.com

Rico
www.rico-design.de

Rowan Yarns
Tel: +44 (0) 1484 681881
www.knitrowan.com

Sirdar
www.sirdar.co.uk

Stylecraft
www.stylecraft-yarns.co.uk

Wendy
www.tbramsden.co.uk

BEZUGSMÖGLICHKEITEN IM DEUTSCHSPRACHIGEN RAUM

Loveknitting
www.loveknitting.de

Handarbeitswaren.de
www.handarbeitswaren.de

Wollplatz.de
www.wollplatz.de

Woolmarket
www.woolmarket.at

Wolle und Design
wolleunddesign.de

Wollerei
wollerei.at

Wollbox
www.wollbox.at

DANKSAGUNGEN

Ich möchte Cindy Richards und Penny Craig bei CICO Books für die Beauftragung zu diesem Buch danken. Danke auch an Miriam Catley und Marie Clayton, die Lektorinnen, und Jane Czaja, die Musterkorrektorin, die mir alle auf meinem Weg geholfen haben. Außerdem geht mein Dank auch an den Rest des Teams von CICO, der dieses Buch so schön gemacht hat.

Danke an meine ganze Familie für ihre Unterstützung und Ermutigung. Besonderer Dank ergeht an meine zwei Töchter Poppy und Hollie, die mich dazu inspiriert haben, dieses Buch zu gestalten, und mir von Anfang an geholfen haben, und auch an meinen jüngeren Sohn Bradley für seine ungebrochene Begeisterung für meine Häkelideen.

STICHWORTVERZEICHNIS